本书获得"广西高等学校千名中青年骨干教师培育计划"人文社会科学类立项课题"指示视域下的现代汉语代词体系类型学研究"（2020QGRW004）、广西一流学科"中国语言文学"建设科研项目"基于指示视域的现代汉语指代词特性及其体系研究"（WKY20007）、广西教育厅高等学校科研项目（KY2015YB017）及广西师范大学文学院优秀学术著作出版经费资助。

语符指示理论与汉语指示问题研究

吕军伟 著

中国社会科学出版社

图书在版编目(CIP)数据

语符指示理论与汉语指示问题研究/吕军伟著. —北京：中国社会科学出版社，2022.5
ISBN 978-7-5203-9927-2

Ⅰ.①语… Ⅱ.①吕… Ⅲ.①语言学—研究 Ⅳ.①H0

中国版本图书馆 CIP 数据核字(2022)第 047034 号

出 版 人	赵剑英
责任编辑	郭晓鸿
特约编辑	杜若佳
责任校对	师敏革
责任印制	戴 宽

出　　版	中国社会科学出版社
社　　址	北京鼓楼西大街甲 158 号
邮　　编	100720
网　　址	http://www.csspw.cn
发 行 部	010-84083685
门 市 部	010-84029450
经　　销	新华书店及其他书店
印　　刷	北京明恒达印务有限公司
装　　订	廊坊市广阳区广增装订厂
版　　次	2022 年 5 月第 1 版
印　　次	2022 年 5 月第 1 次印刷
开　　本	710×1000　1/16
印　　张	21.25
插　　页	2
字　　数	297 千字
定　　价	128.00 元

凡购买中国社会科学出版社图书，如有质量问题请与本社营销中心联系调换
电话：010-84083683
版权所有　侵权必究

目 录

前 言 ……………………………………………………………（ 1 ）

第一章　绪论 ……………………………………………………（ 1 ）
1.0　引言 …………………………………………………………（ 1 ）
1.1　哲学、逻辑学的索引词研究传统 …………………………（ 2 ）
1.2　指示类符号研究的语言学传统 ……………………………（ 6 ）
1.3　国内指示类符号研究 ………………………………………（21）
1.4　已有研究中存在的主要问题 ………………………………（23）
1.5　研究意义及价值 ……………………………………………（24）
1.6　理论视角、方法及创新 ……………………………………（26）
1.7　语料来源 ……………………………………………………（28）

第二章　指示问题的提出及指示符号分类 ……………………（29）
2.0　引言 …………………………………………………………（29）
2.1　指示问题的滥觞——皮尔斯符号学 ………………………（30）
2.2　皮尔斯之指示符号理据性 …………………………………（35）
2.3　皮氏指示符号研究中存在的问题 …………………………（38）
2.4　指示现象及指示符号的分类 ………………………………（39）
2.5　从实体指示符号到语言指示符号 …………………………（45）

2.6　指示现象的核心要素 …………………………………（46）

第三章　非本体三元符号模型与指示符号问题 …………………（48）
　3.0　引言 ……………………………………………………（48）
　3.1　符号观与符号模型 ……………………………………（49）
　3.2　哲学视角的三元符号模型及其局限 …………………（50）
　3.3　三元符号模型与指示符号问题 ………………………（61）

第四章　语言本体二元符号模型的发展与指示符号问题 ………（65）
　4.0　引言 ……………………………………………………（65）
　4.1　指示符号与索绪尔符号理论 …………………………（65）
　4.2　二元符号模型的发展——叶姆斯列夫语符模型 ……（73）
　4.3　叶氏语符模型与指示符号结构问题 …………………（87）
　4.4　余论 ……………………………………………………（94）

第五章　符号类型学与指示符号的类型归属问题 ………………（96）
　5.0　未定型的符号类型学 …………………………………（96）
　5.1　一般符号学对指示符号的类型划分 …………………（97）
　5.2　指示符号：Sign 还是 Symbol？ ……………………（101）
　5.3　语言符号表义之两极：指示—指称 …………………（107）
　5.4　语言系统中的指示符号：Deixis ……………………（115）
　5.5　余论 ……………………………………………………（116）

第六章　语言指示范畴及指示符号系统层级网络 ………………（118）
　6.0　引言 ……………………………………………………（118）
　6.1　指示范畴的确立及指示符号系统的范围 ……………（119）
　6.2　指示范畴与指示符号系统的内部划分 ………………（122）

6.3 基于语言学本体视角的指示符号及指示范畴内部
情况分析 ………………………………………………… (132)
6.4 在场对象指示符号之特殊性 ……………………………… (144)
6.5 余论 ………………………………………………………… (145)

第七章 人称指示系统性与近代汉语人称系统演化 ………… (148)
7.0 引言 ………………………………………………………… (148)
7.1 汉语指示符号系统中的人称指示符号 …………………… (149)
7.2 汉语人称指示符号的存在状态 …………………………… (150)
7.3 汉语人称指示符号中的社会等级关系问题 ……………… (157)
7.4 汉语第一人称指示的"排除—包括"式 ………………… (197)
7.5 余论 ………………………………………………………… (204)

第八章 指示在场性与汉语非人称指示系统 ………………… (206)
8.0 引言 ………………………………………………………… (206)
8.1 指示系统连续性与"第三人称"问题 …………………… (207)
8.2 基于在场性的"指示"与"指代"关系之重新认识 …… (226)
8.3 指示词在非人称指示符号系统中的核心地位 …………… (235)
8.4 汉语非人称指示符号系统中的"空—时"隐喻 ………… (254)
8.5 余论 ………………………………………………………… (258)

第九章 人称指示系统稳定性与中牟方言人称指示系统问题 …… (260)
9.0 引言 ………………………………………………………… (260)
9.1 中原官话中牟话的背景信息 ……………………………… (261)
9.2 中原官话的人称指示系统概貌 …………………………… (263)
9.3 中牟话中的合音构词法及人称指示系统合音词 ………… (264)
9.4 中牟话复数标记"tou^{42}"(都) ……………………… (270)

9.5　中牟话人称指示结构的发展与谦/敬称形式的产生 …… (286)
9.6　余论 ………………………………………………… (294)

第十章　结论及展望 ……………………………………… (296)
10.1　符号模型与指示符号 ……………………………… (296)
10.2　指示符号类型归属及指示范畴次级符号系统 ……… (298)
10.3　汉语人称指示符号系统 …………………………… (299)
10.4　汉语非人称指示符号系统 ………………………… (300)
10.5　本书之不足及未来展望 …………………………… (301)

参考文献 …………………………………………………… (304)

后　记 ……………………………………………………… (329)

前 言

指示现象及其相关符号在人类之认知体系、日常言语交际等诸多方面有着极为特殊的重要地位。指称和指示是人类符号意指功能实现的两种基本途径。指示现象之研究与指示符号在人类符号世界中，尤其是在语言系统中的核心地位极不相称，学界鲜有研究基于指示范畴及相关符号系统，从理论层面系统反思或深入探讨语言指示问题，更无研究立足于汉语指示符号系统探讨其层级、演化及在场性等问题。语言依赖于听觉，而指示依赖于视觉，语言指示符号则因兼具语言与指示之特性而使得其意指问题更为复杂，并成为整个指示问题之核心。本书以指示现象及语言指示符号系统为研究对象，基于语言学本体视角及汉语具体实际，运用当代符号学理论及方法，将与指示现象相关的人、空、时三核心要素作为系统整体，对语言中指示范畴及指示符号系统问题进行考察、探究，揭示其存在状态及功能特性，一方面着力于从理论高度探讨指示范畴及指示符号之系统性、特殊性、内部层级划分、逻辑关系、指示符号模型及意指特性等问题，侧重于语言共性研究；另一方面，从系统、差异、层级、关系等方面探析汉语指示符号系统，对汉语特殊指示现象进行解释，并基于前述理论，探讨汉语指示符号系统问题，涉及汉语指示系统结构演化、敬称形式、指示功能、指示词系统三分、中性指示等诸多具体问题，侧重于类型比较及语言共性下的差异性研究。本书试图在接近问题本质的同时，整合及构建指示范畴及指示符号系统理论。

具体而言，本书共分十章。

第一章为绪论，主要梳理和分析指示问题研究的两大传统及汉语指示符号研究现状，旨在揭示当前指示问题研究中存在的主要问题；第二章则从指示问题之源头皮尔斯符号学开始追溯，探讨皮氏对指示符号之研究及其缺陷，并从整体上对指示现象及指示符号进行划分，发掘指示问题的核心要素；第三章主要从指示符号问题出发，对较具影响力但非语言学本体视角的三种三元符号模型进行比较分析，揭示其在指示符号研究中存在的种种局限及指示问题之复杂性及特殊性；第四章则从指示符号问题对索绪尔符号学传统之二元符号模型的发展进行探析，并基于语言学本体视角分析指示符号在语言系统中的特殊性及其意指特性问题；第五章对颇具争议的指示符号的类型归属问题从语言学视角进行探讨，区分语言和非语言指示符号，旨在揭示指示与指称两类核心符号之关系，并对符号系统及指示符号内部次级进行重新划分；第六章基于指示符号本体视角，对语言系统中的指示范畴及指示符号系统之层级关系网络进行探索性构建和分析；第七章则基于先前六章之理论，借助于语料库统计分析，主要从指示系统性视角，分析和探讨汉语人称指示符号系统之演化及其中存在的诸多问题，尤其是汉语之数问题及社会关系问题；第八章从指示在场性及系统性视角，通过共时和历时比较，对汉语非人称指示符号系统内部成员之层级关系及功能差异等问题进行分析，主要涉及"第三人称"问题、指示与指代之关系问题、指示词三分及其功能特性问题等；第九章则通过对汉语中原官话中牟方言指示符号系统共时描写及与近代汉语指示符号系统的历时比较，探讨人称指示符号系统的稳定性问题；第十章为结论和展望。

第一章 绪论

1.0 引言

指示现象（Deixis）及其相关符号，在世界各语言中普遍存在。"指示"（Deixis）一词源自古希腊语"δετξις"，意为"指"（Pointing 或 Indicating）（Lyons，1977：636；Levinson，1983：54）。对于与指示现象相关的词语，早在古希腊时期，重视语言问题研究的斯多葛学派（Stoics）便已关注，该学派学者克吕西普（Chrysippus）以"与我们说出'我'时相伴的指示"为例，指出：指示（Deixis），或指向所指对象（即我们自己），或是与说"我"者头部方向相伴的手势。斯多葛学派所关注的"Deixis"，实为一种非言语的肢体行为，该行为在说出含有代词的句子的同时，指出所指对象（Brad Inwood，2003：89）。其所探讨的与指示现象相关的词语，主要是代词（人称或指示）。

指示类符号，传统语法称为代词或代名词（Pronoun），语用学研究中称其为"指示语"（Deixis），而哲学、逻辑学中称该类词语为"索引词"（Indexicals 或 Indexicility），此外，还有"主观表达式"（Subjective Expressions）（Husserl，[1913] 2006）、"语言代码"（Shifters）（Jespersen，1922）、"自我中心词"（Egocentric Particulars）（Russell，1940）、"标记自指词"（Token-reflexives）（Reichenbach 1947）等。从当前已有的指示现象及指示类符号研究来看，由于出发点、所关注的核心问题、研究兴趣侧重、所使用的方法等不尽相同，前人对指示符号的研究形成了较为清晰的两大传统，即哲学逻辑学传统和语言学传统。

1.1 哲学、逻辑学的索引词研究传统

为实现建立"普遍的关系代数学"（Peirce，1958：389）的目标，美国哲学家、逻辑学家皮尔斯（C. S. Peirce）（[1897] 1932）根据符号与其对象之间的关系，将符号划分为三类：图像符号（Icon）、指示符号（Index）和象征符号（Symbol），"索引词"（Indexical/Indexicality）概念及相关问题也由此正式提出。皮尔斯所谓的"指示符号"是指：通过"以实际联结或现实关系指出所指对象"的方式来表示所指对象的符号，即符号本身使符号使用者在与所指对象的现存关系中解释符号。索引词概念的提出促成了指示符号研究的哲学传统。指示符号使用频率极高，因其具备自我中心性、语境依赖性及不可消除性等特点，指示符号离开了具体语境便无从确定其确切所指及含有指示符号之语句的真值，由此给意义问题研究造成了一系列艰巨而又绕不开的难题。

弗雷格（Gottlob Frege）提出："一个句子的意义是其真值"，基于其指称理论视角，弗雷格指出：一个句子的真值由构成该句子的各部分的意义组成（弗雷格，[1892] 2006：103—104）。基于此，弗雷格（[1919] 2006：137—139）认为：索引词的所指对象及由索引词参与构成的索引句的真值，随语境变化而变化，脱离具体语境便无法确定，因此，这些索引词和索引句都是不完整，甚至是不可交流的。继皮尔斯、弗雷格之后，相继有为数不少的哲学家、逻辑学家对指示符号产生浓厚兴趣，并在哲学主流思想——语词指称论的框架下展开探讨。

1.1.1 哲学、逻辑学的索引词困惑

罗素（B. Russell）（1940）将索引词称为"自我中心特称词"（Egocentric Particulars），认为：这些词语除前述不确定性外，还具有主观性，而该类词的这一特性与其逻辑实证主义哲学观相违背。因此，罗素认为，这些词是可以从科学语言中消除的，于是，其试图消除自我中心特称词：主张用"我"所指对象的名字代替"我"，用经纬度代替"这里"，用确切时间代替"现在"。罗素发现："this"是自我中心词中唯一没有文字定义的词，其还借助于"this"给其他自我中心特称词定义，如"我"指正在说话的这个人（Russell 1940：108）。不过，对于该做法，最终罗素自己也不得不承认："this"本身无论做何种处理，都有其缺陷，无法避免（Russell，1940：110）。

与罗素之做法相近，赖欣巴哈（H. Reichenbach）（1947）认为所有的索引词都包含标记自指性（Token-reflexivity），如"I"表示正在使用词语"I"这个标记的人，因此其称该类词语为"标记自指词"（Token-reflexive Words），其沿用 Peirce 对类型和标记（Type-token）之区分，并对罗素以"this"来定义其他索引词的做法提出了批评和改进，认为"this"是一个索引词类型，而每一次具体使用则是该类型的标记（token），这些标记在不同具体语境中标记不同的对象，而指称对象则是其自身的类型意义。鉴于此，赖欣巴哈则主张应该用"this-token"而非"this"来为索引词下定义，欲了解标记自指词的意义，关键在于"this-token"。于是，赖欣巴哈声称："This-token"一词便可以消解索引词（Reichenbach，1947：284 - 287）。从罗素及赖欣巴哈对索引词的处理方法上看，二者并没有本质的区别，赖欣巴哈对索引词所做的消解尝试同样存在诸多问题，其所谓的"this-token"本身已无法用自然语言进行解释。

与罗素观点相反，伯克斯（A. W. Burks，1949）则认为：索引词指示符号不可以消除。伯克斯同样遵循皮尔斯对类型和标记之区分，认为：与非索引符号不同，对于索引（指示）符号而言，其每一个标记意义区别于其所属的类型意义，如"now"意思是：被言说的时刻

(The time at which "now" is uttered),这是其类型意义,但如欲知道其具体标记意义则必须知道其使用的具体语境。因此,索引词没有固定的标记意义,甚至根本没有标记意义,这也决定了索引词无法消除(Burks,1949:680-682)。

巴尔-希列尔(Y. Bar-Hillel,1954:363-373)则从更为基本的问题着眼,批评并指出:皮尔斯、罗素、伯克斯、赖欣巴哈等人的做法是错误的,巴尔-希列尔认为:他们的共同兴趣是消除索引词,但其做法的实质只是取代而非消除,而索引词本身是无法消除的,因为原始坐标系统(Co-Ordinate-System)只有借助于索引词才能确定代入坐标的具体所指、坐标轴的单位及方向。更为重要的是,既与索引词标记在逻辑上相对应,又与其语境相匹配的具有语义指称的语句是不存在的。如果索引句可用有语义指称的语句来替代,便会产生矛盾:后者通常可以独立于语境,但索引句意义的确定无法脱离具体语境,如果承认假设,则意味着承认索引词可以独立于语境而确定其所指对象,这明显有悖于事实。

由上述分析可知,哲学家起初对指示领域的兴趣主要集中在两点:其一,所有的索引表述式能否缩并为简单而基本的一个词;其二,这一最终的语用残留能否转换成某种永恒的与语境无关的人工语言。究其根本原因,则在于经典逻辑的句法学和语义学并未对索引词之语境依赖性有所预见(Levinson,1983:57,58)。基于Frege意义理论——语词指称论,在Peirce的符号三分思想的框架下,对消除索引词及其主观性所做的尝试,从本质上而言是对指示符号的缩减而非消除。此外,从语言学视角来看,在保证意义无损的前提下,欲通过替换或转化的方式从根本上取消索引词的做法,是不可能实现的。

1.1.2 哲学、逻辑学的索引词后续研究

哲学家最初感兴趣的是指称(Reference)问题,而对于具有特殊性的索引词并未给予过多关注(Bar-Hillel,1970:76)。但由于指示与

指称之间的特殊关系以及索引词本身之特殊性，索引词问题不可避免地闯入哲学、逻辑学家们的视野，哲学、逻辑学家们将索引词处理为一种特殊类别：需要语境坐标或指数的表述。而基于指称思想理论之框架探讨索引词问题的做法，则必然为之带来挑战和苦恼，迫使哲学、逻辑学界进一步反思指示与指称间的关系：至少在一些用法中，是否许多类型的指称表述实际上为变相的索引词（Levinson，1983：60）。

面对索引词本身的语境依赖性、主观自我中心性、不完整性等特点，哲学界尤其是逻辑学界的现代西方科学主义、逻辑实证主义者，通常将与指示现象及指示符号的相关论题基于词汇指称论及真值条件论的框架下进行探究，所关注的焦点依旧是指示符号在包含指示符号的句子，即其所谓"索引句"中的具体指称对象，以及在何种具体条件下或话语语境中句子语义内容为真，并试图通过形式化的逻辑方法，消除索引词的上述特点，以求得所谓的科学、严密、客观，如 Kamp（1971）；Montague（1974）；John Perry（1977，1979，1993，1997，1998，2000，2001，2006）；David Kaplan（1977/1989，1979，1989）；G. Vision（1985）；M. Reimer（1991a，1991b）；K. Bach（1992）；Geoffrey Nunberg（1993）；S. Predelli（1998a，1998b，2001，2002，2004，2006，2008，2010，2012）；F. Recanati（2001，2002）；David Braun（1994，1996，2001，2008a，2008b，2008c）；A. Bezuidenhout（2005）；Neale（1990，2004，2005，2007）等，不可否认，哲学、逻辑学界基于上述角度及初衷所做的尝试，成果颇丰，如 Kaplan 基于现代逻辑对索引词及指示词的语义分析研究，将索引词的意义划分为"内容"和"意义"，并将内容看作从可能世界到外延的函数，把"意义"看作从语境到内容的函数，基于一阶逻辑提出其索引词逻辑，基本上解决了索引词在语境中的指称与真值问题（Kaplan，1978：81-82；孙蕾，2002a：26）。

受弗雷格、罗素等数理逻辑哲学家的影响，后来的牛津日常语言学派和维也纳学派、逻辑实用主义和批判理性主义，以及后来日渐壮大占据哲学界主流地位的英美分析哲学，多以实用主义为信准，试图在语言、意义和实在三者之间实现统一。同时，由于受 19 世纪现代科学主义思潮之深刻影响，在哲学—逻辑学界凡无法为经验所证实的语言命题皆被处理为非科学、无意义的命题。基于指导理念及做法，直接导致哲学、逻辑学界关于索引词的理论及相关处理并非也不可能基于指示符号本体。由于包含索引词的句子脱离具体使用语境无从判断其真伪，正如罗素之处理，该类句子从一开始便被划入非科学命题，也即被排除在研究视野之外，故而对于指示范畴的特殊性及指示类符号自身的结构特征、系统性，指示符号在自然语言中，尤其在言语交际过程中的特殊语用功能等一系列核心问题自然避而不理。因而，哲学逻辑学界并未也不可能从根本上解决索引词问题。

词语指称论及真值条件论在处理指示符号诸问题的过程中，可谓捉襟见肘，时至今日，索引词问题之特殊性和复杂性，仍使哲学、逻辑学内部分歧严重，相关既成理论备受挑战，未能形成一个成熟或为大家所公认的理论。而这也给我们以启发：如欲从根本上认识及解决索引词问题，我们必须回归指示范畴本体，对指示类符号之核心问题做深入系统地探讨。

1.2　指示类符号研究的语言学传统

1.2.1　传统语法学对代词的研究

指示类符号之特殊性问题首先是一种特殊而复杂的语言问题。传统语法学关注的是与指示现象相关的一类词，即代词（Pronoun），在经典语法之框架下，代词被视为主要用以替代人或事物之名称的一类词，因此亦称之为代名词，而传统语法学家研究的重点则集中于代词的替代功能问题上。

前文提到，在古希腊时期，斯多葛（Stoics）学派已对代词做过探讨。其后，亚历山大学派学者狄奥尼修斯·特拉克斯（Dionysius Thrax）基于拉丁语事实，将词语分出八种词类，首次将"代词"（Antōnmía）单列一类，并定义为可以代替名词、有人称变化的词类（罗宾斯，1997：43，44，45）。由该定义可以看出，其所关注的主要是人称代词，且已经注意到代词之性、格和数的变化。这一定义为传统语法所继承，对后来之语法学研究影响甚远。

由于代词本身的特殊性，人们对代词的研究并不满足于将其作为名词替代物的称法，并开始对代词较为深层的问题有所关注。中世纪摩迪斯泰学派将经院哲学所解释的亚里士多德之范畴学说贯穿于其整个语法体系，以用什么方式、从哪个方面表现现实为依据，对词类重新定义。相对于 Nomen（名词）之定义，该学派将 Pronomen（代词）界定为："通过一个不具明显特征的、存在物的方式来表意的词类。不具明显特征的存在方式产生于基本物质的特性或存在方式。"（罗宾斯 1997：90-94）由定义可见，摩迪斯泰学派已经注意到了代词与名词之间在表意方式上的差别，并从范畴的角度对其进行区分，但这一定义依旧未摆脱作为名词之附庸的地位，因而未能触及代词之根本。

基于传统语法的框架，代词从确立之始，便是作为名词的附属词类，且一直是一个问题词类。对于该类词的具体范围，更是众说不一，但较为一致的看法是：代词包括人称代词（Personal Pronouns）、指示代词（Demonstrative Pronouns）、关系代词（Relative Pronouns）、疑问代词（Interrogative Pronouns）、无定代词（Indefinite Pronouns）等。尽管亦有语法学家对"代词"的定义及其指称问题产生怀疑，并对代词之意义有过初步的思考，但传统语法学对代词问题探讨，自始至今关注的都是该类符号的替代功能，无论是研究视角还是方法，都未能触及该类符号之本质——指示符号，而该词类之特殊性，也并未引起足够重视。

1.2.2　现代语言学对代词问题之研究

18 世纪之后，进入历史比较语言学时期，这一阶段人们的研究兴趣转移至语言间的亲缘演化关系及谱系构拟等问题。而对于代词问题，虽大多比较语法著作中多有提及，但主要侧重于描写分析同一种语言或不同语言中代词的语音形式、词形变化、语法功能（替代）及亲缘演变关系等，而所依据的则依旧是传统语法框架对代词的划分。直到 19 世纪末 20 世纪初，随着现代语言学的兴起，同时受哲学、逻辑学界对语词意义问题（指称论）之探讨的影响，现代语言学家开始质疑传统语法对代词的定义及其分类等一系列问题，继而转向关注代词这一特殊词类的意义及有别于指称的指示问题。

1.2.2.1　传统代词研究之新发展

新语法学派成员卡尔·布鲁格曼（Karl Brugmann，1904）首先对传统代词之研究提出质疑，注意到与代词背后的指示问题，并根据指示情况的不同，将传统代词中的人称代词、指示代词等重新划分为三类：① "Ego-deixis" 或 "Ich-deixis"：说话者和受话者彼此相离，对象与说话者间的距离近于听话者，此时说话者用 this 指示该对象；② "Tu-deixis" 或 "Du-deixis"：对象与受话者间的距离近于说话者（以受话者为中心），说话者通过将受话者的注意引导至存在于受话者区域的对象来指示该对象，如 "that near you" "those seats of yours" 等；③ "jener-deixis"：无论说话者和受话者是否相离，对象都远离二者，说话者通过 "that X" 或 "yonder X" 向受话者指示该对象。布鲁格曼之做法，打破了代词研究之传统视角，明确将指示功能作为根本区分标准来区分代词，且注意到语言交际主体参照作用，为传统代词研究提供了新的视角（Brugmann，1925；Collinson，1937：49 - 50）。

阿道夫·诺琳（A. Noreen）（1923）对代词的研究更为深入，认为代词实为一种"意义变量"，对代词的理解须依靠与讲话人相关的时空关系。据此，将代词的范围进一步扩大，收入"今天、相反、左/右边的、星期天、（我的）父亲"等词语。Noreen 还将代词区分为指示性的和前指代性（照应）的两类，前者如"我、这里、现在、你、您、那个、这个、这样的"等，后者如"他、自己的、那时、中等的、是、不"等（郭聿楷 1995：8；孙蕾 2002a：16）。诺琳对代词意义变化、指示和回指的区分等问题的研究，对认识代词的本质具有一定的创见，但正如 Jesperson 之批评，Noreen 的分类过于笼统，过于混乱，且难以使人理解诸如 who、what 或 some、nothing 等代词，因为这些词语无法符合其代词定义（Jesperson［1924］1988：93，94）。更为值得注意的是，将个别专名称谓词也归为指示词语的做法，颇受非议。

奥托·叶斯柏森（O. Jespersen）（［1924］1988）则从根本上质疑传统语法中所谓"代词"的称法及定义，认为传统定义并不适用于一切情况，有些所谓的代词根本无法找出其所替代的名词，如 nobody、who 等（Jesperson，［1924］1988：92）。在其看来，诺琳在处理代词及相关问题时，主要缺点是诺琳建立的词类，完全根据"语义"（Semological），不考虑存在于实际语言中的表达意义的方式，即不考虑形式因素的意念观点（Jesperson，［1924］1988：94）。基于此，Jesperson 主张兼顾语义和形式两方面的因素，"把一定数量的兼类词（Shifters）、提示词（Reminders）、代表词（Representative Words）以及关系词（Relational Words）归于一类，仍沿用代词这一既定名称"（Jesperson［1924］1988：95）。叶斯柏森所谓的"Shifters"指：具备视角相对性，所指随语境及言语者的转变而其不断变换的一些词语，如"father、mother, enemy"等，叶斯柏森认为最为典型的"Shifters"是人称代词（Jesperson，1922：123）；在分析祖鲁语例子时，叶斯柏森提到其所谓的"Reminders"指的是，在同一句或前后句中，指向同一对象的词语，必须带上一些共同的前缀作为形式标记，这些标记即"Reminders"。每一个实词都可归于某一类，该类内部的成员具有或单数或复数的意义，而每一类都有自己的前缀，"Reminders"的作用即指示一句话中各部分间的一致关系（Jesperson，1922：353）。叶斯柏森兼顾意义和形式的两方面因素，发现："代词具有与其他词不同的特征。但是这些特征在各种语言中并不相同，而且在同一种语言中，各种代词的特征也并不完全相同。代词有许多不规则的变化形式与功能。"（Jesperson［1924］1988：98）叶斯柏森通过跨语言共时及历时比较的方法，对传统语法中的代词及其分类进行了重新界定，其所谓的 Reminders 已不单单涉及单个词汇，而涉及词语内部的构成成分问题。不过，在代词的分类及范围问题上，叶斯柏森亦未给出明确答复，其所谓的 Reminders、Representative Words 未做严格界定，从其举例情况看，其已经突破了词的层面，很多并非词而是构词成分。此外，其甚至将数词归入代词名下（Jesperson，［1924］1988：96），这一做法未免牵强。

柯林森（W. E. Collinson，1937）对指示现象及其相关符号做过较为系统的专门探讨。其以指示现象为统领，借助于不同语言（如拉丁语、法语、德语、希腊语等）比较，试图涵盖英语中与指示现象相关的所有词，其将这些词语称为："Indicaters"（Collinson 1937：15）。柯林森对指示现象和指示符号关系分析，强调：指示（Pointing）是最简单最普遍的交际方式，在习得语言之前我们已经使用。并将指示（Indicate）与空间（Space）、时间（Time）、存在物（Existence）、事件（Occurrence）、质量（Quality）、方式（Manner）、数量（Quantity）、序列（Serial order）、视点（Point of view）和因果关系（Causality）等一系列概念相结合（Collinson 1937：19），同时，区分认证/描述、肯定/否定、有定/无定、回顾/预瞻等一系列二元概念，将与指示相关的所有词语纳入其视野，并据此将指示现象及指示符号分为 16 类，每类下面又分为更细的次类，除通常所谓典型指示符号（Personal Pronoun、Demonstratives 等）外，还包括冠词（无定和有定，即哲学所谓的量词），如 a/the/every/all/some/any 等；方位词，如 front、back、left、right、above、below

等；时间副词，如 before/after、Forever/eve、soon as 等；序列词，如 2nd、average、the middle one 等，以及由这些词参与构成的词组等。柯林森的做法有其独到之处，如其将空间、时间指示研究与人的知觉域（Perceptual Field）问题结合，借助于坐标和矩阵考察，注意到人具有将以自身为中心的方位认知推延至其他事情或现象的能力；从多语比较角度注意到不同语言指示现象间的差别等。但其指示词语的范围，颇受批评，后之学者认为，其收录范围过宽，一些所谓指示词语，如零指示词语（Zero-indication），指称对象根本就不存在，因此不能算作指示词语（Арутюнова & Кибрик 1992：162；孙蕾 2002a：21）。总体而言，柯林森对指示现象及相关词语的收录力求全面，分类可谓细致，但也略显烦琐重复，其根本原因在于：柯林森以指示现象为本对指示词语进行分类，但并未对指示词语之本质属性做探讨，故未能紧扣指示词语的本质和核心，虽亦注意到了系统性和逻辑关系，但并未关注各类指示词语间以及同类指示词语内部的层级关系问题，因此不免有散乱。

罗曼·雅可布逊（Roman Jakobson）（［1957］1971）沿用 Jesperson 的 Shifters 这一概念（Jesperson，［1924］1988：123），与叶斯柏森不同的是，雅可布逊基于符号学和形态学将 Shifters 视为一个普遍而特殊的语法单位范畴，从信息交流的角度看，Shifters 是一种由信息（Message）与语码（Code）构成的双重结构——C/M，其特点是：脱离其所使用的所指信息（M），该类符号的一般意义便无从获知（Jakobson，［1957］1971：131），因为所指信息是言语事件的一部分，"Shifters" 是指示性的符号。Jakobson 强调：在语言及语言使用中，双重性结构的作用至关重要，尤其是在语法分类，特别是动词范畴，需要一个转换代码（Shifters）做一致的区分（Jakobson，［1957］1971：133）。关于 Shifters 的范围，较之 Jesperson，Jakobson 做了更为明晰、宽泛的界定：其首先区分言语活动本身及其参与者与叙述事件及其参与者，认为每一个动词都与一个叙述时间相关，在叙述过程中，凡是有标志符（Designators）或连接符（Connectors）指示言语事件及其参与者的范畴，都可定义为 Shifters，反之，称为 Non-Shifters。基于这一认识，雅可布逊将与动词相关的人称（Person, PnPs）、时（Tense, EnEs）、语气（Mood, PnEn）、证据（Evidential, EnEns/Es）等相应的标志符或连接符都纳入 Shifters 范围（Jakobson,［1957］1971：133 – 135）。雅可布逊主张将 Shifters 归于 Peirce 所谓的指示符号（Indexical symbols）一类，但 Jakobson 认为：典型 Shifters——人称代词具有双重性，以"I"为例，第一，符号 I 须按照"约定规则"（I 表示正在说出该符号的人）表示其对象，同样的意义在不同编码中会有不同的序列（如 I、ego、ich、ja 等），因此，I 是一个规约符号（Symbol）；第二，符号 I 必须通过与对象的"现实存在关系"来表示其所指对象：词语 I 表示说话者与其话语存在现实关系，因此，所起作用相当于一个索引。前者说明该类符号具有固定的意义，而后者则表示必须依据现实存在关系，即结合具体语境，才能确定其所指。Shifters 强制性与已知信息相关联的特点使其与其他语言编码成分截然不同。值得一提的是，Jakobson 还从失语症（Aphasia）的角度研究指示符号，尤其是人称代词这一信息与语码相重叠的复杂范畴，并发现其特殊性：代词在儿童语言中较晚习得，但在失语症中却最先失去（Jakobson,［1957］1971：132）。他还注意到了典型 Shifters 意义中的变与不变的问题，符号学的视角也为指示符号的研究开启了一个新的、更高的起点。

此外，尤里埃尔·魏茵莱希（U. Weinreich）（1966）指出：指示符号是一种"有具体所指而无外延"的符号，换句话说，指示符号的所指确定必须参考由该类符号构成的言语行为；与指示符号相关联的语境因素有讲话者、听话者、讲话时间和地点、前一段话语与后一段话语间的一致及非一致关系等。值得注意的是，魏茵莱希所谓的指示符号体系还将"礼貌语言形式"也包括在内（Арутюнова & Кибрик, 1992：165；郭聿楷, 1995：8；孙蕾, 2002a：23）。

1.2.2.2 本维尼斯特对代词问题的系统性反思及推进

由前文可知,经典语法学界对指示类符号问题之研究关注焦点集中于语言系统中与指示现象相关的指示类符号——代词,换言之,将代词置于脱离言语活动的静止状态进行对象化处理,该做法将作为语言使用者的人这一更为根本的因素置之度外,此做法对于探寻指示现象及指示符号之本质存在明显局限性。那么,指示符号在人们言语交际使用过程中究竟具有什么样的特殊功能或发挥着怎样一种作用呢?法国语言学家埃米尔·本维尼斯特在反思传统语法代词研究传统之弊端的同时,试图对上述问题进行系统性探究。

埃米尔·本维尼斯特(E. Benveniste, 1971)首次将语言使用主体(人)这一因素纳入指示符号的研究,并对该类符号所具备及体现出来的语言主体问题进行了探讨,这一做法在指示类符号的研究中具有转折性意义,且更接近指示(代词)问题之本质。本氏批判"只将这些词(人称代词)和指示代词笼统地冠以指称词(Deixis)的称谓,而不补充说明指称词与含有人称指示词的话语时位具有同时性"这一通常做法,认为该做法对探求上述词语的本质问题于事无补(Benveniste, 1971: 286)。本氏强调:代词的问题,最为根本的是一个言语活动(Langage)问题,基于言语活动的事实分析表明,代词并不构成一个统一类别,而是依据它们所属的言语活动方式而形成不同的种类:一部分代词属于语言的句法,另一些则具有"话语时位"(Instances de discours)特征(Benveniste, 1971: 283 - 284)。代词问题的关键在于(人称、时间、地点、被指示物等)指示词与当下话语时位间的关系,原因在于,一旦我们在表达中所关注的不是指示词与表现它的独一时位的关系,语言就会诉诸一系列不同的词汇,依次与先前的词汇相对应,这些词汇不再参照话语时位,而是参照"真实"的物和"历史"的时间和地点(Benveniste, 1971: 286)。除人称外,动词范例中的所有变化如时、态、体、性、人称等来自话语时位的实现以及对话语时位的依附(Benveniste, 1971: 288)。

本维尼斯特对指示现象的探讨，不拘泥于代词，兼顾句法层面，与叶斯柏森、雅可布逊的研究有相同之处。

基于上述认识，本维尼斯特将传统所谓"人称代词"和"指示词"等形式归为一类，称之为"语言个体"，他认为，该类词总是反映并只是反映"个体"的形式，无论这"个体"指的是人称、时刻还是地点，其不同于总是反映并只是反映概念的名词性词项（Benveniste，1971：162）。本维尼斯特强调：代词与陈述（Enunciation）密不可分（Benveniste，1971：159），陈述直接支配着被它径直提升到存在层面的某几类符号，因为这些符号不能在语言的认知使用中产生并发挥作用。所以，本维尼斯特认为应该区分：①在语言中有完整而恒定位置的实体；②源自陈述的实体，即只在陈述中所建立的"个体"网中存在，与说话人的"此时—此刻"有关。例如：语法描写的"我""这""明天"只不过是陈述中产生的我、这、明天的元语言"名称"（Benveniste，1971：164）。

对于人称代词内部，本维尼斯特做了更为细致的区分：在绝大多数条件下，只有在"我"和"你"的位置上才有人称。而根据第三人称自身结构，其属于动词变化的非人称形式，是唯一使某物通过言说方式被道出的人称（Benveniste，1971：250 – 251）。在代词的形式类别中，所谓的"第三人称"在功能及性质上都与"我"和"你"截然不同。il（他）、le（那个）、cela（这个）等形式，只作为省略的替代成分存在，取代或替换陈述中的某个物质成分。该功能不仅代词具有，其他类别的成分也可以，但这些替代词与人称指示词在功能上毫无共性（Benveniste 1971：289）。本维尼斯特对人称代词"我"、"你"及"第三人称"之特点进行了系统归纳，认为动词人称的表达方式总体上由两种恒定的关联统筹着：第一，人称性关联，人称我/你与非人称他对立；第二，主体性关联，包含于上一个关联之中，我与你对立。其主张：单、复数的通常划分方法应当被取代，或至少也应从人称的范畴，用严格人称（＝单数）与扩展人称（＝复数）的区分方法对其加以阐释。而只有作为非人称的

"第三人称"可接纳真正的复数(Benveniste,1971:258)。

此外,本维尼斯特对语言中人称代词之主体性问题极为关注。所谓"主体性",是指说话人自立为"主体"的能力。在本氏看来,"主体性"的根本在于其由"人称"的语言学地位而确定(Benveniste,1971:293)。人称代词,普遍而特殊,是语言主体性得以显现的第一个依托(Benveniste,1971:296)。在人称代词之上又相继依存着具有相同地位的其他类别的代词,如指称词、指示词、副词、形容词,它们围绕着作为参照的"主体"组织空间及时间的关系"这个、这里、现在",以及众多的相关词语"那个、昨天、去年、明天"等,其共同特点是:唯有参照言说它们的话语时位才可被界定,且必须依附于在话语时位中进行陈述的我(Benveniste,1971:296)。本维尼斯特认为,指示词,尤其是一系列指称词,同人称代词一样,是从一个中心点即"我"(Ego)出发来支配空间的。如此一来,一旦支配者把自己指定为中心和标志,空间的坐标系统就能在任何一个场(champ)中确定任何对象的位置(Benveniste,1971:144)。

本维尼斯特对代词之探讨,可谓是对代词问题及前人研究的系统性批判,与此同时提出的诸多观点更为接近代词之本质。对代词主体性问题之研究具有创见性。人称代词在指示系统中处于核心地位,但欲探明指示范畴的特殊性问题,我们还必须关注该范畴中的其他词类,及类与类之间的关系及层次等问题。现代语言学对代词之研究在不断推进,而由于代词之普遍性及特殊性,有关语言共性研究的学科对代词极为关注,如生成语言学、语言类型学、认知语言学等,近些年来基于描写语法及类型学对各种语言中的代词进行了较为全面的收集整理,并发现了一系列特殊而有趣的现象,例如:并非所有的语言中都有第三人称代词,有些语言中除近指、远指外,还有出中指、较近指等之区分,代词之生命度等,针对代词问题较具影响力的研究有:Horst J. Simon 和 Heike Wiese(2002);Anna Siewierska(2004);D. N. S. Bhat(2004)等。

1.2.2.3　语义学、语用学对指示语问题研究

哲学、逻辑学研究对索引词的探讨对指示语研究的语义学、语用学传统有着直接影响和密切关系。与前者相比,"指示语"正式纳入语义学、语用学研究轨道进行科学探讨,相对更晚,始于20世纪30年代的卡尔·比勒。而伴随着语义学和语用学的兴起,指示语问题再次凸显在人们的视野。

奥地利语言学家、心理学家卡尔·比勒(Karl Bühler,[1934] 1990)首次对指示现象及指示类符号进行了较为系统的探讨,并提出"指示场"(Deictic Field)概念,认为,语言指示场的原点由言说者(I)、言说地点(here)和言说时间(now)三方面确定。其强调:指示符号的意义只能在指示场而非象征场(Symbolic Field)中实现和确定,且语言中只有一个指示场,比勒的主要意图在于表明指示词语意义的实现怎样与知觉指示线索结合,该过程的实现怎样依赖于知觉指示线索及其等价物(Bühler,[1934] 1990:93-95)。基于指示场,比勒将人称、时间、空间看作指示语的三个基本分类,并按照指示场内各成员的指示方法之不同,将其分为三类:直观指示、臆想指示、照应指示。比勒研究重心在于以指示符号为线索的指示现象,故此,强调语境在指示符号的意思实现过程中的重要性(Bühler,[1934] 1990:117-119)。不过,指示类符号内部情况复杂,比勒所探讨的是典型的指示行为及相关符号,并未对该类符号做系统探究,至于非典型指示及指示内部的视角转换等现象,亦未深入讨论。比勒对指示现象及指示符号所做的语言学探究,一改传统语法学基于传统语法框架的代词研究模式,注意到将指示符号放至言语行为及人的认知活动的背景下,进行考察探究,其基于此,围绕核心指示符号的提出指示场理论是当时关于指示符号研究较为成熟、系统的理论这一研究思路,对之后指示符号的研究产生重大影响。

语法学家菲尔墨(Fillmore C. J.,1971)亦极为关注语言的指示方面,并对空间、时间及移动等概念、话语进行中与对话参与者身份相关

的语言投射及彼此关系等问题进行探究。其试图探明指示现象如何将一些重要的、经验的、概念的和符号的问题施加于语法理论，并尝试解决其中的一些问题（Fillmore，1971：26）。菲尔墨将一个指示词语或表述（Expression）之使用区分为三种方式：手势的（Gestural），象征的（Symbolic），回指的（Anaphoric）（Fillmore，1971：64）。基于结构主义二分法，区分出完整句/指示句、指示概念/非指示概念、指示语的指示用法和非指示用法等，Fillmore 极为注重指示类词语的二元相对性。在指示语分类问题上，除人称、时间、空间这三类基本范畴外，还加入话语、社会两类，进行了扩展，但后两类指示语与前三类相比，关系如何？是否同处一个层次？划分的标准是什么？问题颇多，其未作深入探讨。此外，Fillmore 将一些具有视角相对性的动词，如 come/go、bring/take 等，与人称及特定句法结构结合起来，从言语陈述视角探讨指示现象的尝试，值得肯定。但其将上述视角相对性动词也纳入指示范畴，因为在其看来，在使用 come 等词时，描述包含该动词之行为句的预设结构，要求参照指示语的三种主要语法化类型：人称、方位和时间（Fillmore，1971：17），其再次将指示范畴的范围进一步扩大化，这一做法亦颇受质疑，因为该类动词除了视角相对参照性，与典型指示类词语明显不同。这也迫使学者不得不反思一个本质问题：到底什么是指示语？普通语言学家、语用学家 Holger Diessel（2012，3-90：16-17）对上述动词与指示词之本质区别做了深入探讨，其认为英语中的 come、go、bring、take、leave、depart 等移动词语本身无须指示词指涉朝向说话者的方向，因为对上述词语之解释本身便默认包含有指示中心（Deictic Centre），不过需要注意的是，上述移动动词同样可以用于非指示的情况，通常而言，尽管移动动词本身可能含有指示解释，但其与指示词抑或其他指示语截然不同，这些移动动词并不将指示中心预设为指涉一个特定的参照点。此外，在 Diessel 看来，指示词及移动动词的指示解释所基于的是不同的心理学机制，指示词之所以被释为指示类符号，是因为其功能在于确立预设着说话者身体或方位的共同关注（Joint Attention），而为了确立共同关注，说话者则从其自身的视角来指涉所指对象的方位，即指示中心；而用于指示的移动动词则并不确立共同关注，而是指涉一个介于两个方位之间的定向移动事件。由于在交际互动过程中说话者的方位是一个显著的参照点，该点通常被释为一个移动事件的终点或起点，但与此不同，移动动词一般不会将指示中心作为指定的终点或起点包含在内。Diessel 的上述分析同样适用于我们通常所谓的方位名词，如英语"up、down、behind、in front of、on、under、left、right"等与方位有关的介词，以及汉语中"上、下、左、右、前、后"等方位词，因为这些词语与上述移动动词一样，同样并不确立共同关注，而仅仅指涉一种基于两个方位之间的空间相对关系，且与移动动词一样，上述词语一般同样不会将指示中心作为指定的参照点包含在内。基于上述分析，诸如英语"come、go、bring、take"、"up、down、on、under"及汉语"上、下、左、右、前、后"等之类的词语皆非真正的指涉语，换言之，诸如指示词之类的真正指示类词语则总是包含有指示中心，而如果没有其他指定参照点，方位介词、方位名词、移动动词等仅为默认的指示，从本质而言，对二者之解释截然不同。基于性质上本质区别，我们可作如下处理，即诸如英语"come、go、bring、take"之类的移动动词，"up、down、on、under"之类的方位介词，及汉语"上、下、左、右、前、后"等之类的方位名词，皆当排除在指示范畴及指示符号系统之外，如此一来，指示范畴及指示符号系统界限变得更为明晰。

在语义学研究中，莱昂斯（J. Lyons, 1977）对指示语之具体问题进行了深入细致的研究，该研究无论在理论高度还是系统性方面，都对指示语的认识有所推进。在其看来，指示（Deixis）这一用法是人称代词、指示代词、时态以及其他各种"将话段（Utterance）与话段行为之时空坐标系统联系起来"的词汇特征及语法特征的功能（Function）（Lyons，1977：637）。该定义是迄今为止最能被学界普遍接受的一个。

莱昂斯认为：典型语境是通过自我中心的途径组织起来的，指示语也同样如此，说话者将自我（Ego）安排在中心角色，而叙述所涉及的每一个事物都是从这个自我中心的视角出发并展开。说话者在语境的时空坐标系统中所处的位置即零点。与本维尼斯特的观点相同，认为：在言语行为中，唯有说话者（Speaker）和受话者（Addressee）才是真正的参与者，因此，只有第一人称和第二人称才是必需的，在任何语言中皆是不可或缺的。相对而言，第三人称截然不同，因为其没有关联任何参与者的角色（Lyons, 1977: 636-638）。莱昂斯还注意到：指示表述被用于从这一指示中心到其他参与者或事实上的叙事主角的转换，并称之为指示投射（Deictic Projection），然而这只是指示语各种各样的派生用法中的一种，对于指示语的诸多派生用法，莱昂斯并未系统研究（Lyons, 1977: 579, 690）。莱昂斯注意到指示语之回指的和指示的用法，认为很可能指示术语兼有两种用法（Lyons, 1977: 676）。此外，在处理时间指示语问题时，莱昂斯主张将普通语言学中的元语言时态（Metalinguistic Tense）与一种具体语言中传统语法称为语言时态的动词屈折区分开来（Lyons, 1977: 682），认为汉语或 Malay、Classical Hebrew 等语言，可能缺乏动词形态变化或系统上的标记，说这些语言没有真正的时态，只能够在后一种层面上成立（Lyons, 1977: 678-679）。但是可以肯定的是，在所有语言中，元语言时态系统在时间副词或类似的一些地方都得以实现（Lyons, 1977: 686）。这一观点对指示语问题的研究极具启发性。

指示语的诸多面在各种语言之普遍，且语法化程度之深，很难不将其看作语义学的基本组成部分。莱文森（Stephen C. Levinson）指出：语言和语境间的关系投射到语言自身结构中的最为简单、明显的方式，便是通过指示语现象。如果语义学采纳包括意义的所有会话方面，则或许大部分指示语现象都可能合理地被认为是语义性的。但是因为其直接关心语言结构和其所使用的上下文语境之间的关系，以此来看，指示语属于语用学的领域也是理所当然的 (Levinson, 1983: 54, 55)。因此，莱文森认为：指示语这一语法范畴将可能兼跨语义学和语用学的边界。Levinson 对前人有关指示语的研究，从哲学角度和语言学角度进行了系统总结，并以此为基础进行了梳理，在分类问题上与 Lyons 的观点基本相同，此外，同 Fillmore (1971) 一样，莱文森强调区分两类指示用法，即手势用法 (Gestural Usage) 和象征用法 (Symbolic Usage)，并对指示术语不同的用法做了系统区分：其一，指示用法（包括 a. 手势的，b. 象征的）；其二，非—指示（包括 c. 非回指的，d. 回指的）。并注意到：指示投射现象或自我中心转换问题之复合性及困难，且由于与指示修饰语 (Deictic Modifiers) 相伴的时间和空间的非—指示范畴化 (Categorization) 语义学相互作用，使得问题更为复杂化 (Levinson, 1983: 68)。对人称、时间、地点三类指示语研究，在语用学和语义学之间很难划清界限，但至于话语及社会两类指示语，莱文森 (1983: 96) 则认为：几乎没有疑问地应属于语用学，因为二者的大多方面都在真值条件语义学的范围之外，因此当属于语用学。但同样对于后两类指示语的划分标准，与前三类之关系及层次等问题颇多，未作深入探讨。

自 20 世纪 80 年代之后，随着语义学、语用学研究之展开，对指示语之探究也更为细致深入。尤其是近些年，单独研究指示语内部次类，如人称、时间、地点、话语及社会等的文章和著作，甚为普遍，但对指示范畴的整体探究，却较为少见，针对指示语较有影响的有：J. Robert Jarvella 和 Wolfgang Klein (1982)；Keith Green (1995)；R. W. Langacker (2002)；S. Levinson (2003)；Fernando Zúñiga (2006)；等等，受皮尔斯符号学及莫里斯行为主义符号学传统之影响，语用学及语义学之指示语研究，从根本上而言，较之传统代词研究更能接近指示符号之本质，但遗憾的是其研究视角并非基于指示符号本身，研究重心在于言语研究，并未考虑此类符号之系统性问题，指示范畴及指示符号系统内部分类标准、次类之间的关系及层级等一系列问题，尚有待进一步探讨。

1.3 国内指示类符号研究

1.3.1 汉语代词之研究

受西方传统语法体系之影响,《马氏文通》(1898)基于汉语事实,首次提出"代字":"凡实字用以指名者谓之代字。"(马建忠,1983:20)代词这一词类也随之进入汉语语法体系,但对该词类之认识,却始终颇具争议。除马建忠外,陈承泽、章士钊、黎锦熙、杨树达、太田辰夫、高名凯等皆认为代词之功能即替代名词,也即代名词(Pronoun);王力(1985:13)对这一观点提出质疑,认为代词不单单替代名词,形容词、动词等实词也可以由代词替代。邢公畹(1949)则主张称该类词为"指别词",因为在其看来,该类词语指示范围和别择事物的功能比其替代功能大(邢公畹,2000:187)。吕叔湘(1985)则称之为"指代词",认为如此称呼更为全面,因为该类词多数既有指代作用,又有指示作用(《近代汉语指代词》序)。近些年来,汉语代词研究尝试与西方语言理论,如与语用学、语言类型学等结合,其中做得最多的是对于汉语指示词(Demonstratives)("这、那")的研究,如《"这"、"那"的指示功能研究》(王道英,2005)、《汉语指示词的类型学研究》(陈玉洁,2010)等。

总体而言,以汉语代词为研究对象的文著并不少见,但国内汉语代词研究大多数依旧基于传统语法体系之框架对古代汉语、现代汉语以及现代汉语方言中的指示类词语进行描写和考据,而对于指示问题探究而言,上述方法明显陈旧,多停留于表层。相对而言,结合西方语言学理论所做的研究新近几年在慢慢展开,尚不多见,而基于汉语事实对该类词语从理论高度进行的系统反思和深入探讨则是凤毛麟角。

1.3.2 指示语研究

随着语用学的兴起,20世纪80年代以来,我国外语学界开始介绍、引进国外语言学有关指示语的研究成果及相关理论。胡壮麟(1980)、沈家煊(1985,1987)、何自然(1988)、何兆熊(1989)、徐烈炯(1990)、杨忠和张绍杰(1995)、郭聿楷(1995)在其文著中对指示语问题之发展及国外指示语研究,都做过积极有益的介绍、梳理和探讨。张权(1990,1993,1994a,1994b)初步将国外指示语理论与汉语实例相结合,就指示语的先用及映射现象、指示词语归并等具体问题进行过探究,这一积极尝试具有一定的理论价值。此外,孙蕾(1998,2000a,2000b,2001a,2001b,2002a,2002b,2002c,2003,2005)以俄语指示语为主要对象,在前人研究基础上,对指示语之语义特性问题进行了系统梳理和探讨,并针对指示语之本质属性、语义结构、分类及准指示语问题进行了较为深入的反思,具有一定的理论价值。而李洁红(2008)以英语指示语为主要对象,一反指示现象研究的传统方法,试图为指示语建立认知模型,以期揭示指示现象的本质,其基于认知视角对指示语问题进行的探索,对认识指示语之运作具有一定的创新及参考价值。而宋宏(2010)基于英语语料库,立足于语篇,从英语第三人称代词语篇回指的微观角度入手对英语新闻语篇中的代词回指问题进行定量和定性分析,探讨了影响回指选择和回指释义的制约因素,并对句法回指歧义和语用推理歧义等问题的解决途径等一系列问题进行探究,在修正相关理论的同时试图构建代词回指之新的理论模型。此外,黄东晶(2011)则是对俄汉两种语言中的代词指示语进行了比较分析,并将指示代词纳入纯指示语,复指代词纳入篇章指示语,认为照应功能是指示功能的变体,代词的照应用法是指示用法的隐喻扩展,上述观点和做法对认识指示语问题颇具启发性和创见性。

总体而言,国内对指示语的研究,集中在语用学领域,且尚处在介绍、引进和初步探究阶段。相对语言学其他议题而言，近些年来，指示语研究并不活跃。基于汉语事实对为数不多的汉语代词之研究，近些年汉语学界曾尝试与国外语言理论结合，虽偶有相关文著产生，但多为针对个别代词或代词词类的原子主义式研究，总体而言，未能突破传统语法及其研究方法的束缚，故而同样不活跃，代词或指示问题并未受到应有的重视，缺乏系统性，且理论层次亟待提高。

1.4 已有研究中存在的主要问题

典型指示类词语被 Morris Swadesh 列在第一百核心词表的前列，是世界各语言之共性。指示类词语具有极强系统性、封闭性及功能共性，但各次类间又有明显差异。其中，尤以人称类指示词语的地位最为重要和突出，体现出自我中心性。从总体上看，指示范畴及指示符号的研究现状与其在语言系统中极端重要且特殊的地位依旧极不相称。汉语类词语有着语言学共性，但亦有其特殊性、复杂性。然而，如前所言，当前结合汉语之具体实际，针对指示范畴所做的系统性研究则甚是罕见。从当前研究现状来看，对指示类词语的个案性、具体性的分析研究及相关文著，并不少见，但从中也暴露出明显的缺陷。

其一，与指称符号（如通名、摹状词等）之意义类型、功能等研究相比，指示类符号的理论研究无论在深度方面还是在广度方面，都仍明显滞后，对指示范畴在语言系统中的特殊性及重要性认识不足，反思不够。

其二，无论是索引词、代词，还是指示语，先前绝大多数有关指示范畴的研究、论述，多显零散，缺乏系统性，指示范畴的成员界定至今争议颇多，且尚无一个普遍认可的指示范畴符号系统定义。

其三，通常认为指示范畴的三个基本次类：人称、时间、空间，后来增加"话语""社会"两类，这些次类的划分依据是什么，彼此之间又有何种关系，指示范畴内部的层级如何等问题，至今未明。

其四，与英语及其他印欧语系语言相比，汉语作为一种典型的孤立语，其形态系统并不发达，汉语指示符号意指过程及指示符号系统有何特别之处？基于汉语事实的指示范畴研究，目前尚处在起步阶段，汉语代词、指示语研究消沉且较为滞后，着眼于指示范畴之系统性的反思和探究亟待展开。

其五，当前对索引词、代词、指示语的研究，大多模式、方法较为单一。致使多数研究流于表面，探讨理论层次较低，国内情况尤为突出。缺乏系统性的研究，往往使得我们只见树木，不见森林，很难做到全面，更无法从根本上触及问题本质。

出现上述诸缺陷的原因多元，与研究者的出发点、立足点等密切相关：先前与指示类符号相关的研究，大多主要论题并不在指示语本身，而只是将指示语作为论证其他理论的论据。因此自然在众多方面并未真正触及问题之深层核心、本质，研究视角、研究方法等都有待打破。因此，立足于语言学，对指示类词语在语言系统中的特殊性、重要性及相关问题进行研究，亟待深入及系统化。

1.5 研究意义及价值

指示问题是哲学、逻辑学、语言学及心理学等诸多领域学者共同关注的课题，也是一个难题。迄今为止，学界依旧未找到一个准确、完整并得到公认的指示符号定义，对指示类词语的范围及内部分类等问题的认识，因目的、角度和依据不同，分歧颇大。从指示类符号研究的发展可明显看出其范围在一步步扩大：从最初对个别代词的关注到现在对指示类短语的分析，从典型指示类符号到非典型的边缘指示类符号（如方位词，称谓词，动词的时间、人称、式等），使得人们不得不回归指示问题及指示符号本身并深入反思其本质。

巴尔·希勒尔（Bar-Hillel）（1954：366）对人们日常言语中的指示

符号使用情况做过粗略统计，认为，人们在一生所生成的陈述句标记中，90%以上实际上是索引句（由索引词，即指示类词语参与构成的句子）而不是陈述句。指示范畴及相关指示符号与我们的日常生活、具身认知、时空认知、言语交际等诸多方面密不可分。指示符号，尤其是语言指示符号在整个符号体系中有着极为特殊的地位，指示问题在诸多方面对传统哲学、逻辑学、语言学及心理学研究提出严峻挑战。指示类符号，以其索引性、自我中心的特性、语境依赖性及不可消除性等特点，聚合成类，其成员从核心的人称、空间、时间指示类词语到非典型的社交类指示语及具有上述特点的其他符号，形成一个指示范畴符号系统，并与其他符号类共存于整个语言符号系统，该范畴及其成员在语言系统中的地位极为特殊，而以指称论及真值论为核心的传统理论在处理指示问题时捉襟见肘、削足适履，对于指示核心问题更是无能为力，因而指示符号问题在诸多方面对传统哲学、逻辑学、语言学等领域之研究极具挑战，指示问题之研究具有相当难度但同时具有极高的学术研究价值，这也正是诸多哲学家、逻辑学家、语言学家、心理学家对其产生浓厚兴趣的根本原因之一。就目前而言，指示现象之研究现状与指示符号在人类符号世界，尤其是在语言系统中的核心地位极不相称，基于指示范畴及指示符号之本体的理论研究，亟待展开及深入。立足于汉语指示范畴及相关符号系统，从理论高度对指示问题进行的系统反思和深入探讨更是凤毛麟角。

  鉴于汉语指示问题研究滞后的现状，基于语言学本体视角及普通语言学之研究成果，结合汉语之实际情况，探索汉语指示范畴及指示符号系统等真实存在状态，揭示相对于其他语言，汉语在指示问题上的共性与特性，更是汉语言研究者义不容辞的责任和使命。汉语作为人类语言的一分子，对汉语指示问题之研究，也势必有助验证、补充及完善基于其他语言（主要是印欧语系语言）已取得的指示问题相关理论认识及成果，为普通语言学、语言类型学、语用学及语义学等诸多语言学分支做出相应理论及实证贡献,同时,亦可为哲学逻辑学的索引词研究提供来自语言学及汉语的现象或证据,具有较高理论价值。

1.6 理论视角、方法及创新

1.6.1 理论视角

自20世纪中叶以来,符号学作为一门综合性、方法性学科有了长足发展。符号学内主要有两大传统:索绪尔语言符号学传统和皮尔斯符号学传统。哲学界、逻辑学界对"索引词语"基于皮尔斯的符号三分思想的框架,皮尔斯学生莫里斯将索引符号(Index)纳入语用学框架内展开研究,既而促成了指示语研究的语言学传统。无论是哲学界的索引词研究还是语用学之指示语研究,都受到皮尔斯的泛符号观之影响,其最大的问题便是缺乏系统性,这一缺陷也导致了索引词及指示语研究呈现原子主义式的零散局面。

与皮尔斯符号学相反,索绪尔符号学立足于语言学,注重系统性研究。指示范畴符号系统作为一种特殊而复杂的语言现象,其系统性不容忽视,但指示类符号系统与语言系统整体的关系,学界至今语焉不详,语言系统中的指示符号问题更是为索绪尔符号学所忽略。鉴于当前指示类词语研究中的突出问题及汉语指示类词语的研究现状,本书基于语言指示范畴及汉语指示符号系统之实际情况,着重将已为学界所共识的指示问题三个核心方面——人、空、时作为一个系统整体,涵盖具有指示功能的典型和非典型符号及组合,从作为现代语言学核心的系统性、差异、功能、层级关系等角度,通过系统间的比较和系统内次类间的比较,同时借鉴哲学范畴论、指示场理论、语言类型学蕴含共性理论、连续统理论、语法化等相关学科理论,对指示范畴之内部分类、关系及其在语言系统中的特殊性等问题进行研究。

1.6.2 方法及创新

基于上述研究现状及对指示范畴之认识，本书试图突破现有指示问题研究之单一程式，通过比较、分析和借鉴符号学两大传统之长短，在研究理念上有所创新，并拟采取以下方法展开研究。

第一，采用系统观点和方法。索绪尔之后，丹麦语言学家 Hjelmslev（1961）的语符学思想，提出了一系列科学独到的语言研究方法，如假设演绎法、接换检验法、催化法等。将所要论述的主题放入一个动态系统之中进行考察，从个体与整体关系、个体与个体间的联系及差异之中把握个体的性质和整体演变规律，并对相关现象进行解释。

第二，将传统的调查、描写、分析方法与基于语料库的现象统计、跨语比较、泛时比较等方法相结合。兼顾共性与个性，尝试突破传统研究中只重视共性而忽视个性（哲学、逻辑学）及只关注单语个性而忽视共性（传统代词研究）的研究极端局面。

第三，将定性研究与基于统计的定量研究相结合，努力打破重静态、定性描写，轻动态、定量分析的现状。尝试运用语法化、词汇化、范畴化及类型学等相关理论对指示范畴问题做更为全面、深入的分析和解释。

此外，雅可布逊（Jakobson）（1971）、本维尼斯特（Benveniste）（1971）等对指示类符号所做的研究及其方法，以及近些年有长足发展的生成语言学（树形图分析法、形式化分析法等）、接触语言学（动态分析法等）、语言类型学（横向比较法、统计分析法等）等领域的研究方法，对指示范畴问题之探究都有较大参考价值。指示范畴问题，已经超出了传统语言学之视野，对其研究必须基于多学科的视角和方法。一些相关学科（哲学、心理学、文学等）的研究方法或成果，也值得关注，如心理学基于观察、试验等方法研究儿童代词的习得问题等。这些都为本书基于系统性，及跨学科角度深入探究指示问题注入了新鲜血液，并为理论创新、方法突破提供可能。

1.7　语料来源

本书中所涉及语料之来源主要有三：

第一，北京大学中国语言学研究中心：古代汉语及现代汉语语料库（网址：http：//ccl.pku.edu.cn/Yuliao_ Contents.Asp）；

第二，自建语料库，其中包括个人田野调查所收集的语料；

第三，前贤时人之相关论著中的用例。

此外，本书中出现的对古文字所做的注解，主要查询及参考：《汉语大辞典》（光盘版2.0）及《汉典》（网络版：http：//www.zdic.net/）。

第二章　指示问题的提出及指示符号分类

2.0　引言

  对于一个事物，欲现其整体面貌、探究其本质，知其然当是认知的第一步。对指示范畴及其相关符号问题之研究同样如此。然而，做到这一步亦并非易事，从古希腊时期对代词的反思，到19世纪末指示问题的正式提出，哲学、逻辑学、语言学及心理学等学科从不同方面都对其有过较为深入的研究，却至今未有一个公认的定义。先哲时贤亦通过努力使得对指示及其相关问题的认识不断进步，新近研究也不乏对该类问题的系统梳理与探讨，对全面指示问题，功不可没。然而，与此同时，其中亦暴露出诸多不足之处，理论片面、层次较低等问题较为突出，诚然，有些对指示符号的研究其旨并非该类符号本身，只是借以攻玉。而目前指示范畴及其相关问题的研究，走到了一个瓶颈，对该类符号的个案研究（如人称代词、指示词等）、单语分析（如英语、俄语、德语等语言中的指示语、代词研究）等方面的文著，层出不穷，但对于指示范畴及该类符号的系统研究却不多见，原因既在于指示问题本身，亦有研究之理论视角及方法问题。

  如欲树茂，必先强其根。因此，本章我们拟回到指示问题的始源，探究指示问题的最初提出及认识，借以构建本书之基础。

2.1 指示问题的滥觞——皮尔斯符号学

在西方文化中,食指被称为"Index Finder",即用来指示的手指,所谓的"指示",最初的原型,即用手指来指明对象。指示符号,顾名思义,与该指示现象相关的符号,不过,这一回答几乎是同语反复,并不能从本质上告诉我们到底什么是指示符号。"Index"("指示"或"指示符号")这一概念及相关问题的提出始于美国哲学家、逻辑学家皮尔斯(C. S. Peirce,[1897] 1932),作为现代符号学鼻祖之一,其早在19世纪末便已开始注意到上述用于指示的一类特殊符号,且首次正式提出了指示符号的概念,从而引发后人对指示符号问题不断深入研究。皮尔斯所谓的指示符号究竟是怎样的一类符号?对于这一问题的回答,我们必须基于皮尔斯的符号学思想。

2.1.1 皮尔斯的符号分类学

皮尔斯研究兴趣极为广泛,但最主要的研究领域是逻辑学。皮氏符号学研究并非超脱或独立于其哲学、逻辑学思想的部分,而是基于后者的范畴论和分类学,其研究对象是具有意指作用的一切事物,最终目的是作为建立标准科学(Normative Science)基础(也是其整个哲学、逻辑学及符号学思想理论体系之基础)的现象学(Phenomenology)(Jay Zeman,1977:22-39)。

基于对前人范畴观的种种不满,皮尔斯(1903)对思维和自然界的基本范畴进行重新分析,且从对各种判断中抽象概括出三个存在方式:第一性 First/Firstness,第二性 Second/Secondness,第三性 Third/Thirdness(Peirce,1955:75)。基于新范畴观,皮氏将这三个基本范畴之区分应用于其所研究的整个领域:①第一性,属于感觉(Sensations)或意识(Consciousness)范畴,但不包括分析、比较或任何过程,它构成现象的本质,但自身又独立于事物自由存在,只存在于主体的真实存在中,只是一种可能或潜在性，如 red（红色）、noble（高贵的）等，性质间的结合只是像似或部分同一（Peirce，1955：78，80－86）；②第二性，属于"现实的事实"（Really Real）范畴，存在于第二个客体如何存在之中，是一个不充分分析，例如：风向标、代词等的存在需要依赖于第二个客体（风、指代对象等）之存在方式，现实是一个发生在特定具体"空间—时间"点的具体事件问题，第二性必须依赖于现实性的存在（Peirce，1955：79，87－90）；③第三性，属于法则、习惯、连续统（Continuum）、关联性范畴，第三性是绝对第一者（Absolute first）和最后者（Last）之间的中介或联系纽带，如思想、观念、思维认识、规则及符号等，当我们仅从外部思考现象成分的第三性时，称之为法则，而兼顾此防护罩之两面来观察时，称之为思想，思想既非性质亦非事实，能够产生且生长，独立于时间和现实，其以必然性存在为依据（Peirce，1955：80，91－93）。

基于新基本范畴，皮尔斯（1897）将其所谓符号或表现体①（Representamen）界定为：

> 符号（Sign），或表现体（Representamen），对于某人而言，是在某个方面或以某种身份代表某事物的某个东西。其传达给某人，在该人的心中创造一个等价的符号，或许是一个更为扩展的符号。我将第一个符号所创造的符号，称之为其：解释项（Interpretant）。②

---

① Representamen，皮尔斯符号学术语，源自 Representation，是用于表示某些事物的东西。学界对该词的翻译较为混乱，其曾被人译为"符号代表物"（郭鸿，2008：53）、"符形"（徐慈华、黄华新，2012：106）、"代表项"（丁尔苏，2000：59）、"再现体"（赵毅衡，2011：97）、"符号本身"（刘宇红，2012：120）、"表现体"（卢德平，2002：101）、"表象"（吴安其，2009：3）等，Representation（表征）是认知心理学的核心概念之一，指信息或知识在心理活动中的表现和记载的方式。Representamen 主要指的是 Representation 的物质载体，故本书译为"表现体"。

② Interpretant 是皮尔斯创造出来的符号学术语，对于该词的译法不一，如"符释"（徐慈华、黄华新，2012：106；费小平，2011：71；等等）、"解释"（胡壮麟，2002：2；吴安其，2009：3；等等）、"解释者"（郭鸿，2008：53）、"解释项"（赵毅衡，2011：97；李幼蒸，2007：518；丁尔苏，2000：59；等等）、"解释物"（王任华、周昌乐，2011：79）等，此处我们依据定义，采用学界认可度较高的译法："解释项"。

该符号所代表的东西,称之为其:对象(Object)。

皮尔斯(1903)提出符号类型划分的三种三分法① (Peirce, 1955:101),其中为学界普遍接受的是皮尔斯早在 On a New List of Categories (1868) 中提出的三分法,即第二种三分法:一种关联(Correlate)的关联物(Reference)可以与解释项的关联物分离开来,由此得出三类表征(Representations)(American Academy of Arts and Sciences 1868:287-298),即:①与它们的对象的关系只是在某种性质中的单纯共同体,这些表征可称为"像似性"(Likenesses),此类符号为像似符号(Icon);②与它们的对象的关系由一种在现实中的对应(Correspondence)构成,可以将它们称为指示符号(Indices)或符号(Signs);③与它们的对象关系的范围,只是一种被归结的特性(Character),可称之为规约符号(Symbols)。对于三种符号的地位和特性,皮尔斯(1901)在 One, Two, Three: Fundamental Categories of Thought and of Nature 中给予肯定和强调:三种符号是一个非常重要的三个一组体,在一切推理中均不可能少:第一,图解式符号或像似符号:提供与话域论题的像似性或类似性的;第二,指示符号:像一个指示代词或关系代词,迫使人们去注意在没有对它做出描述的情况下被意指的特别对象;第三,一般的通名或摹状词:借助观念联想抑或通名与所标志特征间的联系表示它的对象。

在皮氏看来,上述三类符号之所以必然存在,或者说符号三分是因为存在着符号、被意指的事物、在心中产生的认识这个三重联系。因此,在符号和被意指的事物间存在单纯理性关系的情况下,其便是一个像似符号;在二者之间有一种直接的自然联系的情况下,其就是指示符号;而当有一种关系存在于"心把符号和它的对象联系在一起的事实"

---

① 皮尔斯符号分类学之基本思想是指示问题研究的源头,有助于我们深入探讨指示符号问题,但本书旨不在论述分析皮尔斯繁复庞杂的符号分类体系,因此,此处点到为止。

之中，在此情况下，符号就是一个名称（即规约符号）（皮尔斯，2006：272—274）。

2.1.2 皮尔斯之指示符号

与现代符号学的另一源头——索绪尔符号学不同，皮尔斯所建立的符号学从根本上并非以语言作为符号范本，而基于其泛符号观，符号与其对象之间的关系更为宽泛复杂。对于指示符号（Index），皮尔斯在论著中给予其前所未有的地位和重视，皮氏强调：指示符号与其所指对象之间的现实联系，如果其对象被移走，那么指示符号便会一下失去使它成为符号的那种特性，但如果没有解释项，指示符号就不会失去那种特性（James Mark Baldwin，1905，3-2：527；Peirce，1955：104）。在 *Index*（1902）一文中，皮尔斯对指示符号做了较为系统的探讨：

> 指示符号（Index）是一种符号或表现体，其指示所指对象，主要不是因为与其对象像似或类似，也并非因为与其对象正好具备的一般特性相联系，而是因为：一个方面，该类符号与其个别的对象有动力学（Dynamical）（包括空间）的联系；另一方面，该类符号与其作为符号为之服务的那个人的感觉、记忆有联系……（Peirce，1955：107）

在皮尔斯看来，与规约符号不同，像似符号和指示符号没有对任何事物做出断定（皮尔斯 2006：290），二者所根据的是符号与其对象间在现实中存在的关系，因此二者皆具有理据。像似和指示两类符号间的区别则是：像似符号和其代表对象间无动力学上的联系，只是基于二者性质偶然类似，像似符号在人们的心目中激起一种与其对象类似的感觉，但指示符号与那些性质确无联系。指示符号与其对象有物理自然（Physically）联系，二者形成有机对（Organic Pair），但除了在联系确立之后标注（Remarking）所指对象，解释心智（Interpreting Mind）与此联系无关（Peirce，1955：114）。皮氏还将指示符号的特点归纳为：①指示符号与其对象没有明显像似性；②指示符号指示个别物、单元或单元的单个集合，或单个的连续统；③指示符号通过盲目的强制注意自己的对象（皮尔斯，2006：286）。

指示（Index 或 Seme）是一种表现体（Representamen），其特征在于它是个别的第二者。基于上述认识，皮尔斯还将指示符号内部初步分为两类。其一，真正的（Genuine）指示符号：如果第二性是一种实在的关系，那么指示就是真实的，如指示词和人称代词；其二，退化的（Degenerate）的指示符号：如果第二性是词与其所指对象之间的相互关系，那么这个标志就是退化的，如关联代词，因为虽然它们可能是间接地、偶然地指示存在的事物，但它们是直接地指示被先行词创造出来的已有心中形象（皮尔斯，2006：286）。

在皮尔斯看来，真正的指示和其对象必定是实存的个别物（不管是事还是物），它直接的解释者必然有同样的特征。但是，因为每个个别物均有许多特征，所以真正的指示也许包含了第一性，作为它的组成部分的图像也是如此。任何个别的东西都是它自己特征退化的指示（皮尔斯，2006：286）。基于此认识，其所谓指示符号包括的对象相当广泛，如日暑或钟是时间的指示符号，风向标是风向的指示符号，带有弹孔的模子是射击过的指示符号，指方向的手指、气流水准仪或铅垂、灯塔、航标、呼喊、叫卖声、北极星、敲门声、名字、专有名词、人称代词、指示代词（"这、那"）、关系代词（"谁、哪一个"等）、物主代词、全称选择词（如"任何人、所有、无、不论"等）、时间副词、方位副词、序数词（"第一、最后一个"等），还包括介词或介词短语（如"在……左/右边"等）等，在皮尔斯看来，能够引起人们注意的任何东西都是指示符号（皮尔斯，2006：287—289）。

此外，皮尔斯强调："如果不是不可能的话，要找出一个绝对纯粹指示的事例，或者要找到任何一个绝对没有指示性质的符号，都是极其困难的。从心理学上看，指示符号的作用依赖于空间和时间上接近的联想，而非依赖于像似的联想或者智力活动。"（皮尔斯，2006：286）

2.2 皮尔斯之指示符号理据性

符号任意性和理据性问题是符号学界一个存在争议的基本问题。皮尔斯符号学从根本上并非以语言作为符号范本，因此，在其看来，各种符号与其对象之间都存在着某种联系，基于此，其将符号分为 Icon、Index 和 Symbol（Convention）三种，且认为 Icon 和 Index 具有理据性①。对于皮氏之划分，上述三种符号中最易解释的是，像似符号（Icon），其所依据的是符号与对象间的像似性（Iconicity）。不过，对于皮尔斯称之为"Index"的一类符号之理据性何在，皮氏并未深入分析。这也使我们不得不重新回到符号任意性和理据性这一基本问题上来。那么，皮氏所谓指示符号之理据性究竟何在？

从皮尔斯对指示符号的界定中我们可以看出，与像似符号不同，指示符号的理据性并非其与所指对象具有像似性，而是前文提到的两种联系：①与其对象间的动力学联系；②与符号使用者之感觉、记忆的联系（Peirce，1955：107）。正如前文所言，皮尔斯所谓的"指示符号"（Index）与其对象之间存在物理联系，且构成有机指示对（Organic Pair），不过，指示符号的作用仅仅是在联系确立之后标注所指对象，故而解释心智与指示符号及其对象之间的联系无关（Peirce，1955：114）。换言之，皮尔斯将指示符号的确立依据归结为指示符号相应的所指对象（即指示符号之"物理成因"）。对此，赵毅衡（2011：82）则认为：皮

---

① 在皮尔斯之符号学文著中，其并未明确使用"理据性"这一术语，但是其理论体系却明显基于理据性。赵毅衡（2011：77）亦曾明确指出这一点。

尔斯将指示符号的对象作为此类符号的理据性所在，有以偏概全之嫌，幸亏皮尔斯指出接受者不必考虑此类符号的指示关系从何而来。与像似符号的像似性、规约符号的任意性相比，指示符号的理据性似乎更难辩明。而皮尔斯的泛符号观，使得"指示符号的与其对象之间究竟是任意的还是有理据的"这一问题变得更为复杂。

从皮尔斯所列举的指示符号的实例中，我们可以看出，其所谓的指示符号兼有实体指示符号和语言指示符号。不过，两类符号的情况明显有别，皮尔斯也似乎有所察觉，可惜其并未区别对待。其原因与皮氏之符号学思想有关，因非以语言符号为范式，故而其所谓的指示符号范围极为广泛。对于皮氏提出的指示符号之指示性，赵毅衡（2011：82）有较为深刻的认识：所谓指示性是符号与对象因为某种关系——尤其是因果、邻接、部分与整体等关系——而能相互提示，从而让接受者感知符号即能够想到对象，指示符号的作用就是把解释者的注意力引到对象上。赵氏之概括可谓对指示符号的理据性之认识更进一步，但不足之处则是其所得出几种主要关系，源于对纯实体指示符号或实体—语言指示符号的归纳，如风向标之所以能够指示风向，是因为风的作用，这是因果关系，指向的标志牌与所指方向有邻接关系，"窥一斑而知全豹"中全豹与豹斑有整体和部分的关系。然而，对于指示词、关系代词，尤其是无定指示代词（somebody、anybody 等）或无定关系代词（who、what、which 等）这些语言符号，即皮尔斯所谓的"纯粹的指示符号"（Peirce，1932：310）而言，又该如何解释其与对象之间的指示关系？这类指示符号的理据性何在？这则需要我们更为深入地探究。

然而至此，我们可以肯定的是：指示符号与其对象之间无像似性，但也并非完全任意的，正如赵毅衡（2011：82）之批评：皮尔斯将指示符号的对象作为其物理成因是以偏概全，因为像无定指示或关系代词这类纯粹的指示符号甚至无指示对象，因此，对于实体指示符号而言，将对象作为其物理成因在一定程度上行得通，此时所依据的是符号与对象之间的动力学联系，正如皮尔斯所言，如果其对象被移走，那么这类符号就不称其为符号（Peirce，1932：297）。而对于纯语言指示符号，上述情况之适用性则必须受到质疑，在语言系统中，人称代词、方位词、时间名词等皆属于指示符号，即便不知道其具体所指对象，我们也依旧视之为符号。正如前面提到的，除了符号与其对象有联系，还有另一种联系，那就是符号与使用者或解释者——人之间的联系，这也即是此类词语带有很强的主观自我中心性的原因之一，此处我们暂不予展开。

如果说纯实体以及实体—语言指示符号是有理据性的，那么，我们不禁怀疑：纯语言指示符号到底是任意的还是有理据的？对于这一问题，以语言符号为符号范式的索绪尔符号学，应该有其独到之处，然而可惜的是索氏似乎并未对语言中的指示符号这一特殊类别予以关注。其所建立的语言符号模型，对纯语言指示符号似乎并不适用。正如皮尔斯所言，指示代词、关系代词，这些纯粹的指示符号，只指出对象而不加描写，对于符号使用者而言，其心理中无须或根本就无指示对象之概念，换句话说，根据索绪尔对符号之界定，这些词语似乎不能称为符号，因为此类符号并不反映所指对象的概念特征，也即无所指。然而，矛盾的是，这类符号在语言系统及言语活动中确确实实存在着，而且有着特殊的地位，使用频率极高，且不可替代。但索绪尔对"语言和言语"的区分，却对研究指示符号至关重要。指示符号只有在具体的言语过程中，才能明确其所指对象，而在语言系统中，其符号结构本身与其他语言符号明显不同。虽然，按照索绪尔所建立的语言符号模型，指示符号作为符号本身便受到了质疑，因此更无从谈起其是具有理据性还是任意性了。但是很明显，指示符号，在未形成有关对象的相关概念甚至不对对象做任何描述的情况下，便可以借助于显性或隐性在场因素指示任何事物，从而完成交际。

倘若我们承认指示符号是索氏所言的符号，那么该类符号的所指是什么？又该如何看待此类符号的能指和所指之关系，到底是任意的还是有理据的？对于这些问题的回答，依据现有的符号理论体系，我们只能暂时站在皮尔斯一边，认为纯实体指示符号及实体—语言指示符号是有理据性的，其理据便是：与指示对象的物理自然联系，而对于纯粹的指示符号，即纯语言指示符号，则情况有别且较为复杂，以语言符号为范本的索绪尔符号学也无法给出明确的答复，因此，我们必须在对指示符号本身之内部结构、层次等问题做进一步分析后，再做定夺。

2.3 皮氏指示符号研究中存在的问题

皮尔斯在研究及其所构建的理论体系中对三分法极为迷恋，试图运用复杂的三分法对宇宙万物进行穷尽性分类，不过，其做法也不免显得繁复庞杂，皮尔斯符号理论创造了大量术语，也因此难免混乱，在论述过程中甚至前后矛盾。总体而言，其符号学思想系统性不强，逻辑不够严密。

上述问题也同样存在于皮尔斯对指示符号的论述中。在皮氏看来，由于指示符号是被某个对象影响而指示该对象，因此，指示符号不是质符号，因为质是独立于任何其他东西的。我们从前文皮尔斯所举指示符号例子中可见，其将实体指示符号与语言指示符号混为一谈。对于非语言指示符号，皮尔斯（1903）认为：就指示行为被对象影响而言，指示符号必然与所指对象共同具有某种质，就此而言，它指示该对象。因而指示符号包含了一种像似符号，虽然是一种特别种类的像似符号。指示符号也并非与其对象仅仅像似，而是被该对象做了实际修正，即便在使其成为符号的那些方面（Peirce, 1955: 101 – 102；皮尔斯, 2006: 281）。而在稍后的论述中，皮尔斯又从指示符号中区分出一个次类——次级指示符号（Subindices 或 Hyposemes）：

> Subindices or Hyposemes are signs which are rendered such principally by an actual connection with their objects. Thus a proper name, personal demonstrative, or relative pronoun or the letter attached to a diagram, denotes what it does owing to a real connection with its object, but none of these is an Index, since It is not an individual. (Peirce, 1955: 108)

由此，我们可以得知，所谓次级指示符号主要是指，通过一种与其对象的实在连接关系而成为该类符号的符号。这与皮尔斯先前对指示符号的定义及论述皆一致，但让人不解的是他所举出的实例：一个专名、人称指示词或关系代词，或附加于图解之上的字母，皮尔斯认为，这些都是通过与其对象的实在联系而表示（Denotes）其所要代表的对象，但是它们皆非指示符号，因为它不是个体物。很明显，这一论断与前文其所构建的指示符号观点完全相悖。那么究竟原因何在？皮尔斯旨在符号分类，对此问题并未给出答案。从皮尔斯的上述矛盾中，我们可以大概看到其似乎想要说明什么，因为专名、人称指示词或关系代词等指示符号与前文其所举的诸如指方向的手指、风向标、灯塔、敲门等指示符号，在本质上确确实实存在明显差异。但二种（或者更多种）指示符号间具体有哪些差异，源于何处等问题，如欲回答，则需要我们对皮尔斯所谓的指示现象与指示符号做进一步区分和探讨。

2.4 指示现象及指示符号的分类

指示，作为人类最基本的认知方式、交流手段之一，其重要性毋庸置疑。在我们的日常生活中，当我们无从得知自己的所处位置及认知对象的名称时，往往选择借助于指示来向对方表明意图，既而完成交流。在习得语言之前儿童便会通过手指指示来表达其基本的意图。相对其他意指手段而言，指示表意，更为基本，也更为经济实用。与皮尔斯所理解的宽泛"指示"稍有不同的是，我们所要关注的指示是与人的主观意图密切相关的一种行为。

指示与指称是人类认知及交际的两种基本意指手段。二者在表意问题上的差异，在人类较早阶段便有所反映。与指称手段相比，指示无须关于对认知对象有一个抽象的把握，更无须对其形成抽象概念，便可以完成交流。因而，对语言系统中与二者相关词类的区分，即指称词语与指示词语之区分，亦先于名词、动词两个基本词类的区分，且该区分在不同语言中具有相当普遍性（孙蕾，2002a，前言：1）。探讨指示，我们须探明的首要问题是：何为"指示"？前贤对此问题多有探究，对于其回答，整体而言，虽至今未有一个权威的答案，但是这并不代表对该问题的认识依旧混沌。目前，对于指示之基本要素，已较为明晰，且为大家普遍认可。

在英语中，与指示现象相关同为"指示"义的词语不止一个，如index、indicate、denote、designate、demonstrate 及 deixis 等，且上述词语在相关研究中同被用以表示"指示"义，且难以分清，这在一定程度上造成了术语混乱。由于研究传统的不同，在哲学、逻辑学的指示研究中，通常遵从皮尔斯之传统，即采用术语"Index"（Indexical, Indexicality）；而在语言学指示研究传统中，则采用术语"Deixis"（Deictic）。因本书主要关注的是以语言指示为核心的指示现象及相关符号，故而，为求严谨及避免不必要的麻烦，本书采用语言学传统术语，即"Deixis"及其派生术语。

从"指示"（Deixis）一词之来源看，该词始自古希腊语"δετξις"，其基本义为"指"（Pointing 或 Indicating）（Lyons，1977：636；Levinson，1983：54）。由此，我们可以推知，所谓"指示"，必然涉及如下几个因素：指示发出者（人），指示符号（指示行为的承载体），指示对象（物理对象），指示意图及其接收者，即指示者根据其指示意图向传达对象指出其所指对象。不管指人、指物还是指时间、指空间，虽然内部次类颇具差异，这些是指示范畴，都必须具备的基本要素。而至于指示信息获取的管道，则主要是视觉和听觉。

2.4.1 实体指示

在英文中"食指"被称为"Index Finger"，即用于指示的手指"☞、☜、👆、👇"。从"指示"最为基本的定义可以看出指示是一种行为，与人体的姿势或动作有关（如头部姿势、眼神、面部表情、肢体动作等），最为典型的便是以手指示物。对于最为基本的指示而言，有无语言相伴，并非必要条件，也就是说，即便没有语言相伴，同样可以完成示意过程，实现传达意图的目的。我们将此定义为实体指示，即无须语言相伴也可借助于肢体动作、面部表情等完成表达意图的行为。须注意的是，该类指示达意的过程，充当符号功能的是非语言的实体，如手势、眼神、面部表情、肢体动作等。

视觉和听觉是人类最主要的感知世界、获取信息的渠道。纯实体指示传达意图的感官渠道，主要是视觉，正因如此，实体指示必然依赖于能够满足交际之视觉需要的光线，且对指示之各构成要素之在场性有较高的要求，除发挥符号功能的指示实体外，指示发出者、指示对象、传达对象皆须在场，否则指示意图便无法实现。试想在伸手不见五指的黑夜，即便上述指示要素全部在场，单单依靠纯实体指示，也不可能完成指示达意的过程（当然可以通过交际双方共同的触觉、味觉、嗅觉经历实现交际，如拿指示对象给对方尝试，但这已经不属于指示交际的范畴），另外对于不可视的抽象概念，如果没有其他辅助因素的介入，也很难通过纯实体指示得以传达①。

因而，由于上述种种因素的限制，实体指示并不利于交流中信息的传递及意图的表达，这也迫使实体指示必须与其他因素结合，通过补偿实现交际。而在此情况下，作为人类另一条最为主要的信息获取管道——听觉，便不可避免地作为补偿因素被利用起来。这一转变，也便实现了听觉及语言的介入。

2.4.2 实体—语言指示

从视觉到视—听觉，信息获取管道的拓展为指示意图的实现提供了更多的条件。通常而言，纯实体指示在人们的日常交际活动中所占的比重并不明显，而更为普遍的是，通过视—听觉来完成指示表意行为。这也使得我们需要将眼光转向以视—听觉为主的实体—语言指示。

所谓"实体—语言指示"是指：信息获取是以视觉为主听觉为辅，在指示达意过程中，以肢体动作、面部表情等实体为主，与此同时有语言辅以明确或醒示指示意图的行为。此类指示在日常交际中极为常见，比如，我们在通过手势等肢体动作或面部表情向交际对方指明某一对象时，为了表意更为明确或引起对方更多注意，通常会在指示行为产生的同时，伴随有"这、那、他/她/它"等代词以及"嗯、喏、嘿"等拟声词。与纯实体指示相比，实体—语言指示也同样需要有能够满足交际之视觉需要的光线，且同样要求指示发出者、指示符号、指示对象、传达对象四要素皆须在场，否则指示意图也同样无法实现。但所不同的是，基于听觉的语言虽然仅仅作为辅助手段介入，但指示行为表之意图更为明晰。

需要注意的是，正如纯实体指示在不同场合中其表意有效性会受到

---

① 聋哑人所使用的手语是经过预先设定的一套符号系统，相对而言，具有较强的指示性，但对于抽象概念的交流，必须基于交际双方对手语动作意义及约定规则理解，故应另当别论。

诸多因素的限制,也并非纯实体指示辅以简单语词便可以在所有场合均正确表达指示意图,尤其是在指示对象众多且彼此区别特征不明显的情况下,例如:指示者欲通过指示向交际对方指明穿着相同制服的一群陌生人中的某个人,此时,单单依靠手势以及与之相伴的"那个、他、喏"等词语,对方依旧不会明白其到底想指明的是哪一个,此时,如若欲实现指示意图,则会通过描写摹状等途径辅以更多的语言信息。在这种情况下,本处于辅助地位的听觉信道以及语言信息之作用,则必然被凸显,以至必不可少。

2.4.3 语言指示

对于实体指示与语言指示间的关系问题,从发生学及儿童个体语言行为发展角度看,儿童在习得语言之前便已经可以借助简单实体指示(如手势、眼神等)表达其意图,由此可以推知:实体指示先于语言指示。那么,指示表意行为是否可以脱离实体借助于语言独立完成呢?对于这一问题,根据我们的日常经验,便可以得出肯定的回答。但前提是交际双方必须已经习得一种共同的语言,且在具体交际中有共知的信息背景,例如:

A:今天来的 这/那 个人是个骗子。
B:是的,他说的 那些 东西压根就不存在。

如若满足上述条件,纯语言指示便可以实现。所谓的纯语言指示,指的是在指示之对象实体不在场的情况下,依靠交际双方的共知背景信息,仅仅借助于语言来实现指示意图传达的行为。与纯实体指示相比,纯语言指示除指示符号由实体变为纯语言外,信息获取管道已完全依赖于听觉,先前光线及视觉之限制,也随之消失,即便在漆黑夜晚,单单借助语言也可以完成指示交际行为。这也使得指示表意之范围得以扩展，尤其是指示对象的扩展，单纯的实体指示如欲以抽象的事物、概念或思想等作为指示对象，则必须基于先前所做的描述及铺垫，也就是在说，指示发出者事先需要对所指抽象对象做一个描述，使对方在心理上对所指对象有一个基本认识。

此外，最值得注意的是：作为实体指示之必备条件之一的在场性，也相应地发生了变化：纯实体指示要求指示发出者、指示符号、指示对象、指示接收者四要素皆必须在场，而在场性对纯语言指示约束则相对降低，指示对象实体可以不在场，但作为补偿：交际双方须对所指对象有共同的背景信息，其中便包括对指示对象之相关信息的心理唤起，只是与一般心理概念不同，所唤起的仅仅是不反映对象之本质特征的时、空存在信息。

2.4.4 小结

对于指示范畴而言，从最基本的以视觉为主的实体指示到仅仅依赖于听觉纯语言指示，构成了整个指示系统的两极，而在日常生活中，无论是哪一极，单纯出现的情况并不多见，而最为常见的则是介于两极之间的实体—语言指示，因为客观世界的多样性及复杂性，往往使得单单依赖于一种途径不能准确或迅速有效地实现指示意图，多种途径和资源的结合，往往能够彼此互补，大大提高指示表意的效率及准确性。另外，值得一提的是，正如语言世界是物理世界的反映，语言世界的在场性同样是物理世界在场性的折射，所不同的是，语言世界的在场性并非要求作为指示对象的实际物体在场，而是与之相对应的语言单位（如词语、句子、语段等），与指示语在一定的范围内同现，以使得指示语通过照应（Anaphora）等手段寻找到其所指物件。对于文本中的指示，篇章语言学一般称之为"照应或回指"（Anaphora），文字属于视觉符号，与实体指示本质相同，其依赖的是视觉系统，可以说是指示现象的变种，这一点与依赖于听觉的语言符号系统性质截然不同。因在场性的减弱或消失，指示表意行为的完成在语篇中受到重重限制。关于书面语篇中的照应问题，在语言学尤其是篇章语言学界一直备受关注，且成果颇丰，但也因大多局限于书面语篇且仅仅关注代词照应及其相关问题，虽然不可否认语篇中的照应问题，是指示问题的重要组成部分，但对全面深入认识指示范畴及指示符号系统之特性而言，过于狭隘，本书将在后面章节中有所涉及，但非本书之重点所在。

2.5 从实体指示符号到语言指示符号

从前文皮尔斯对指示符号的界定和研究可以看出，其所关注的是广义指示符号，即包括实体指示符号和语言指示符号，或者说语言指示符号和非语言指示符号。实体符号与语言符号之间在本质上有着明显的区别，皮尔斯之探讨并非以语言符号为范本，因此，我们从中可以看出其对指示符号之本质的把握侧重于实体指示符号，但同时亦觉察出实体指示符号与语言指示符号间存在差异。皮尔斯之后，其学生莫里斯在皮尔斯符号学理论基础上，从一般符号学的角度进一步对符号进行了区分，莫里斯认为：对于一个符号而言，在理论上存在着两个极端：一端可以仅仅使符号的解释者注意到这个对象，另一端却可以在这个对象本身不在当前的时候使解释者考虑到这个对象的所有特性。莫里斯认为：在两极之间存在着一个可能的符号连续统（Continuum），在这个连续统中，关于每一个对象或情况的各种程度的符号过程都可以表现出来；而且，关于"一个符号的所指在任何给定的情况下究竟是什么"的问题等同于如下问题，即究竟对象或情况的什么特性仅仅由于符号载体物的出现实际上被考虑到了（莫里斯，2009：81）。

符号的两极与我们通常所说的语言中用来表示事物的两种基本方式：指示和指称，极为相符。下面我们要对上述符号连续统做一个基本的区分（如表2-1）。

表2-1

符号类别 \ 符号构成		内涵	外延①	
			类别	个体
极一：指示	实体指示	—	—	+
	语言指示	—	+	+
极二：指称	专称	—	—	+
	通称	+	+	—

在皮氏符号学体系中，专用名词也被划归到指示符号的行列，从表2-1中我们也可以看出，这一做法并非无理之举，专有名词与指示符号间的共性，明显大于其与通名之间的共性。从实体指示符号到通称符号，实现了从依赖时空的在场到不在场，从受限到无限，从对认知对象之概念从零到本质抽取，从具象到抽象的转变过程。在该过程中，无论是认知对象的量问题，还是质问题，都在发生变化，而质的成功抽取最终实现了认识事物过程中的范畴化。

表2-1中亦蕴含着一种单向性，即从实体指示到通称，有一种单向依存关系。实体指示与在场性密不可分，而随着在场性的减弱及消失，表示事物之方式的抽象性和概括性增强，就单个符号而言，对语境的依赖性则逐渐减弱。指示符号始终无法完全摆脱在场性的制约，而指称符号则可以做到。正是与在场时空因素的密不可分，指示符号在言语交际中才可以在不必抽取认知对象之本质并形成概念的情况下，指示欲指之对象，进而完成交际。对于语言指示符号之诸多特殊性，本书会在后面章节中具体展开。

2.6 指示现象的核心要素

指示作为一种表意方式，从指示发出者产生指示意图到选择指示方

---

① 此处仅指单个符号在无标记的情况下，诚然，通过组合或标记等方式，语言指示符号或通称符号均可实现对个体的指示或指称，该问题将于下文展开讨论，非本节关注之重点。

式发出指示行为，再到指示接收者看到指示发出者的指示行为借助于在场诸因素理解其指示意图，存在一个交流的过程。如前文所述，典型实体指示过程必然包括五个要素：指示发出者，指示符号，指示对象，指示意图及其接收者。指示发出者及接收者是能够思考、具有思想的人；指示对象可以是存在于客观物理世界具有不同维度的一切；指示符号作为指示行为承载体，无论是实物还是语言，其本身也是一种客观存在；指示意图的产生及指示接收者对指示意图进行分析识别则是交际双方的个人心理行为。指示作为一种表意行为，其从产生到完成所经历的过程必然经历一个时间跨度，其本身即具有矢量。

对于指示而言，在场性是实体指示的必备条件。处在同一场景中的各指示要素在一定的空间格局中展开，各有其方位，因此，也将涉及一个维度问题。综上而言，指示现象必然涉及如下四方面：人物、事物、空间、时间（包括人物或事物所处的空间或时间）。由于四方面单独及组合的复杂性，在指示范畴中四者既有共性也有各自独特性。这四方面是指示系统形成的物质基础，也是本书主要的探讨对象。

第三章 非本体三元符号模型与指示符号问题

3.0 引言

在对各类符号不断深入探究的过程中，不同符号学家都在试图阐述自己的符号学思想，构建自己的符号理论。与此同时，也在构建不同的符号模型。对符号之认识，前文我们对现代符号学之两大源头——索绪尔符号学和皮尔斯符号学进行了初步比较，并发现：对于指示符号而言，由于符号观的不同，其在两大符号学传统中的地位悬殊。美国符号学家皮尔斯基于其泛符号观，将指示符号单列一类，与像似符号、规约符号并驾齐驱；相反，瑞士语言学家索绪尔基于其语言符号中心观，在构建其符号模型时，并未对指示符号这一特殊类别给予关注。前文基于皮尔斯符号学的思想，根据符号自身的特性，我们构建了符号连续统：像似符号→指示符号→规约符号，自左到右，符号之理据性逐渐衰减，任意性则逐渐增强。从该连续统，我们看出指示符号处于中间位置，也因而其情况更为复杂。

由于皮尔斯构建符号模型，并非以语言符号为范式，而语言符号本身又明显与其他符号不同。因此，上一章我们对指示符号的内部做了进一步的区分，再次分出指示符号内部的连续统：实体指示符号→实体→语言指示符号→语言指示符号。从皮尔斯的举例中，我们可以看出实体指示符号相对较为简单，因此不是本书探讨的重点，而处在另一极的语言指示符号，则情况甚为复杂，可以说是整个指示符号问题的核心和难点。索绪尔所构建的语言符号模型对语言指示符号而言似乎并不适用，由此，迫使我们不得不先回到语言指示符号本身，究竟其内部结构是怎样一种情况？在表意过程中，该种符号结构究竟又赋予了指示符号何种有别于像似、规约两种符号的特性？如何构建指示符号模型以及囊括指示符号的普通符号模型？等等问题，本章将从指示符号自身构成着手，就上述问题展开，尝试构建基于语言指示符号的符号模型。

3.1 符号观与符号模型

早在古希腊时期，苏格拉底、柏拉图、亚里士多德等哲学家对名实关系问题已有所思考和探讨，而几乎与此同时，在中国的先秦时期，老子、孔子、庄子、墨子等先哲就名实之关系问题也已展开争辩。正如波斯特盖特所言："纵观整个人类历史，没有什么问题比语词（Words）与事实（Facts）之间的对应关系这类问题更令人冥思苦想，激动却毫无办法。"（Ogden & Richards, 1989: 2）人类对意义问题的探究，无论中西，自古至今从未停息。在"意义问题"研究史上，19 世纪末 20 世纪初再度成为一个黄金时期，哲学界、逻辑学界以及语言学界诸多大家，如密尔（J. S. Mill）、弗雷格、胡塞尔、皮尔斯、索绪尔、罗素、维特根斯坦、奥格登、理查兹以及稍后的莫里斯、雅可布逊、叶尔姆斯列夫、莱昂斯等，对意义问题给予极大关注，在突破古典的"名—实"二元论的同时，指称论、语境论、真值条件论等诸多意义理论不断涌现。现代符号学正是在此背景下诞生的，而从诞生之初，符号研究便与意义问题有着密不可分的联系，甚至有哲学家、语言学家将符号学等同于意义学（莫里斯，2011: 2；赵毅衡，2011: 序言3）。

符号学，顾名思义，以符号为研究对象，但究竟什么是符号，不同的符号学家却认识不一。我们生活在由各种各样符号构成的世界里，却很难给符号下一个确切的定义,正如科学无须定义其基本术语一样,符号学家 David Lidov 甚至否认符号学给"符号"下定义的必要性(David Lidov,1998:575)。然而,基本概念的界定是一项研究的基础,符号学作为探究人类普遍思维规律的一门学科,同样也不例外。不同的符号定义代表着不同的符号观,而基于不同符号观,符号学家构建起不同符号模型,即符号表意模型。

3.2　哲学视角的三元符号模型及其局限

3.2.1　皮尔斯的三元符号模型

皮尔斯所谓的符号范围极其宽泛,从前文 2.1.1 中我们对皮尔斯的符号学思想的分析可知,皮氏(1897)将符号定义为:

> 符号(Sign),或表现体(Representamen),对于某人而言,是在某个方面或以某种身份代表某事物的某个东西,其传达给某人,在该人的心中创造一个等价的符号,或许是一个更为扩展的符号。我将第一个符号所创造的符号,称之为其:解释项(Interpretant)。该符号所代表的东西,称之为其:对象(Object)。

皮尔斯所谓的符号本身便是一种存在(Being),且与其表征的对象存在某种关系,而这种表征必须被某一解释者理解或解释,或具备某种意义。皮尔斯认为:任何符号都是由(符号存在的)媒介(Medium)(即我们所谓的"表现体")、所指对象(Object)、解释项(Interpretant)三个必备要素构成,与之相对应的是符号之三种关联物,即媒介关联物(M)、对象关联物(O)、解释项关联物(I),每个符号都表现为一个关联物的系统,皮尔斯强调三因素共为一体,不可分离,即是所谓的符号之"三位一体"性。由皮尔斯对符号的定义可知:在其所构建的三元符号模型中，O 依随于 M，而 I 则依随于 M 和 O，德国符号学家本泽（M. Bense，1992：13）将这三者的排列关系表示为：Z = R (M、O、I)，为了表明上述逻辑关系，本泽进一步改造为：

$$ZR = [(M = >O) = >I]$$

（"= >"表示：发生过程）

对此，符号学家瓦尔特（Walther Elisabeth）强调：符号关系必须被理解为一种"排列的三位关系"，不能将这种排列打乱。基于皮尔斯所提出的符号模型，瓦尔特还进一步将符号三要素之关系用一个三角形表示，如图 3-1 所示（Walther 1974：20）。

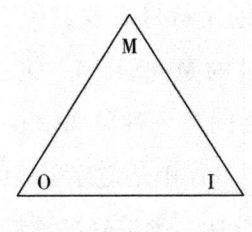

图 3-1 "三位一体"

对于符号三元素所构成的排列三角形关系，就生成顺序而言，瓦尔特认为，存在两种可能，即正序（M 产生 O 和 I）或逆序（I 产生 O 和 M）。皮尔斯根据符号与其对象间之关系将符号分为：Icon、Index、Symbol 三类，而三类符号之三要素间的逻辑关系亦有着明显差异。王铭玉（2004：124）曾将上述三类下位符号各自不同的"指向性"概括为图 3-2。

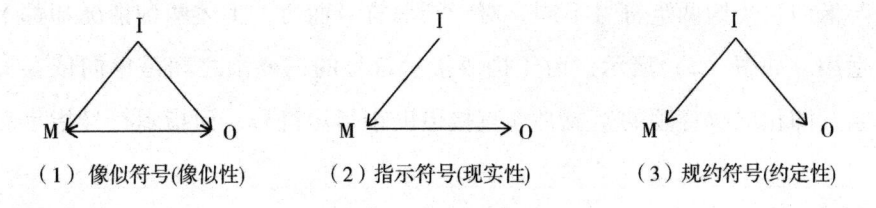

（1）像似符号(像似性)　　（2）指示符号(现实性)　　（3）规约符号(约定性)

图 3-2 三种符号之指向性

说明："→"表示直接指向。

对于图 3-2 三个图式①所呈现的关系信息，我们可以做进一步分析：图（1）中构成像似符号的 M（S）与 O 之间有双向的直接指向关系，I 又同时指向 M（S）、O，即符号与所指对象有直接像似性，解释项也与符号及其对象有着直接联系，基于直接像似性，三者形成一个稳定的封闭三角形；图（3）中构成象征符号（即规约符号）②的 I 为关节点，同时单向指向 M（S）、O，即 M（S）←I→O，而 M（S）和 O 间无直接指向，即符号和对象之间是任意的，没有任何联系。与像似符号及规约符号（即象征符号）不同，指示符号，即索引符号，内部三要素的逻辑关系则显得较为特殊：图（2）中 M（S）和 O 之间是单向指向关系，即我们只能借助于符号寻找其所指对象，与 I 解释项无关，而 I 直接指向出于中间环节的 M（S），I、O 之间却没有直接指向关系，即 I→M（S）→O，三者之间是一种单向依存关系。图（1）和图（2）为正序生成的符号，而图（3）则是逆序生成的符号。

在言语交际过程中，上述三类符号虽然都可以完成表意，但是三者表意的基础却完全不同。对于像似符号而言，符号与其对象之间有着直接像似性，因此，即便所指对象缺失，解释者也同样可以根据符号及其（符号与其对象间的）像似性，生成相应解释项，换言之，借助像似性，符号便可以发挥表意作用；对于规约符号而言，符号之所以可以代表对象，是因为符号与其对象之间的关系事先已由使用该符号的社会群体约定俗成，即具有社会性，因此同理，即使所指对象缺失，解释者也可以根据符号及预先规约生成相应解释项，并进一步确定其所指对象。与像似、规约两类符号不同，对于指示符号而言，上述两种情况却都不适用。如图（2）所示，由于构成指示符号的三要素之间是单向依存关系，即相应解释项的生成必须直接借助于指示符号，而指示符号指示功

---

① 因术语翻译不同，本书对原图做了相应调整。
② 皮氏符号学内部术语较为混乱。根据符号与所指对象之关系，皮尔斯将基于社会规约所形成的符号，称为 Symbol，本文沿用赵毅衡（2011：82）的译法，称之为"规约符号"。

能的实现,则依赖于所指对象。换言之,人们无须借助于所指对象便可生成相应解释项,但如需确定具体所指对象,则必须使上述单向指向链条保持完整。由此可见,对于指示符号而言,三要素缺少任何一部分其都无法在言语活动中实现完整表意:其一,倘若作为中间环节的符号不在场,解释项和对象之间便失去了链接,因为解释项和对象之间没有直接联系,整个表意链条也因此中断;其二,倘若所指对象缺失,同样因为解释项和对象之间没有直接联系,单单借助于符号,解释者所生成的是一个不完整的解释项,因为根本无法确定其具体所指对象,如汉语指示符号"这",倘若不知道具体所指对象,依据此符号,我们所能生成的只能是一个残缺解释项。由此可见,与其他两种符号不同,指示符号是一种特殊的直指符号,该类符号如欲实现其指示功能,则必须使上述单向指向链条保持完整。换言之,指示符号是一种直指符号,其三个构成要素必须同时在场,借助于指示之必备前提条件(即在场性),才能确定指示符号之所指对象。

总体而言,在言语活动中,基于像似性的像似符号的三要素处于平等地位,在规约符号中,解释项处于中心地位,而对于指示符号,则是符号本身处于中间关节点,而指示符号欲实现表意,其三要素皆须在场,这是所有指示符号意指过程实现的前提条件。皮氏符号模型虽注意这一共性,但却不能呈现指示类符号内部的差异,指示类符号意指功能远不止如此,而指示系统及指示符号本身更为深层的结构成分及成分间之关系等诸问题,更为皮氏符号模型所不能触及,其中尤以皮氏所忽略的语言指示符号问题最为突出,此亦皮氏在其逻辑符号思想及论述中缺乏系统性且出现前后矛盾的主要原因之一,而欲全面揭示指示符号系统之本质及面貌,有必要在质疑皮氏符号模型的同时做进一步研究。此外,皮氏符号学既有心灵主义的痕迹,但同时也从行为角度对符号过程进行分析,行为主义的视角为符号研究指明了另一个方向,促发了莫里斯(Charles W. Morris)行为主义符号学的产生和发展。

3.2.2 Ogden 和 Richards 的三元语符模型

就符号意义问题研究历史上，与皮尔斯同时代的弗雷格（Gottlob Frege，1848 – 1925）(1892) 曾在对符号构成传统二元观进行反思的同时，首度突破二元观，进一步区分出概念（Concept）和对象（Object），并认为：与一个符号（名称，词组，文字）相关联，除需要考虑符号之所指物，亦可称为符号之指称对象（Reference）外，还要考虑包含着呈现（Presentation）方式的符号之意义（Sense）(Peter Geach & Max Black，1960：57)。弗雷格既而提出"符号—意义—对象"三元符号结构模型，并促成了意义指称论研究传统。弗雷格之后，语言哲学家奥格登（Ogden, Charles Kay）和理查兹（Richards, Ivor Armstrong）(1923) 在 *The Meaning of Meaning*（London，1946）中深入探析"意义"的意义问题的同时，基于对皮尔斯和索绪尔两家符号模型的比较、批判，同时借鉴罗素的因果关系论之观点，以语言符号为蓝本，进一步构建了一个更为严密的三元符号模型，该模型在一定程度上可看作对弗雷格所提出的符号三元结构的应用及发展，但又有其独到之处。正因如此，其在语言哲学及语义学界有着相当高的认可度，颇具影响力。

奥格登和理查兹对符号学（Symbolism）之地位进行探讨，并明确给予界定，即研究语言及各类符号在人类事务中的作用，尤其是它们对思想（Thought）之影响的学问，Ogden 和 Richards（[1923] 1989：9 – 10）认为：

> 符号（Symbols）引导、组织、记录和交流的对象是思想（Thoughts）（即通常所说的指称 Reference），必须将其与事物（Things）区分开来，与符号直接相联系的是思想而非事物。语词（Words）并无意义，唯有当思考者（Thinker）使用它们时，它们才代表某物，在某种意义上才具有"意义"。因此，对"意义"之意义的分析必须

第三章 非本体三元符号模型与指示符号问题 55

始于研究：思想（Thoughts），语词（Words）和事物（Things）三者之关系。

基于上述认识，奥格登和理查兹将思想、语词、事物三者的关系用一个三角形表示，即语义学中著名的"语义三角"，如图3-3所示（Ogden & Richards，[1923] 1989: 11）。

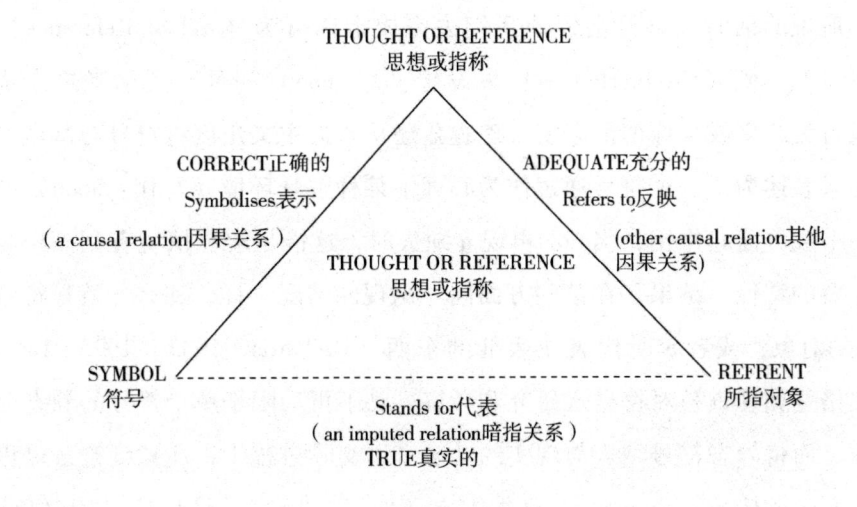

```
                THOUGHT OR REFERENCE
                    思想或指称

        CORRECT正确的          ADEQUATE充分的
          Symbolises表示         Refers to反映
      （a causal relation因果关系）   (other causal relation其他
                                        因果关系)
                THOUGHT OR REFERENCE
                    思想或指称

   SYMBOL  - - - - - - - - - - - - - - - -  REFRENT
    符号                                      所指对象
                    Stands for代表
              （an imputed relation暗指关系）
                    TRUE真实的
```

图3-3 语义三角

说明：A true symbol = one which correctly records an adequate reference.
真正的符号=正确记录一个充分指称的符号。

如图3-3所示，奥格登和理查兹（[1923] 1989: 10—11）主张：符号与思想之间存在因果关系，在言语活动中，我们所使用的符号一部分由我们所做的指称导致，一部分是由我们所做指称的社会和心理因素（包括我们指称的目的、符号对他人的预设效果及我们自己的态度）决定。思想与所指对象之间的关系或多或少是直接的或间接的，而符号与所指对象之间则只有间接关系，故用虚线连接，即符号通过指称被间接地用以代表某一事物，构成符号的三要素之间的逻辑关系可以表示为：符号（语词）→思想→对象，此模型与皮尔斯的规约符号之模型：M

(S) ←I→O，有着极为像似之处：思想和解释项，同属于心理世界，同处在中间地位，且符号与对象之间均无直接联系，所不同的是始点不同，奥格登和理查兹之符号模型始于符号本身，而皮尔斯之规约符号始于解释项，即事先存在范畴概念。但有一点可以肯定：二者所基于的依旧是在人心理世界已经存在的观念、概念或集合。

此外，奥格登和理查兹（［1923］1989：11）还注意到，当我们听到所说的话时，符号会促使我们去完成指称行为（Act of Reference），且根据环境（Circumstances）去设想（Assume）一种与说话者之态度及行为或多或少像似的态度。理查兹还从心灵主义角度将符号与情境的关系表述为：一个符号通过作为心理中某种解释环境（写作：abcq）的一个成分而起作用，当 abc 再现 q 缺失时，这恰是解释情境有利而极为重要的特性，结果是在某些方面同 q 出现的情况一样。那么 q 就是符号 a 的对象，或者 a 所代表或表征的东西（Richards［1933］1995：18）。奥格登和理查兹对符号之研究和考察，已不再局限于单个符号的静态分析，而将静态符号纳入与现实的动态言语交际过程中，注意到符号过程所发生的情境（Context），从根本上还原了"语言符号传达所指对象"这一最为基本的社会交际功能。

虽然奥格登和理查兹的三元符号模型在批评索绪尔二元符号模型的基础上，加入"对象"这一元素，但其与索绪尔二元符号模型有着本质上的共性，所构建的依旧是一个概念符号模型，或者说指称符号模型，同样无法避免"概念"界定之问题的困扰。因此，对于没有概念的指示符号问题而言，该符号模型依旧不可能给出一个满意的答案。不过，从二元符号到三元符号，"所指对象"及语境因素的介入，使得该符号模型较之二元符号更具有张力和解释力。从整体上而言，奥格登和理查兹对语言符号的探讨以心灵主义为基础，但其中也注意到了行为主义对语言符号研究具有准确性或更强可操作性，因而对指示符合问题之研究有着一定的启发性。

3.2.3 皮氏三元符号模型的发展——莫里斯的行为主义符号模型

皮尔斯的学生莫里斯（Charles W. Morris，1901－1979）对皮氏符号学理论体系进行了继承和发展，在皮氏基础上进一步精确化，同时借鉴美国行为主义学派诸如米德（G. H. Mead）、杜威（J. Dewey）等人之行为理论，以及奥格登和理查兹、逻辑学家卡尔纳普（R. Carnap）等人的符号思想及研究成果，试图建立一门真正的符号科学。基于行为主义观点，莫里斯不再将符号作为静止的分析对象，而是将其放入动态过程（即符号过程 Semiosis 或 Sign Process）中去考察。莫里斯的符号过程涉及皮尔斯符号学所提出的三元素：符号媒介物（Sign Vihicle）、所指谓（Designatum）和解释项（Interpretant），此外，还将解释者（Interpreter）作为第四种因素纳入其中。基于此，莫里斯选择摒弃精神主义的一套术语（如观念、概念、意义等），从行为主义角度，将符号进一步定义为（Morris，1946：10）：

> 如果任何东西 A 是一个预备刺激（Preparatory-stimulus），而当发起某一行为族（Behavior-family）之诸反应序列（Response-sequences）的诸刺激物（Stimulus-object）不在场时，该预备刺激引起某个有机体（organism）倾向于在特定条件下通过该行为族的诸反应序列去作出反应，则 A 就是一个符号。

简言之，如果一个事物 A 能够在事物 B 不在场的情况下，使有机体 C 产生类似于 B 在场时所做出的反应的行为，则事物 A 为 B 的符号，例如生物学上经典的巴普洛夫条件反射实验，即一条经训练的狗在仅听到铃声（S）而未看到食物时，也同样会有寻找（I）食物（D）的行为反应，在该行为过程中，有机体狗为解释者，寻找食物倾向为解释者的解释项，食物则是所指谓，而铃声则是符号。对于解释项而言，如果因符号的出现，解释者的解释考虑到了所指谓，则符号媒介物是关于所指谓的一个符号。由此可见，符号过程是某个事物通过第三个事物考虑到另一个事物的间接考虑（Mediated Taking Account of）过程。莫里斯符号模型还将符号之"对象"进一步区分为所指示（Denotum）、所意指（Significatum）和意指（Signify）。"所指示"（Denotum）指能够满足解释者因该符号而倾向做的诸反应序列得以完成的任何事物，或者说，当被涉及的东西实际上存在着相应对象，则被涉及的对象就是一个所指示；任何东西满足一定条件后便成为符号的所指示，这些条件即一个符号的"所指谓"，即具有一些"被解释者通过符号媒介物之出现而考虑到的性质"的一类对象；一个符号将被认为意指（To Signify）一个所指谓，或者说具有意指作用（To Have Signification）（Morris，1946：17）。

对于所指示和所指谓二者的关系，莫里斯认为：每一个符号都有一个所指谓，但并不是每个符号都有一个所指示，或者说并非每个符号都涉及一个实际的存在。一个所指谓是一种对象或者一类对象，一类可以有许多分子，或者一个分子，或者没有分子。所指示则是类的分子。例如：一个人去寻找具有某些性质的动物，这种动物可以是一个，也可以是无数个，也可能根本就不存在。莫里斯注意到关于一个对象的符号在理论上存在两个极端：一端是仅仅使符号的解释者注意到该对象，即我们所说的指示；另一端是在该对象不在眼前时可以使解释者考虑到该对象的所有特性，即我们所说的指称，二者之间存在一个可能的符号连续统（Continuum）。从该连续统中我们可以得知：①关于每一个对象或情况的各种程度的符号过程都可以表现出来；②"一个符号的所指谓在任何给定的情况下究竟是什么"这个问题相当于：仅仅由于符号媒介物的出现，究竟对象或情况的什么特性实际上被考虑到了（莫里斯，2009：81）。在指示—指称连续统中，莫里斯将像似、指示、规约三类符号做了重新的划分，莫里斯认为：用手指这样的指示符号的语义规则是简单的，因为符号在任何时刻指谓那个手所指着的东西。指示符号指谓其使人注意的那个东西，但并不描述它所指示的东西（除了大致指出了时空间的坐标），且也不需要和它所指示的东西像似。也就是说，指示符号与所指对象之间有一种直接的现实联系。而与指示符号不同，表征符号（Characterizing Sign，即指称符号）却需要通过其自身表现出被指示的对象所必须具有的某些性质来描述其所指示的东西，在此情形下，如果是基于像似性，则表征符号就是一个像似符号（Icon），否则表征符号便为规约符号（Symbol）。莫里斯认为：指示符号是不可缺少的，因为规约符号最后包含了像似符号，而像似符号最后包含了指示符号（莫里斯，2009：99）。与皮尔斯所基于的角度不同，莫里斯不但注意到了符号与其所指对象的关系，还注意到了对象在场与否对符号构成的影响，指示符号之所以不可缺少，是因为从功能上看，规约符号基于法则（即语义规则）对所指对象的描述，最终使解释者产生一个与之像似或相当的概念，而像似符号则基于像似性直接使解释者产生一个与所指对象像似或相当的概念，在言语交际过程中，二者的作用最终都是通过表征或描述来指示所指对象，从而使解释者确定该对象。因为在场性和直指性特点，指示符号则直接使解释者确定所指对象。由此上述分析可知，指示是语言符号的最为根本或最为原始的一种功能。"指示—指称"连续统中所涉及的三类符号存在着一种单向依存关系：在具体言语活动中，指示符号直指所涉及对象，这也要求所指对象必须在场，而描述或指称符号则既可指示亦可指称所涉及对象。

　　对于指示符号的所指谓，莫里斯认为：一个语句是一个复合的符号，基于语义规则，作为其构成成分的指示符号（Indexical Component）的所指谓便是作为构成因素的描述符号的所指谓。因此，一个语句的所指谓就是作为一个描述符号的所指谓的一个指示符号的所指谓（The Designatum of an Indexical Sign as the Designatum of a Characterizing Sign）（莫里斯，2009：99）。与具有所指谓的单个描述符号不同，莫里斯所谓指示符号之所指谓是基于语句层面的，也就是说，只有在语句或复合符号中，作为构成成分的指示符号才有所指谓。这种"跨层具有所指谓"的解释，很明显存在问题：莫里斯曾强调任何符号都具有所指谓，那么，指示符号是否只能在与表征符号的组合中才具有所指谓？换句话说，单个指示符号是否具有所指谓？如果有，其所指谓是什么？如果答案是否定的，那么其所强调的前提则站不住脚。对于该问题，莫里斯有过论述：事物可以看作指示符号的所指谓，性质可以看作一元的表征符号的所指谓，关系可以看作二元（或多元）的表征符号的所指谓，事实或事物状态可以看作语句的所指谓，而诸事实抑或诸存在可以看作所有的任何种类的符号的所指谓（莫里斯，2009：100）。指示符号，尤其是语言指示符号，所能指示的不仅仅是事物，在一定情况下，同样可以指示性质或关系；一个符号的所指谓即该符号根据语义规则能够指示的那一类对象，表征符号尤其是概念规约符号，其所指谓是具有某些性质的一类事物，倘若以此界定指示符号的所指谓，那么在言语交际活动中，现实世界中的一切存在（Being）则皆可视为指示符号的所指谓。由此可见，莫里斯的上面论述并不严密，我们无法从中找到具体而明确的答案。

虽然莫里斯极为重视语言符号，但其从行为主义角度在阐述符号过程时，虽然对指示符号有过考虑，并对指示符号的特殊性给予足够的重视，从指示符号角度来看，无论是典型实体指示符号（如风向标、灯塔、叫卖声等）还是典型语言指示符号，都无法纳入莫里斯的符号定义，因为指示符号是典型直指符号，由于直接因果或邻接关系，这类符号与其所指对象有着直接的现实联系，在言语交际过程中，指示符号与所指对象在绝大多数情况下直接或间接地保持同时在场，因此不存在莫里斯所谓所指对象不在场的情况。由此，指示符号恰恰成为莫里斯符号行为理论的一个致命之处或软肋，依其符号定义，我们只能将指示符号排除在符号系统之外，这显然是让人无法接受的。莫里斯将语言定义为一组多情境的、在组合的方式上有限制的公共符号（Comsign）（莫里斯，2011：38）。他认为：在一个给定的话语（Discourse）中，诸符号的诸所指谓可能存在跨层现象，某些符号的所指谓必须在符号学层次上去寻找，而不是在事物—语言的层次上去寻找，这类符号在给定的话语中，仅仅指明（Indicate）（但并不指谓）它以外的诸符号之间或者诸符号和解释者之间的相互关系（莫里斯，2009：103）。这类语词在话语中一般仅仅起到实质的和单纯的指示作用，而这恰恰是我们所关注的指示符号的特点。莫里斯对语言符号的层次性问题关注及将语言符号置于交际活动兼顾交际情境的做法，对我们深入探究知识符号问题，具有重要的启发性和指导意义。

3.3 三元符号模型与指示符号问题

皮尔斯、奥格登和理查兹的三元符号模型以及莫里斯的行为主义符号模型，从本质上来看，均涉及符号世界（语言世界）、物理世界、心理世界，上述三种符号模型各有其优势所在，但同时在不同方面也暴露出相应的弱点或缺陷，在哲学界、符号学及语言学界都有一定的影响力。无论何种符号理论，都必须经得起符号现象或符合事实的检验，然而，从指示符号角度看三种符号模型，我们不得不承认其都存在一定的问题。

3.3.1 不同三分符号模型存在问题

皮尔斯基于其泛符号观及三分思想，尝试性地对纷繁复杂的符号世界进行分类梳理，但其分类问题颇多，或者说仅仅是粗线条勾勒，类与类之间的关系并不十分分明，分类依据是否合理？所分之类的内部情况如何？语言这一庞大且极不对称的符号系统在整个符号体系中处于何种地位？与其他符号类相比，语言符号又有何特殊性？皮尔斯并未区分语言符号和非语言符号，对于语言这类特殊的符号并未给予足够的重视，上述问题亦未见深入探讨。

皮尔斯虽然将指示符号单列为一类，与像似符号、规约符号并列，但正如符号学家本泽和瓦尔特（1992：27）所指出的，在皮尔斯的指示符号观念中，指示符号是一个符号对一个被表征对象的关系，指示符号与其对象所具有的是直接联系，与对象构成一种因果的或接近的联系。基于指示符号与其对象间的直接关系，其对象是一种确定的、单一的、个别的、与时间和地点相关联的对象或事件。不过，对于指示符号，尤其是语言指示符号的复杂性、特殊性以及与其他符号类之间的关系，亦均未做过分析说明。本泽和瓦尔特（1992：28）多次强调，指示符号表征经验领域和经验现实的领域，因此主张用指示符号（Object）来表示。本泽和瓦尔特对皮尔斯指示符号概念之分析，充分体现出语言指示符号在皮氏符号学中并未受到应有重视，因为一旦以语言指示符号来检验上述理论假设，问题便会层出不穷，甚至有些从根本上难以立足。此外，在皮氏符号分类理论体系中，对符号之论述本就前后不乏矛盾之处，更未考虑系统性因素。

相对而言，奥格登和理查兹的三元符号模型以及莫里斯的行为主义符号模型，在研究对象上更为具体、深入，且都注意到了语言这一符号体系的特殊性及重要性，因而在构建其符号模型的过程中给予语言符号以特殊地位和充分重视，但同时不可否认，奥格登和理查兹的三元符号模型并未考虑到非概念或非指称符号问题，因而面对并不反映对象本质的指示符号，其符号模型显得苍白无力。基于皮氏符号思想，莫里斯受行为主义之影响从更新更为显性的角度，构建了行为主义符号模型，对于指示符号问题，其虽略有涉及，但并未专门探讨，且在对指示符号的零散提及中，忽略了指示符号的理据性问题，如前面提到的指示符号存在或确立依据，及与其对象之间有着直接邻接或因果关系等，因而其所构建的行为符号模型对于研究指示问题从根本上有着缺陷。

综上所述，莫里斯的符号模型与皮尔斯符号模型及其符号分类理论并无本质的区别，莫里斯，尤其是奥格登和理查兹等所构建符号模型虽然已经意识到语言符号的特殊性及重要性，但皆非出于语言符号本体考虑，因而从一开始，上述三种符号理论皆将符号本身视为一个不可切分的整体，符号的存在需要依赖于符号之外的其他符号或实体，因此，对于符号之探讨必然涉及符号与物理、心理世界的关系，而对于符号自身的内部结构、符号系统性等本体问题，则不予考虑。上述情况的出现与上述诸家符号理论及符号模型构建的初衷有着必然联系，上述诸家符号研究的主旨并非符号本身，而是借助符号研究来探讨或阐述其哲学、逻辑学问题或思想。

3.3.2 指示符号模型构建的核心问题

基于对皮尔斯、奥格登、理查兹及莫里斯等人所构建符号模型的探讨，就指示符号问题而言，上述诸位符号学家依赖符号之外的其他实体或现象来探讨指示符号问题的做法在一定程度上是可取的，是值得借鉴的，但其将符号处理为不可切分的整体的做法则有待进一步斟酌。

如前所言，指示符号问题的核心及难点在于典型的语言符号，至于语言符号在整个符号世界中的特殊地位及极端重要性，先贤时人已有诸多文著予以探讨，几乎已是共识，且我们在第一章中也已有提及，因此，无须多费笔墨。此处我们更关心的是：①指示符号在语言符号系统中的特殊地位；②指示符号的理据性问题；③指示符号意指过程实现的必备要素；④指示类符号的意指特殊性；⑤指示类符号的范围及内部具体情况等问题，而这些问题是指示现象及相关问题的核心部分，同时也恰是学界当前指示问题研究中较为薄弱的环节。皮尔斯符号学明确提出指示符号概念，其虽非以语言指示符号为原型，但其对指示现象及相关符号之本质问题的探讨，对我们进一步探讨上述问题有着重要的指导作用，例如：皮氏对该类符号意指实现的现实依赖性（或现实在场性）的揭示，奥格登和理查兹所构建三元符号模型对思想（Thoughts）、语词（Words）和事物（Things）三者之关系的探讨，莫里斯在行为主义符号模型中对指示符号的分析，迫使我们重新重视指示现象与指称现象之间的本质区别——概念问题，思考不反映客观对象之本质特征的指示符号的意指实现问题等，都对我们认知指示现象及直指符号之本质具有极大的启发性。

  基于语言类型学之研究，从世界范围内语言来看，指示符号普遍存在，且表现出明显的封闭性和系统性（Siewierska，2004），因此回归符号本体，兼顾不同符号类别在符号体系中的地位，充分考虑指示类符号的特殊情况，以语言指示符号为典型及核心突破口，重视符号体系之系统性及内部类别之间的相互联系，围绕上述五大核心问题来深入探析语言指示范畴及指示符号系统等问题，将是本书以后几章的指导性纲领，以期寻求一个更为系统、全面的符号理论体系及符号模型。

第四章 语言本体二元符号模型的发展与指示符号问题

4.0 引言

"指示符号"(Index)这一概念由作为符号学创始人之一的 Peirce 最早正式提出,他已经注意到了指示问题的特殊性,且在对世界符号做出分类时,将指示符号(Index)单列一类,并认为该类符号具有理据性,诚如 Peirce 之符号观,其所关注的指示符号是广义的指示符号,即非语言符号(如风向标、路标、手指指点等)和语言符号(如专名、各类代词等),不过,其并未对该类问题和符号做过多的探究。Morris 对 Pierce 的符号学理论进行了继承和发展,之后指示问题便被纳入其所谓的语用学范围内进行探讨。相对而言,以语言符号为中心的 Saussure 符号学传统,作为符号学另一源头,从一开始似乎并未给该类符号以过多的关注,索氏传统之继承者,在探讨符号问题时,虽不乏论述,但也未给该类符号足够的重视,基于索绪尔符号学传统所构建的符号模型对于指示符号的适切性,尚待进一步验证。

4.1 指示符号与索绪尔符号理论

4.1.1 索绪尔心理主义二元符号模型

20 世纪初,瑞士语言学家索绪尔(Ferdinand de Saussure)在其著作《普通语言学教程》一书中,提出如下设想:构建"一门研究社会生活中符号生命的科学;它将构成社会心理学的一部分,因而也是普通心理学的一部分;我们管它叫符号学(Semiology)"(索绪尔,1980:38)。在索绪尔看来,语言的问题主要是符号学的问题,而索绪尔所谓的符号主要是语言符号,其认为:

> 语言符号是一种由概念(所指)和音响形象(能指)两面构成的心理实体。强调:能指和所指两项要素都是心理的,二者的关系是任意的,不可论证的,没有任何自然联系(索绪尔,1980:101—104)。

由索绪尔的符号定义可见,其构建符号模型是以语言中的概念符号为基础,因此,准确地说是:索氏符号模型是一个二元概念符号模型(如图4-1所示)。在索氏符号理论中,符号之构成成分(能指和所指)都是独立于外部任何对象的心理实体(Mental Entities),在索氏看来,这两个心理实体并不属于个人心理,而是社会心理约定俗成的。索绪尔在其符号理论中强调符号的二元特性以及能指(音响形象)和所指(概念)的心理属性,但明确将所指涉的客观对象排除在符号成分之外,因为"语言符号连结的不是事物和名称,而是概念和音响形象"(索绪尔,1980:101)。只有符号系统才能将其他混沌世界结构化,故而只需要在符号系统中进行操作。

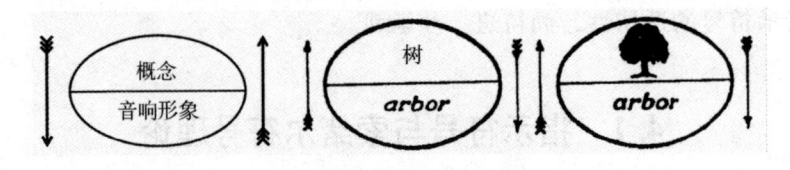

图4-1 索氏二元符号模型

4.1.2 索氏二元符号模型中的所指（概念）研究

索绪尔对符号之意义问题的探讨，主要是对所指（概念）问题的研究。在其所构建的符号理论中，除将客观世界的所指对象拒之门外，"先于词语存在的现成观念"，或者说"预先确定的观念"都是不存在的，符号系统中只有能指和所指。在索氏看来，没有语言，先于符号观念或思想只是一团界限不明、含混不清的混沌体，而在符号系统之中，能指和所指都仅仅是形式而非实质（索绪尔，1980：157，167）。因此，确切地说，索绪尔语言符号学是一门形式科学，而形式在语言系统中只有通过差异和结构关系才能存在。正如索氏（1980：167）之强调：

> 语言中只有差异……就拿能指和所指来说，语言中不可能有先于语言系统而存在的观念或声音，而只有这系统发出的概念差异和声音差异。

语言系统中，因为差异存在，不同概念或声音才可能相互区别，进而在语言系统中获取其存在的价值。根据索绪尔的观点，词语表示观念的特性只是语言价值的一个方面，而对于价值和意义之间的联系，索氏（1980：160）认为：

> 价值，从它的概念方面看，无疑是意义的一个要素，我们很难知道意义既依存于价值，怎么又跟它有所不同。但是我们必须弄清楚这个问题，否则就会把语言归结为一个分类命名集。

在索氏看来，在一个符号身上存在两种不同的对立。①符号内部：概念与听觉形象的对立，如图4-2；②符号本身：其两个要素间的关系又与其他符号对立，如图4-3。由此，索氏认为：语言既是一个系统，它的各项要素都有连带关系，而且其中每项要素的价值都只是因为有其他各项要素同时存在的结果（索绪尔，1980：160）。

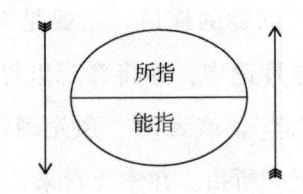

图 4-2　符号内部对立

图 4-3　符号之间对立

索氏强调，所有价值的构成要素或者说存在条件在于：①一种能与价值有待确定的物交换的不同物；②一些能与价值有待确定的物相比的类似的物（索绪尔，1980：161）。对于词语而言，其既可以与异质物即观念交换，也可以与同质物即另一个词相类比，索氏指出：单看到词的交换价值（即具有某种意义）还不能确定其价值，必须将其类比价值（即同类似价值或其他可能与之相对立的词比较），只有借助于词语之外的东西才能真正确定其内容，以法语 mouton（羊，羊肉）和英语 sheep（羊）为例，二者可以有相同意义（羊），但后者的值与前者截然不同，因为英语中 sheep（羊）与 mutton（羊肉）相对立，而法语中却没有该语义值的差异。因此，在英语系统中，不同地方的 sheep 代表着不同的意义。在索氏看来，词作为系统的一部分，不仅具有一个意义，而且特别是具有一个价值，二者完全是两码事（索绪尔，1980：161）。

由以上论述可见，对于符号而言，意义实质上是一种形式或者一个概念在整个符号系统中的值（Value），相关的语义值来自结构关系网络，而在结构关系网络中，语义值之间只有差异或对立而非语义概念等。因此，在语言系统中所有的成分（包括表达相邻观念的词语及各种语法实体等）都是相互制约的。

4.1.3 从指示符号角度看索氏符号模型中的"概念"问题

在索氏二元符号模型中，概念构成所指，被看作符号的二要素之一，也就是说，索氏构建符号模型时主要参照的是具有概念的符号。然而，基于心理主义，索氏在阐述其符号学思想时，并未对"概念"这一基础概念作出明确界定。正如 Umberto Eco 之言，索绪尔只是折中地将其所谓的"所指"置于心理事实、概念及心理学实体之间（艾柯，1990：16）。从索绪尔有关所指和概念的论述及例证中，我们可以看出，索氏所说的作为符号所指的"概念"，采取的是心理学通常意义上作为思维基本形式之一的"概念"，即人们在认知过程中抽取客观对象个体之本质特征，在头脑里形成的反映对象本质属性的思维形式。因而，索氏构建的符号模型，从本质上看是一种二元概念符号模型。"概念"一词在主流信息科学、认知科学、形而上学、心理哲学、语言哲学等诸多领域使用极为广泛，然而对于"概念"的界定却较为模糊，众说纷纭，颇具争议，而在符号学内部也同样如此。因此，"概念"界定不同，则势必在一定程度上，影响其二元符号模型的适用性。那么，我们不禁要质问，在语言系统中，是否所有的符号都反映客观对象的本质特征，或者说都具有上述意义上的典型"概念"？很明显，答案是否定的，因为在语言符号系统中，虽然反映事物本质特征的概念符号是一种典型的、占据主体地位的符号，但语言系统中同样存在诸如代词、连词等不反映客观对象的符号。那么索氏所构建的二元概念符号模型是否也同样完全适用于无"概念"或者"概念"不明的符号呢？如果不适用，对于语言系统中那些无"概念"的符号，我们又该如何认识？从"概念"角度看，索氏二元符号模型本身存在一定的不明确性，此势必影响其适用性。此外，由于"概念"界定不明，也必然牵扯到被索绪尔看作符号第一原则的任意性问题，除了索绪尔所提到的两类反例——基于像似性的拟声词、感叹词，语言符号中还有一类符号也同样不具有通常意义上所说的"概念"，即我们所关注的指示类符号（如代词、指示词、关系词等），因为这些符号既不抽取也不反映客观对象的本质特征，在言语过程中通过直指的方式指明客观对象。另外，还有一类符号不违反符号的任意性原则，但同样不具有通常意义上所说的"概念"，即专有名词，皮尔斯曾将其也划归指示符号行列，从概念的角度看，这一做法也并非无道理可言。

前面我们提到，索氏强调一个符号在系统中的价值取决于两个要素：与异质成分（即观念）间的交换价值及与同质成分（即其他符号）间的类比价值，所有的价值都必须由此类要素构成。那么对语言系统中的指示符号而言，与一般的概念符号一样，必然存在与其他符号之间的类比价值，但是对于第一种价值又该作何理解呢？由于指示符号具有直指性，现在摆在我们面前的有两种选择：①承认该类符号具有"概念"，这需要我们对索绪尔符号模型中作为所指成分的"概念"作以重新界定；②否认该类符号具有通常意义上的"概念"，这则需要我们对整个符号模型作以重新考虑。对于指示类词语是否具有概念这一问题，现象学家胡塞尔（E. Husserl）有过一定思考，其认为："我、你、他、这里、现在"等词语，因其意义具有不完整性，具体意义只能依据使用主体和使用环境才能确定，因而认为这类词语是"半—概念"（Semi-conceptual）的（涂纪亮，1996：79），但至于何谓"半—概念"，胡塞尔却未做进一步明确说明。

就"概念"的问题本身而言，其属于心理学而非符号学之范畴。因此我们有必要看一下近些年心理认知学科的发展对"概念"问题认识所做的进一步推进。Smith（1989）、Margolis（1994，1998）、Oakes 和 Rakison（2003）等诸多学者认为概念与范畴（Categories）密不可分，二者甚至在一定程度上可以等同，对"概念"之认识，心理学界普遍认可的主流观点是：概念即是对应于世间事物的类的心理特征。不过，Susan A. Gelman 和 Charles W. Kalish（2006）等人则认为：范畴（Categories）是相当基础的、最为重要且值得认真研究的概念结构之一，但是范畴并非成人和儿童所能接触的唯一概念形式。概念还包括性质（Properties），如 red、happy 等，事件（Events）或状态（States），如 running、being 等，个体（Individuals），如 Mama、Fido 等，以及抽象观念（Abstract Ideas），如 time、fairness 等（Susan A. Gelman & Charles W. Kalish，2006：687）。由此可见，Susan A. Gelman 和 Charles W. Kalish（2006）等人对"概念"的界定极为宽泛，若采用此宽泛"概念"定义作为语言符号构成成分——所指，则我们必须重新审视索绪尔的二元符号模型，索氏符号模型也因此涵盖能力增强，更进一步而言，指示符号及前面我们提到的专有名词似乎亦可纳入其中，不过如此一来，也必然会产生相应问题。暂且不说 Susan A. Gelman 和 Charles W. Kalish 之"概念"定义在心理学界尚未得到普遍认可，很明显我们在对"概念"之概念作上述重新界定和划分的同时，已经偏离索氏提出的构成符号所指的概念原型及二元符号模型之原型，如果说，对于专有名词而言，构成其所指的是与类概念不同，是一种个体概念，还算说得过去，却依旧未能圆满解决指示符号问题，因为相对而言，指示符号的概念问题似乎更为复杂，牵扯到事件概念、关系概念等，其依旧无法摆脱基于心理主义的理论在构建之初初始概念所设下的"概念"沼泽。此外，索氏强调一个符号在系统中所有的价值都取决于两个要素：与异质成分间的交换价值及与同质成分间的类比价值。与概念符号一样，语言指示符号必然具有同类符号间的类比价值，但对于其交换价值又该如何理解，基于索氏之符号模型难以辨明。

4.1.4 对索氏符号模型排除客体对象（Object）做法的质疑

索绪尔所构建的二元符号模型之哲学基础是心理主义，故而莫里斯称之为：心理主义符号模型，与经验主义及唯物主义符号模型相对（莫里斯，2011：54—55）。除此之外，索氏心理主义符号学（Semiology）与如下两种符号理论（Semiotic Theories）并不兼容：①将符号过程描述为个体与世界间的互动认知过程（如莫里斯的行为主义符号学及认知符号学等）；②将符号过程描述为在思想和现实之间符号充当媒介作用的过程（如皮尔斯符号学、奥格登和理查兹之符号理论等）（Mertz & Parmentier, 1985）。后两种符号理论与索氏符号思想之最大的区别是：后两种符号观均考虑客观世界中所指涉的对象（Object）。

如欲探明指示问题，我们必须考虑客观世界中的所指对象在符号意指中的地位问题。对于索氏排除所指对象的做法，反对者认为：索绪尔的符号任意性观点必然需要参照客观世界中对象的特征。索绪尔认为能指和所指的联系是任意的，并将任意性视为符号的第一原则，例如，所指"牛"的能指在国界的一边是 b-ö-f（boeuf），另一边却是 o-k-s（Ochs）（索绪尔，1980：102—103）。然而，需要注意的是，上述分属于法语和德语两个语言系统的能指借以对比的第三比较项或者比较平台，并非也不可能是一个相同的所指，因为所涉及的两个所指分属于两个不同符号系统，二者是由其在各自符号系统中的价值（Value）决定的，也就是说二者并不具有可比性，就如同拿汉语中的能指 "ju-zi"（橘子）去匹配英语中的能指 "orange" 一样。能够比较的，或者说具有可比性的最终必然是存在于符号之外客观世界的对象（Winfried Nöth, 1990：61）。由此，德国著名语言学家 Gerhard Helbig 甚至认为：就上述方面而言，索绪尔的符号观已由二元转变为三元符号模型（Triadic Sign Model）（Gerhard Helbig, 1974：40）。对于像似（icon）或指示（index）之类的特殊符号类，符号学家通常在弗雷格意义指称论或皮尔斯逻辑符号论的框架中进行考察，但皆兼顾所指对象。因此，这里有一个问题尚待反思：对于符号，尤其是有别于概念符号的非表征语言指示符号而言，相关诸问题之研究在多大程度上，或者是否可以不考虑"客观对象"这一因素？

以语言符号为范本的索绪尔符号学着重关注的是语言符号系统自身及其内部的诸问题，而对于符号系统之外的事物则鲜有涉及。换言之，从本质上看，索氏概念符号模型的研究重点依旧是指称，而出于"指示—指称"连续统另一极的指示符号则被忽略。指示符号虽数量远不及指称符号，但其在语言系统及言语活动中的特殊性、重要性以及使用的高频性，毋庸置疑。即便我们承认指示符号具有不同于一般意义上"概念"的概念，从指示符号的角度去审视索氏之符号模型，依然有诸多问题难以得到满意的答复，例如具有直指性、语境依赖及自我中心性的指示符号的非一般意义上的概念是什么？在符号系统中指示符号与概念符号是否还有其他本质上的不同？其在符号系统中处于何种地位？指示符号问题研究是否同样可以将客观对象置之度外？其又是如何将客观对象纳入符号之中的？为何该类符号具有环境依赖性、自我中心性等特征？等等，而如欲要基于语言学本体回答上述问题，我们则需要一个更为精确的符号模型。

4.2 二元符号模型的发展——叶姆斯列夫语符模型

索绪尔奠基了20世纪结构语言学之辉煌，其在《普通语言学教程》中开创性地系统阐述了其构建符号学的思想，其基于语言符号问题提出了深刻而大胆的设想及创见，虽有不充分甚至矛盾之处，但时至今日，从当代语言学之发展依旧可见其影响力之大，影响范围之广，雅可布逊称《教程》为天才之作。索绪尔之后，结构主义语言学内部形成了三大分支，其中以特鲁别茨柯依、雅可布逊等人为核心的布拉格音位学派基于索绪尔符号模型,将索绪尔之语言学思想应用至语言符号的能指研究中,从共时视角建立了音位学中的区别性特征理论,而以叶姆斯列夫(1899—1965)为核心的哥本哈根语符学派则试图将索绪尔的系统观念及对立差异思想从能指(语音学、音位学)研究应用至整个符号系统(包括语言符号和非语言符号)研究,以期从哲学逻辑学角度构建基于语言符号的一般符号学,即其所谓的语符学(Glossematics)①,叶氏所构建的理论体系力求系统、精确、严密,叶氏主张基于经验主义原则和演绎法及数学方法来分析和研究语言问题,强调语言事实和语言理论相互补充,语言理论必须经得起语言事实的检验。但因其理论新颖独特且概念繁多,高度抽象,故而曲高和寡,直至其著作翻译成英文,语符学思想才为更多人所关注,继而备受巴尔特、韩礼德、兰姆及乔姆斯基等语言符号学家的高度赞扬。

4.2.1 叶姆斯列夫对索绪尔符号思想的发展

索绪尔在构造其能指/所指二元符号模型的同时,强调:语言是一个纯粹的价值系统,语言中只有差别,语言符号是形式而非实质(索绪尔,1980:118,167,169)。叶姆斯列夫继承和发展了索氏二元对立及符号任意性的思想,从哲学和逻辑学的角度切入,对语言符号系统及性质等理论问题做了进一步深入研究,并对索氏思想有所突破和创新。叶氏在构建其语符学理论时,并未完全照搬索氏的符号学术语,而是有所改进,提出:过程/系统(相当于索氏之言语/语言及组合/聚合之区分)、表达/内容(相当于索氏能指/所指之区分)、形式/实体,语言结构/语言使用等一系列二元对立概念,打破索氏之能指与所指关系对应论,同时将符号之功能(Function)及内容(所指)问题的研究也提至

---

① 与皮尔斯从普遍性视角关注符号不同,叶氏则是从特定符号系统(如语言)来关注一般符号,相对于缺乏系统性的前者,叶氏之语符学更注重符号系统性研究。

前所未有的重视高度,并试图建立新的符号理论体系。基于上述观点,叶氏(1961: 109)将语言定义为:

> A language may be defined as a paradigmatic whose paradigms are manifested by all purports, and a text, correspondingly, as a syntagmatic whose chains, if expanded indefinitely, are manifested by all purports. By purport we understand a class of variables which manifest more than one chain under more than one syntagmatic, and/or more than one paradigm under more than one paradigmatic. In practice, a language is a semiotic into which all other semiotics may be translated—both all other languages, and all other conceivable semiotic structures. This translatability rests on the fact that languages, and they alone, are in a position to form any purport whatsoever.

在叶氏看来,传统符号观念中的符号仅仅是一个指向符号自身之外的内容的表达(相当于能指),在其代表性理论著作《语言理论导论》(1953,[丹麦] *Prolegomena to a Theory of Language*)中,叶氏(2006: 166)认为:将符号视为"代表某事物的载体"的传统符号观在语言学中站不住脚,极力主张摒弃先入为主的传统符号观。在叶氏所构建的语言符号体系中,符号是实体(Entity),即不是功能的功能子(Funcfive)。在构建之初,叶氏尝试避免使用"符号"这个传统术语,而是用"符号功能"(Sign Function)代之。叶氏所谓的"功能"(Function)是指满足分析条件的依从关系①,例如:类和它的切分成分(链和它的局部成分,或聚合表和它的成员)之间有一个功能,切

---

① 叶氏所谓的"功能"意思介乎数理逻辑义和词源义之间,形式上更接近但又不完全是数理逻辑义,是两者之间的组合。叶氏更强调其近似数理逻辑的意义,据此,单位体和其他单位体之间有依从关系,即一个单位体以其他单位体作为它的预设条件(叶姆斯列夫,2006: 153)。

分成分（局部成分或成员）相互之间也有一个功能。叶氏将一个功能的终端，称作（该功能的）功能子（Funcfive），而功能子联结（Contract）其功能。需要注意的是：根据叶氏之定义，功能可以是功能子，因为功能之间的关系同样可以是个功能。因此，链的局部成分之间可以由功能联结，链和链的局部成分之间也可以由功能联结（叶姆斯列夫，2006：153）。符号功能由表达（Expression）和内容（Content）（相当于索氏符号模型中的能指/所指）之间的关系生成。其存在于表达平面（声音）和内容平面（思想）两个实体（功能子）之间，是一种联合关系（即双向依从关系），或者说符号功能的两个实体（表达和内容）之间是基于任意性的联合关系，两个功能子互为条件，如同能指/所指的关系一样，是一枚硬币的两个面（叶姆斯列夫，2006：166—167）。

在语符之内容和表达两个平面中，叶氏又进一步分别三分为：形式（Form）、实体（Substance）和混沌体（Purport），叶氏对形式/实质之区分继承了索氏"符号是形式而非实质"的思想，而叶氏所谓的"混沌体"则大致相当于索氏所谓的"思想"（混沌体）（Pensé 和 Son）。通过使用术语"混沌体"以及强调与内容和表达皆相关的"形式（Form）—实体（Substance）—混沌体（Purport）"的普遍性质，相对于索氏之符号模型，叶氏构建了一个更为抽象、更为精密的二元层级符号模型，从一个新观点来定义和研究符号。

4.2.2 叶氏理论中语符内部结构成分及相互关系

4.2.2.1 语符之内容系统——内容形式—内容实体—内容混沌体

索绪尔将符号视为由能指（音响形象）和所指（心理概念）构成的二元结合体，在阐述其符号学思想时，对于作为符号之构成要素之一的所指，有过如下论述：

思想离开了语言，只是一团界限不明、含混不清的混沌体。预先确定的观念是没有的。在语言出现之前,一切都是模糊不清的……声音实质并不更为固定,更为坚实;它不是一个模型,思想非配合它的形式不可,而是一种可塑的物质,本身又可以分成不同的部分,为思想提供所需要的能指。因此,我们可以把全部语言事实,即语言,设想为一系列相连接的小区分,同时画在模模糊糊的观念的无限平面(A)和声音的同样不确定的平面(B)上面……语言还可以比作一张纸:思想是正面,声音是反面……思想和声音的结合产生的是形式(Forme),而不是实质(Substance)(索绪尔,1980:157—158)。

在叶氏看来,索氏对符号之二元素的上述考察是单独的,并未考虑"符号功能"这一要素,并批判该做法事实上没有意义(叶姆斯列夫,2006:168)。叶氏认为:通过跨语言比较进而抽取或概括这些不同语言中甚至所有语言中的共同因素(Common Factor)。这些因素是一个实体,且只能通过其对语言结构原则或对使各种语言相互区别的要素的外部功能来界定,即叶氏将这一实体称为"混沌体"(Purport)(内容混沌体)①,在抽取混沌体的过程中,必须排除包含符号功能以及由此演绎推得的所有功能在内的结构原则,才可得到一个适用于所有语言的、具有普遍意义的结构原则,即混沌体,其以不同形式作用于具体语言(Hjelmslev,[1943]1961:50),例如:

① jeg véd det ikke(丹麦语)

---

① 术语 purport,国内学者译法各异:"义质"(见李幼蒸《理论符号学导论》,中国人民大学出版社 2007 年版,第 157 页)、"素材"(见丁尔苏《语言的符号性》,外语教学与研究出版社 2000 年版,第 15 页)、"材料"(见王德福《语符学语言模型研究》,中国社会科学出版社 2009 年版,第 198 页)等,此处,我们采用程琪龙先生的译法"混沌体"(见程琪龙译《叶姆斯列夫语符学文集》,湖南教育出版社 2006 年版,第 198 页),严格地说,混沌体属于前符号阶段,是未被符号化的混沌状态。

②I do not know（英语）

③je ne sais pas（法语）

④en tiedä（芬兰语）

⑤naluvara（爱斯基摩语）

⑥wo bu zhi dao（汉语）

在上述不同语言之表达中，虽然具体形式（即词汇、语序及句法结构等）各不相同，但却可以从中抽取出相同的内容，即没有形式的混沌体"我不知道"这一思维本身。叶氏还以不同语言中表颜色的聚合关系表背后的无形色谱连续统为例证明共同内容混沌体的存在，如"绿色"在英语中为green，法语中为vert，威尔士语中为glas等，不同语言中形式不同，但形式之内容混沌体都是颜色本身。另外，内容实质"我不知道"在英语中是符号"I do not know"，在具体使用中的特定意义，且只作为与内容形式相关的实质出现。内容形式则是由四个词语（I do not know）所构成的结构表达出的且根据英语之语言结构规律界定的"内容"。被聚合化的内容（在此情形中，符号是结构的而非元素的）可以根据不同的参数（Parameters）进行分析，例如第一人称代词"I"，否定词"not"，动词"know"，而助动词"do"则用于构建"否定"这一内容等（Hjelmslev，［1943］1961：50-51）。可以说，作为英语符号，内容形式诸方面的每一部分连同一个表达层面（不同的词语），都是通过其功能来界定的，例如"I"这一符号之内容的界定则与诸如"you/they/my"等其他符号的内容有关。我们再以前面提到的表"绿色"这一混沌体的形式为例，在英语中，"绿色"是一个内容实体，该实体表示整个色谱中被英语划分的一种主色区域。其内容形式是"绿色"这一内容，该内容是通过与英语中诸如yellow、blue或red等其他内容形式之间的对立来界定的（Hjelmslev，［1943］1961：52）。作为可通过视觉感知的非语言实体，尽管相同颜色的"思维thought"可被视为从不同的表达（如英语的 green、威尔士语的 glas 等）中是可抽取的，即被看作具有一个共同的内容混沌体，但两种表达却具有不同的实质，因为英语和威尔士语是以不同的方式来划分色谱的，二者并不是对称的，如图 4-4 所示（Hjelmslev,［1943］1961: 53）。

英语	威尔士语
	gwyrdd
green(绿)	
blue(蓝)	glas
gray(灰)	
brown(棕)	llwyd

图 4-4 英语和威尔士语色谱划分对照

威尔士语中还存在另一个语符（即 gwyrdd）表示英语 green 所划分之区域中的另一部分，而威尔士语中所谓的 glas 则对应的是英语中的 green、blue 或 gray。

从上述例证中可见，从不同的表达中抽取一个未形式化的混沌体是可能的。在叶氏看来，其所谓的内容平面的"混沌体"是指未形式化、未经分析的思维，其暗含在人类语言背后的共性部分，其是符号内容的构成要素。内容混沌体相当于康德所谓的只存在于纯粹理性世界的实体或事情本身（noumenon or "Ding an sich"）。但是，需要注意的是，上述混沌体本身并不能自我标注，以"我不知道"这一思维混沌体为例，其必然要借助于某种方式实现形式化，才能被感知。混沌体可以从不同角度（如哲学、逻辑学、心理学等）进行分析，而从语言角度来看，不同的语言通过各种不同形式（词语、形态、语序及句法结构等）在无形的思维混沌体上划出自身界限。相同混沌体在不同语言中具有不同的形式和结构，而混沌体正是借助于不同语言中的各种形式才成为实体（叶姆斯列夫，2006: 170）。在上述分析中，发挥形式化作用的不同语言之具体形式，即叶氏所谓的内容形式（Content-Form），正如叶氏所言：决定混沌体之形式的唯有语言诸功能、符号功能以及由此推演而得的功能（叶姆斯列夫，2006：170）。上述那些被具体语言形式划分过或形式化了的思维混沌体，即叶氏所谓的内容实质（Content-Substance），实为存在于语言之中的各种范畴（包括语义范畴和语法范畴）。

叶氏认为：上述通过跨语言比较抽取共同因素的过程中，存在一个具有普遍意义的结构原则，该结构规则是一个由其自身的外部功能定义的、未经分析的实体（Entity），即混沌体，其通过不同的方式作用于各种语言。确定混沌体之形式仅仅是语言功能、符号功能以及由此推导而得的功能（叶姆斯列夫，2006：169—170）。叶氏多次强调混沌体、内容形式和内容实质三者之间的关系：内容形式独立于思维混沌体，二者之间为任意性的联合关系，具体的内容形式将混沌体划分为内容实质，而内容实质完全依赖于内容形式，绝不可能独立存在（叶姆斯列夫，2006：170—171；Hjelmslev，[1943] 1961：51）。此外，内容由符号功能赋予形式（即内容形式），因此，内容只能由符号功能来解释，其和符号功能之间同样是联合关系（即双向依存关系）（叶姆斯列夫，2006：172）。

4.2.2.2 语符之表达系统——表达形式—表达实体—表达混沌体

叶氏认为：在符号之表达平面，同样可以演示类似表达平面的过程（Process），即区分"形式—实体—混沌体"，不过，这一类似操作纯粹是因为系统（System）和过程（Process）之间的结合关系（Cohesion）①，因为既定语言中系统的具体构造（Formation）不可避免地包含对过程的影响（Hjelmslev，[1943] 1961：56）。因此，在表达平面上与内容混沌体相对应的是"表达混沌体"（Expression-Purport），即人类发音器官能够发出的无限的可能发音，是一个形式未定的、未经分析的声

---

① 叶氏语符学术语。所谓"结合关系"包括"决定关系"（Determination，即两个常素 Constant 之间的功能）和"相互依赖关系"（Interdependence，即常素 Constant 和变素 Variable 之间的关系），详见 *Prolegomena to a theory of language* 第十一章 "Function"（Louis Hjelmslev，[1943] 1961：33–41）。

音序列或声音连续统（Hjelmslev，［1943］1961：52），不同的自然语言从表达混沌体中划分出属于自己的部分。

在语言符号中凭借着与内容形式的关联，或者说借助于符号功能，我们可以区分出与内容形式相对应的表达形式（Expression-Form）。在不同语言中各种具体表达形式将表达混沌体划分且形式化为表达实体（Expression-Substance），也就是说，表达实质是被特定语言中的具体表达形式划分过或形式化了的表达混沌体，就本质而言，表达实体实为由区别性特征构成的具体语言之音位系统（Phonological Systems），而具体语言之音位（Phonemes）①也正是该语言对表达混沌体进行划分和选择的结果。而在某种特定语言中，所谓的表达形式则是指在言语活动过程中由言语主体发出的声音序列，该序列可根据该语言之音位得以说明，叶氏强调：语言的特点即"不同语言在无限的可能性中划出有限的区域"（Hjelmslev，［1943］1961：56），例如同一个表达混沌体"柏林"（城市名），英语用［bəːˈlin］，德语是［bɛrˈliːn］，丹麦语是［bæʁˈliʔn］，日语是［bɛlulinu］。相反，不同的形式也可以表达相同的表达混沌体，例如：英语 got（获得）、德语 Gott（上帝）、丹麦语 godt（好），这些发音所指向的是同一个表达混沌体，但内容混沌体却不同。

声音的音位（形式的）本质则是由其与某个内容之间的联系决定的。也就是说，在表达平面，"形式"之特点与符号功能相关，即一个表达形式的界定是通过与某个内容形式构成关联来实现的，而表达形式与内容形式的关联便构成了一个符号，以汉语符号"mao"（毛）为例，其表示动植物的皮上所生长的丝状物，不过现实物理世界中的实物毛在

---

① 在叶氏语符模型理论中，构成符号的最小成分是"Figurae"。构成表达平面的最小元素，叶氏称之为：Ceneme，即"表达形素"（Hjelmslev Louis，1973：157），音位需要依附于表达形素。与之相对构成内容层的最小元素，叶氏称之为"Pleremes"，即"内容形素"，相当于形式语义学义素分析法中的区别义素。

某种（传统的）意义上却并不进入符号本身，但是该实物却是符号之内容实质的实体，在叶氏看来，正是通过符号功能，该实体（毛）实现与内容形式（mao）相关联，并在该内容形式之作用下与各种其他内容实体组织在一起（如"猫、矛、锚、蟊"等①）。由此叶氏对传统符号观进行了重新分析，所谓的"符号是表示某事物的符号"，实际上指的是，该符号的内容形式能够将该事物纳入内容实体，也就说，符号是表示内容实体的符号。同理，符号也是表示表达实体的符号，因为声音序列［mau］本身一经发出即为一个特别现象，是一个表达实体，它同样通过符号功能，该表达实体被赋予特定的表达形式，既而和其他表达实体（包括不同的言语行为主题在不同情境中对相同符号的各种可能的发音）归为一类（Hjelmslev,［1943］1961：57）。

叶氏在表达平面所进行的形式和实体之区分，类似于音系学（Phonology）（社会的或心理的角度）和语音学（Phonetics）（物理的或生理的角度）之间的差异。与内容系统三要素之间的关系一样，构成符号之表达系统的表达形式、表达实体及表达混沌体三者之间的关系为：表达形式独立于表达混沌体，二者之间的关系是任意的，具体语言中的表达形式将表达混沌体划分为表达实体，而表达实体则完全依赖于表达形式，也就是说，表达实体只能凭借与表达形式之间的关系才能存在，不存在独立的表达实质。

4.2.2.3 小结

基于上述对符号表达平面和内容平面的分析，叶氏所构建的符号之内部成分已清晰可见。对于符号，叶氏首先区分表达平面和内容平面，既而又分别在两个平面中进行"形式—实体—混沌体"三分，即在符号之内容平面，思维混沌体、内容实体、内容形式一同构成内容系统，而在符号之表达平面，表达混沌体、表达实体、表达形式一同构成表达

---

① 因汉语声调具有区别意义之作用，故若不考虑声调问题，汉语符号的情况更为符号。

系统，如表 4-1 所示（Miriam Taverniers，2008：379）。

表 4-1　　　　　　　　　叶氏语符模型之二平面三分

		形式	实体	混沌体
符号	内容平面	内容形式：一种语言中与其他内容元素相关且与表达平面关联的内容之诸方面	内容实体：语义学 一个符号在特定语境中的"意义"	内容混沌体：未经组织、未被形式化的思维团
	表达平面	表达形式：音系学、音位学，一种语言中与其他声音表达相关且与内容平面关联的声音表达	表达实体：语音学 由特定言语行为个体此时此刻对一个声音序列的发音	表达混沌体：未经组织、未被形式化的声音序列

"表达—内容""形式—实体"两组区分，从本质上所依据的是二者之间的相互依存关系（即符号功能），二者如同一枚硬币的两个面。混合体和形式之间是任意性的相互依从关系，实体是被具体形式划分过或形式化了的混沌体，或者说混沌体为形式提供实体（Hjelmslev，[1943] 1961：52）。倘若失去其中任一要素，上述符号都不可能存在。

此外，表达和内容两个平面间既有相同又有差异，所谓的同在于构成两个平面的实体之间存在形式上的平行（Parallelisms），即两个平面都可分为"形式—内容—混沌体"三层，语言的每个平面都由元素（Figurae）构成，"都有完全类似的范畴结构（Categorial Structure）"（Hjelmslev，[1943] 1961：101）。但另一方面，也是认为二者又必然不同，以英语中的"am"为例，其表达平面由两个表达成分（Expression-Figurae）（a 和 m）构成，而在内容平面则由五个内容成分（即"be 动词"、"陈述的"、"现在时"、"第一人称"及"单数"）构成（Hjelmslev，[1957] 1959：111），二者之间不可能一一对应。因此，叶氏认为：语言符号的两个平面"不可能自始至终表现为具有相同结构，一个平面的功能子与另一个平面的功能子之间不可能是一对一对应关系"（Hjelmslev，[1943] 1961：112）。这一点不同于与索绪尔之能指/所指对应观及法国语言学家马丁内（A. Martinet）的能指/所指双重分节对应观。

4.2.3　叶氏对索氏符号模型之改创

正如先前叶氏之批判，索氏二元符号模型缺少对符号功能之考虑，叶氏对索氏之符号学思想最为重要的突破之一，便是将符号功能纳入符号模型进行探讨和分析。叶氏认为：

> The two entities that contract the sign function—expression and content—behave in the same way in relation to it. By virtue of the sign function and only by virtue of it, exist its two functives, which can now be precisely designated as the content-form and the expression-form. （表达和内容是由符号功能所联接的两个实体，二者与符号功能有着相同的关系。凭借也只有凭借符号功能，其两个功能子才能存在，而这两个功能子我们现在可以准确地命名为：内容形式和表达形式。）(Hjelmslev, [1943] 1961: 57)

也就是说，在叶氏看来，符号之表达和内容的存在前提是其符号功能的存在，即表达和内容之间的联系（即符号功能）是一种任意性的联合关系（即双向依存关系），内容和表达是同一个功能的两个相互对立而又相互关联的功能子（Functives）[①]（叶姆斯列夫，2006：177）。而在表达和内容两个平面中，"形式—实体—混沌体"的区分，同样根据的是上述符号功能。叶氏进一步发展了索氏"符号是形式而非实质"之思想，认为：与传统及现行观念相比，对"符号"作如下界定更为

[①] "Functives" 叶氏语符学术语，即功能（关系）所连接的单位或终端成分，国内译法不同："功能项"（林浩庄、易洪、廖东平，1965：26；戚雨村、龚放，2004：31；王德福，2009：177）、"依存单位"（丁信善，2006：25）、"功能子"（程琪龙，2006：153）等。本书采用程琪龙先生之译法。

合适、准确，即符号是一个包括内容形式、表达形式以及联结二者的符号功能（即二者之间的联合关系）三个基本元素的单位（Hjelmslev，[1943] 1961：58），从索氏到叶氏，符号模型发生了如图4-5中所示的变化。

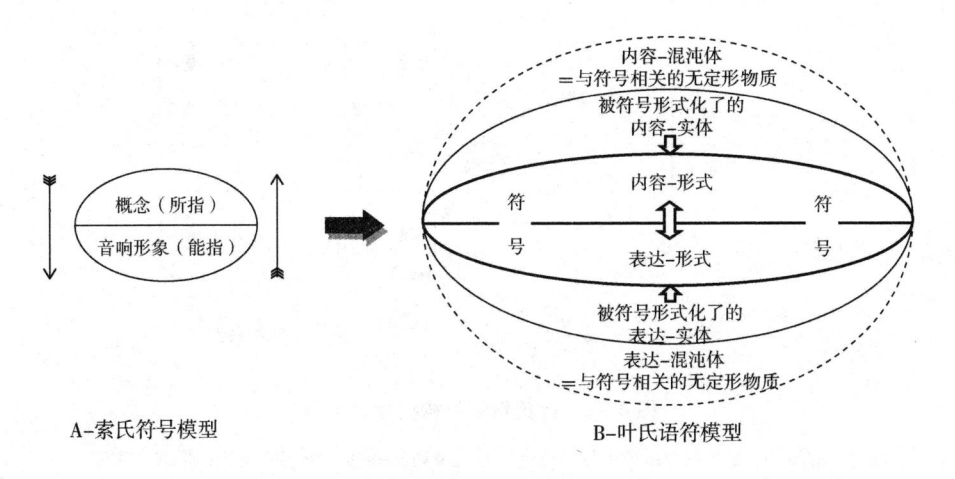

图 4-5 叶氏对索氏符号模型的发展

说明：在叶氏语符模型中，"⇕"表示相互依赖关系（即符号功能）：内容形式和表达形式是两个相互依存的不变体；"⇓⇑"表示作为内容或表达之形式的必要功能子和作为内容或表达之实体的非必要功能子之间的决定关系（Winfried Nöth, 1990：67）。

从图4-5可见，相对于索氏二元符号而言，叶氏所谓的符号是一个更为彻底的由形式（表达/内容）构成的精密实体。内容和表达，作为符号功能之两个面，二者的相互作用是定义一个语言符号之本质的主要特征，正如叶氏所言："符号是一个由表达和内容之间的联系生成的实体。"（Hjelmslev，[1943] 1961：47）而这也恰恰是索氏符号模型所忽略的地方。符号在内容—表达和形式—实体—混沌体两个不同区分维度中出于极为关键的中间环节：一个符号是一个内容和一个表达之间的关联（Connection），同时也是一个划分混沌体且将之形式化为实体的形式。Miriam Taverniers 在对符号上述两个维度的区分及符号的双重作用或者说双重性质进行深入分析后，将符号内部区分成分及相互关系连同符号之双重作用做以综合,并将叶氏所构建的符号结构模型之全景示以图 4-6（Miriam Taverniers, 2008: 383）。

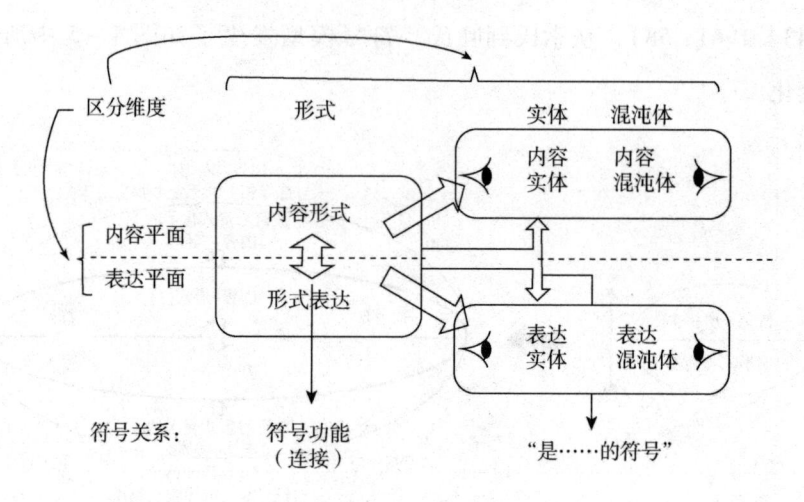

图 4-6 叶氏符号结构模型之全景

说明：Hjelmslev 基于两个区分维度的语言符号主要特征描述：内容—表达；形式—实体—混沌体。

与传统亚里士多德学派"实质重于形式"的观点不同,叶氏基于共时认知视点,认为形式重于实体（Winfried Nöth, 1990: 69）。具体而言,混沌体为具体形式提供实质,在此范围内,混沌体只是与语言学相关,而实质的存在则完全依赖于"投射"到混沌体的形式。也就是说,形式是实质存在的前提条件,是一个不变的必需的功能子,而实质是一个可变的非必需的功能子。因此,我们不可能基于实体来描述语言,而只能凭借形式来实现。形式在"形式—实体—混沌体"三者中具有特殊地位。对于形式之作用的界定与符号功能有着必然联系,无论内容形式还是表达形式,都必须通过与其对立面的相互作用以及与其对立面一同构成一个符号,才能存在。换句话说,一个内容形式的作用是在具体语言中根据"内容—形式"之关联,将思维混沌体的一个区域形式化为一个内容实体,同理,一个表达形式的作用是在某种具体语言中根据内容—形式之间的关联,将声音混沌体的一个区域形式化为一个表达实体。

基于上述观点,叶氏将索氏"语言是形式而非实体"的思想贯彻得更为彻底,构建了一个纯形式系统,认为"语言的真正单位不是声音,或者书写字体,或者意义[即实体];真正的语言单位是这些声音、字体和意义所表征的被关系者(Relata)"(Hjelmslev,[1948] 1959:27)。正如上图所示,与索氏之二元符号模型相比,叶氏所构建的符号结构模型更为精确、严密,也更能反映符号的本质,更具解释力。

4.3 叶氏符号模型与指示符号结构问题

4.3.1 叶氏符号模型对索氏符号模型之突破——内容层面(语义)

"语言是形式而非实质"是索氏构建其二元符号模型的一个根本思想,但在其二元符号模型中,索氏并没有将该思想清晰而彻底地贯穿始终,或者说,对该思想仅仅是原则性的粗笔勾勒。至于符号如何将客观事物纳入符号之中,即符号与客观事物之间的关系,却未有阐明。正如奥格登和理查兹在 *The Meaning of Meaning* 一书中对索氏之批评:

> 不幸的是,由于完全忽略符号所代表的事物,该符号理论(索绪尔)从一开始便与检验证实的科学方法切断了所有联系。然而,德·索绪尔也并未因上述缺陷变得明显,而将这一问题探究得足够彻底。(Ogden & Richards,[1923] 1989:6)

在构建语符模型时,很明显叶氏察觉到了上述问题。在继承索氏上述思想的基础上,叶氏对该思想进行深入研究,同时兼顾语义问题,将索氏符号思想进一步精确化。在建立语符学理论之初,就极力摒弃已有传统符号观念的干扰,主张将语言符号的考察及研究建立在对语篇(Text)或者说过程(Process)的穷尽性分析描写的基础之上,从过程

（Process）和系统（System）两个层面重新认识符号。在构建其语符模型时，叶氏打破了索氏提出的能指与所指关系对应论，在叶氏之符号模型中，将能指和所指二者连接在一起的是符号功能。对于"符号如何代表客观事物"这一问题，在其构建符号模型时并未回避，而是通过举例分析符号（"ring"）之意指构成给予答复（Hjelmslev [1943] 1961：57）。与此同时，叶氏将一系列科学的分析及检验方法应用至符号及其相关问题的描写和符号模型的构建之中，如假设演绎法、接换检验法、催化法等，使得语符模型及其理论体系更为科学、精密。

前面我们提到，"概念"问题是索氏所构建的二元符号模型中最为棘手的问题。"概念"问题以及相关的意义问题，在语言哲学及语义学研究中历来极具争议，也使得现有的意义理论或符号理论备受挑战。叶氏在构建其语符模型时，并未沿用索氏"能指（音响形象）/所指（心理概念）"这套术语，而是以与之大体平行的"表达/内容"代之，同时为求精确也尽量避免使用传统符号观念中模糊不清的"概念"。如4.2.1节之分析，叶氏重新从两个维度（即表达—内容，形式—实质—混沌体）对符号进行分析。叶氏强调上述两个维度之区分在符号中极具普遍性：

> 表达和内容之间的差异和两者在符号功能中的相互作用，是任何语言结构的基础。任何符号、任何符号系统、任何为了符号目的而组织的符素（figurae）系统、任何语言自身都包含表达形式和内容形式。（Hjelmslev, [1943] 1961: 58 – 59）

换言之，对于我们所关注的直指符号而言，同样也是由内容形式、表达形式及符号功能三要素构成，同样可以从两个维度进行分析。"表达/内容"这一对术语是对索氏符号思想之进一步发展，其在一定程度上能够摆脱索氏符号模型之"概念"问题以及意义问题的困扰，

对于"表达/内容"之间以及内容和意义之间的关系,叶氏做过如下论述:

除非人为地将二者(表达/内容)分开,否则不可能存在不具有表达的内容或无表达之内容;亦不可能存在不具有内容的表达或无内容之表达。倘若我们思而不言(Think without Speaking),那么思维就不是一个语言内容,也不是一个符号功能的功能子。倘若我们以声音序列的形式言而不思(Speak without Thinking),而没有内容能够被任何受话者归附于这些声音序列,那么,这样的言语(speech)是胡言乱语,并非一个语言表达,也不是一个功能的功能子。当然,缺乏内容不能和缺乏意义混淆:一个表达完全可能有内容,而该内容从某个角度(例如标准逻辑或从物理主义角度)可以被描述成无意义,但其仍为一个内容。(Hjelmslev [1943] 1961: 48-49)

由此可知,叶氏所谓的内容和表达,可以描述为相当于思维(Thought)和言语(Speech)。而未被划分的思维即我们前面所说的混沌体,是从人类不同具体语言中抽取出来的共性成分。正如前面 4.2.2.2 中提到的,传统符号观所谓的"符号是表示某事物的符号",实为该符号的内容形式能够将该事物纳入内容实体(叶姆斯列夫,2006:175)。然而,至此有一个无法避免的问题:内容形式究竟是如何或者说通过何种途径将客观事物纳入内容实体的?对这一问题叶氏并未有详细说明,而这恰恰与我们所关注的指示问题有着直接的联系。

前面我们提到,内容实体是不同语言的具体内容形式将思维混沌体划分及形式化的结果。不同语言之具体形式划分思维混沌体的过程,必然牵扯一对矛盾:前者的可感知性、离散性与后者的不可感知性、连续性。对于二者之关系,索氏将之简单处理为对应关系,即能指和所指是对应的，可以说，这种处理方法仅仅局限于一种语言内部的分析。可以说，索氏之符号模型并未找出人类语言背后共同对象，而其对符号之分析，更未基于一个共同的参照平台。而叶氏则突破索氏之方法，通过跨语言比较抽取不同语言背后的共同对象，以此为参照，对不同语言之形式进行比较并分析。叶氏之符号模型无疑更为科学、精确，因为基于相同的对象，通过不同语言之间的比较，更能反映出语言间的共性与个性。这也是叶氏批评索氏之做法无意义的原因所在。

4.3.2 所指对象与内容实体

叶氏从不同语言形式背后抽取未经划分的内容混沌体，为我们探讨指示符号提供了新的视角。对于索氏提出的符号之第一原则——任意性原则，叶氏在构建语符模型的过程中给予了同样地位。在叶氏看来，内容形式与混沌体相互独立，二者之间是任意性的联合关系。基于此关系，不同语言的具体形式在混沌体上进行划分并将划分后的结果形式化，由此产生内容实质。也就是说，内容形式和内容实质之间同样是任意性联合关系。

对于指称的传统符号功能，在叶氏看来，仅仅是内容形式和内容实质之间的一种关系，也就是说，"'符号是某物的符号'的意思是：符号之内容形式能够将某物纳为内容实质"（Hjelmslev, 1953：57）。因此，超语言学的指称对象被投射到符号意义层中。但是，叶氏还对符号观念做了进一步改革。基于对表达和内容平面间平行对应（Parallelism）的设想，叶氏认为在内容形式和内容实体之间同样存在一个参照（Referral）：

虽然看似有些自相矛盾，但符号既是一个内容实质的符号，也是一个表达实质的符号。只有在这一意义上，符号才可称之为是表示某物的符号。另一方面，我们看不出有什么理由将符号称作仅仅是内容实质的符号,或者(当然也没有人这么想过)仅仅是表达实质的符号。符号是一个双面实体,具有两个朝向的双面神视角且在两个方向同时有效:"向外"朝向表达实质,而"向内"朝向内容实质。(Hjelmslev,[1943] 1961:58)

图 4-7 Janus(古代罗马的两面神)

语言是形式而非实质,实质的存在及确定必然借助于形式,因此,无论是符号之表达平面还是内容平面,内容皆由形式所决定。因此,对于语言符号的分析,我们必须基于符号本体,即形式本身,这也是叶氏之基本思想。此外,受索氏之"语言是符号系统"的观点及萨丕尔的概念范畴思想的影响,叶氏之早期作品《普遍语法原理》(*Principios de gramaática general*,1928)一书对语言范畴问题进行描写分析,认为语言中存在语义、形态及功能三种基本范畴[①],与叶氏所构建的符号模型相应,语义范畴对应于符号之内容(所指),形态范畴则对应于表达(能

[①] 根据叶氏所分的三种基本范畴的实质,其中的形态和功能两类范畴大致相当于我们通常所说的语法范畴,即形态范畴主要对应于词法范畴,而功能范畴主要对应于句法范畴,但需要注意的是,"功能"作为叶氏语符学之基本术语,定义更为广泛,不仅包括符号之间的关系,而且包括符号内部成分之间的关系。

指),而功能范畴则对应于各种关系(功能)(Hjelmslev,1976:177)。基于上述区分,叶氏所构建的语符模型更具概括力及解释力,对我们进一步分析指示类词语大有帮助。

4.3.3 聚合层面的概念化和组合层面的功能化

叶氏认为:之所以说"一个符号是表示某物的符号",是因为符号之内容形式能够将客观世界的所指对象纳入内容实质之中,也就是说"符号表物"是通过内容形式来实现的,不同语言的内容形式在将内容混沌体划分为内容实体的同时,亦将客观对象纳入内容实体。然而,这一过程是如何实现的,叶氏未作深入探讨。从叶氏对语言之范畴分类,我们可以得到一定启发:内容形式将客观对象纳入内容实体这一过程的实现,需要借助于发生在语言系统不同层面的两种基本途径:聚合层的概念化和组合层的功能化,而这两种途径分别与叶氏所区分出的语义范畴和功能范畴相对应。

所谓的概念化,指的是不同语言在借助于具体语言形式将思维混沌体进行划分时,划分结果是由一系列区别特征构成的内容实体,即概念,与此同时,通过上述过程,客观所指对象亦被内容形式纳为内容实体,也就是说,通过概念化这一途径,由内容形式对内容混沌体进行划分所得到的内容实体是一个由语义区别特征构成的概念。在传统意义或者符号理论中,将此类符号一般称为概念符号,而在上述过程中,该类符号所具有的作用,即指称作用,由此种方式而得到的符号,在语言系统中占据主体地位,根据索绪尔的价值思想,该类符号具有双重价值:既可以与异质的观念交换,也可以与同质的符号相类比,可以说,是一个完整且典型的符号。不过,由于特定语言中的具体内容形式不同,所以在各种语言中,由具体形式从内容混沌体中所划分出的内容实质(即概念)则存在差异性,以丹麦语、德语和法语中表示"树→森林"连续统的符号为例,丹麦语将之二分,分别用"træ 树木/skow 森林"

表示，而德语和法语则将之三分，但同为三分，德语（baum 树木/holz 树林/wald 森林）和法语（arbre 树木/bois 树林/forêt 森林）的认识也并非完全相同，如图 4-8 所示（Hjelmslev，[1943] 1961：54）。

丹麦语	德语	法语
træ 树木	baum 树木	arbre 树木
	holz 树林	bois 树林
skow 森林		
	wald 森林	forêt 森林

图 4-8　丹麦语、德语和法语之"树→森林"划分

符号形式将客观对象纳入内容实质的另一种途径是组合层面的功能化。所谓的功能化，指的是由于符号功能，不同语言之具体内容形式在思维混沌体上划出属于自己的区域，与概念化途径不同，其划分的结果并非由区别性特征构成的内容实质（即概念），而是凭借相对关系相互区别的内容实质，或者说，具体内容形式映射到混沌体对其进行划分和形式化的同时，建立了一个基于相对区别性的功能网络，内容形式将客观对象纳入此功能网络之中。因此，基于各种区别性功能（关系），内容实质是内容形式将混沌体关系化或秩序化的结果。由功能化或关系化途径所得到的，是基于符号功能而相互区分的内容实质，由此途径产生的符号，我们可以称之为功能符号[①]。以语言中的指示词为例，对于同一个指示连续统，有的语言中将之二分近指/远指，如英语中的"this/

[①] 此处沿用叶氏之符号学术语。叶氏所谓的"功能"大致相当于通常所说的"关系"，其将语言中的功能分为 3 类 9 种，详见 *Prolegomena to a Theory of Language* 第 11 章 "Function"（Hjelmslev，[1943] 1961：33-41）。

that",而有的语言中则将之三分,即"近指/中指/远指",如日语中有"こ/そ/あ"三系的区分。对于功能符号而言,其内容实质区分基于同质成分间的关系化或秩序化,因此,并不亦无须反映客观对象的本质特征。该类符号关注的是不同内容实质间的相互关系,而非内容是内容实质本身。在符号系统中,该类符号正是通过与同质符号相类比,在类比中实现相互区分和关系化,既而取得其价值,功能符号之内容形式同样可以将客观对象纳入内容实质,但与概念符号不同,在将客观对象纳入符号的过程中,交换的不是反映对象本质特征的异质概念,而是更为抽象反映客观事物间相互联系网络的异质关系,正因如此,功能符号通常被认为是一种不完整或非典型的符号。

通过上述分析,我们可进一步推知,指示类词语应属于功能符号。这似乎有悖于传统语法中将指示类词语(如关系、人称、指示等代词)与名词、动词等相并列划分为实词(即概念符号)的做法。但是,对于语言中的指示符号而言,其最重要的作用是将思维混沌体或所指对象关系化或秩序化,与概念符号不同,指示符号所关注的并非客观对象本身,而是实现或呈现客观对象之间的关系。以不同语言中表示"正在说话者本人"为例,在言语活动过程中,特定语言借助于具体内容形式从思维混沌体中划分出上述内容实质,如英语用 I,汉语用 wo,内容形式对内容混沌体划分的同时,也使得以下两个过程得以实现:①使思维混沌体与言语交际的话语时位相关联,并使之同言语活动其他参与者相互区别,即功能(关系)化;②将符合上述情况的所指对象纳入符号。至于其所涉及对象具有何种品质或本质特征,则无关紧要。因此,将指示符号划分为功能符号,更为合适。

4.4 余论

基于对上述以语言符号为核心的两种符号学思想及相应符号模型的

分析探讨，我们借助于比较，可以明显察觉出叶姆斯列夫语符学对索绪尔语言符号学思想的继承和发展。无论基于何种符号观，欲构建一种具有普遍适用性的符号理论及符号模型，忽略指示符号问题皆不完整，亦是不可取的，其理论价值及解释力等诸方面势必因此而大打折扣。从索氏到叶氏，在符号模型精密化的同时，更值得肯定的是，避免了棘手的"概念"问题，且使得被索氏符号学忽略的语言指示符号问题亦可在语言学本体视角下得到合理解释，因此，相对而言，叶氏语符模型更为客观严密，可操作性也更强。不同语言的指示符号构建指示功能（关系）网络之理据依旧是社会约定性，如"我"表言说者本人，"你"表受话者，这是由社会约定的。但与普通指称符号不同的是，在具体言语过程中，整个指示关系网络是以符号使用个体为中心，基于话语时位展开的，这也是该类符号具有自我中心、语境依赖等特性的原因所在。由于无须表征仅仅借助指示功能（关系）网络便可区分任意对象，指示符号具有超强囊括力，此亦充分体现了语言经济性原则。

第五章 符号类型学与指示符号的类型归属问题

5.0 未定型的符号类型学

对于存在于客观世界的各种各样的符号,如欲将其归类分型并非易事。在西方,从中世纪起,人们已对符号之分类问题给予极大关注,现代符号学家更是将符号分类问题作为符号学研究的一个基本议题,作为符号学两大源头之一的皮尔斯符号学从本质上可称为符号分类学。而在属于皮尔斯符号学传统阵营符号学家(诸如 Morris、Husserl、Cassirer、Eco、Sebeok 等)的研究中,符号类型研究亦占有相当的比重。除此之外,诸多符号学家从不同角度对符号类型问题做了进一步探讨,诸如 Bühler([1934]1990)将其区分为 symbols、symptoms 和 signals 三种;Schaff([1960]1973:145-80)和 Resnikow(1964)将其区分为 indices、signals 和 symbols 三种;Lyons(1977)将其区分为 indices、icons、symbols 以及 symptoms 四种;Nattiez(1979)和 Clarke(1987)则将其区分为 signals、natural 及 conventional signs 三种;等等。然而,因选取的角度或依据的标准不同,其结果亦必然各异。可惜的是,时至今日,符号学家们依旧未对符号之类型问题达成共识,究其原因,主要有二:一方面符号学界至今未就此问题找到一套具有普遍性的术语;另一方面则是因为符号类型分析所依据之标准具有多维度性,这导致符号类型学研究难度倍增(Winfried Nöth, 1990:107)。

指示，作为人类认知世界及表达意图的一种基本方式，毋庸置疑。然而，对于与指示相关的一类特殊符号的类型归属问题，不同符号学家争议颇大，甚至成为各家分歧的焦点所在。从符号学的两大传统来看，无论是物理世界、心理世界还是语言世界都存在以指示为基本功能的一类符号，尤其是在语言世界，不同语言中均具有指示功能的符号类，可以说是人类语言的共性。对于指示符号内部，不同的符号学家认识也同样存在分歧，对此，我们还可做进一步区分。本章将就我们关注的指示符号之类型学问题作一基本探讨。

5.1 一般符号学对指示符号的类型划分

5.1.1 传统符号类型二分与实体指示符号

早在西方中世纪，哲学家、思想家奥克斯丁（Augustine，354 - 430）已将符号区分为两类：自然的（Natural）和规约的（Conventional）。在其看来，所谓的自然符号指的是不牵扯任何使用意图或欲望但能导引出关于某物的知识的符号，例如指示火的烟，其并无任何意图，但通过烟我们依据经验可以得知烟下面有火；所谓的规约符号则是指：出于表现心理、知觉或思想等意图而与现存事物（living beings）相互交换的符号（Augustine, Aurelius, [397] 1952: 637 - II. 1 - 2）。由此，我们可以看出 Augustine 做上述区分所依据的是规约性，或者说意向性。此外，在其早期作品中，Augustine 受基督教思想之影响，从宗教角度对符号做了进一步解释：在其看来，符号之对象是反映上帝意志的指示符号（Simone, 1972: 9）。

与 Augustine 的上述做法相同，Francis Bacon（[1605] 1973）也同样依据意向性（Intentionality）将符号区分为自然的（Natural）和意图的（Intentional）两类，Bacon 认为：意向性是符号类型划分最为基本的标准之一（Winfried Nöth, 1990: 108）。传统的符号类型二分法对现代符号学处理符号类型问题有着根深蒂固的影响。

在现代符号理论中,一些符号学家亦根据规约性(Conventionality)或意向性(Intentionality)对符号进行二分。胡塞尔(Husserl, 1859 – 1938)将符号区分为基本的两类(Husserl, [1890] 1970: 340 – 73):表述(Ausdruck)和指号(Anzeichen),前者预设一种具有意向性的赋意行为,对于后者,我们则通常只是察觉到符号媒介能够同时或成功呈现对象(Husserl, [1900 – 1901] 1970: 269, 274)。与之像似,德国哲学家卡希尔(Cassirer, E.)将符号区分为信号(Signals)和规约符号(Symbols),前者是物理世界之存在(Being)的一部分,是操作算子(Operators),该类符号有许多物理的或者实质的存在;而后者则是人类意义世界的一部分,是指定算子(Designators),该类符号仅仅有一个功能值(Functional Value)(Cassirer, [1944] 1948: 32)。此外,受卡希尔之影响,美国哲学家Susanne K. Langer则将符号分为indicate和represent两类,前者包括信号(Signals)、症候(Symptoms)、自然符号(Natural Signs),后者则包括规约符号(Symbols)、名称(Names)、图画(Pictures)等(Langer, Susanne K., [1942] 1951: 35 – 39, 54 – 67)。

上述符号类型基于意向性或规约性的二分做法,旨在区分自然符号和意向/规约符号,其中已经注意到物理世界中存在的指示符号,且在分类上类型划分中对实体指示符号有着像似的处理,即直接或间接地将与指示相关的实体符号单列一类,也就是说物理世界中存在的指示符号不具有规约性或意向性。这一划分并未充分考虑到语言这一特殊且极为庞大的符号系统中,诸如代词、指示词等具有极强主观性或意向性的符号。不可否认,该做法将符号类型之划分简单化。从表面上看,自然符号似乎与人的意向/规约没有关系,但从本质上其依旧难以脱离人的意向或规约,换句话说,任何符号都或多或少地必须基于规约性或意向性;此外,有些符号,如像似符号和图画,并非单纯自然符号或者单纯规约符号,很难从二分角度一刀切,因此符号类型的上述二分法存在不充分性（Winfried Nöth，1990：108）。对于传统二分法，现代符号学形成了两种主要的反对观点，即以皮尔斯为代表的符号类型三分法和以艾柯为代表的符号类型多维度划分。其中以皮尔斯的三分法影响最大。

5.1.2 皮尔斯符号类型三分法与指示符号

在现代符号学中，对符号之类型研究成绩最为突出的莫过于美国哲学家、逻辑学家、符号学家皮尔斯。皮尔斯符号学从本质上讲即为符号类型学或者符号分类学。前面第二章我们分析皮尔斯之符号分类思想时曾提到皮氏通过三种三分法对符号进行分类，其中影响最大，为大家普遍接受的是其第二种三分法，即根据符号及其对象之间的关系，将符号分为Icon、Index、Symbol。根据符号与对象之间的现实关联性，皮氏将指示符号（Index）单列为一类符号，与具有像似性的像似符号（Icon）及具有任意性的规约符号（Symbol）并列。皮氏在符号类型问题上的突破，除了提出多维度不同三分法，还首次注意到指示符号内部的差异，并从符号学角度对语言指示符号，如人称代词、指示词、关系代词等，进行初步探讨。正是基于对语言系统中的指示符号的关注，皮尔斯对指示符号认识更为深刻、独特。

皮尔斯认为：从符号本身来看，指示符号是具有第二性的个体符号，换言之，指示符号与其所指对象之间存在（因果的或邻接的等）现实联系，正是依赖于这种现实联系，指示符号才能存在。与前述基于意向性的符号类型二分做法不同，皮尔斯并不承认指示符号不存在意向性，而是认为该类符号具有双面性，即一个方面，该类符号与其个别对象有动力学（Dynamical）（包括空间）的联系；另一方面，该类符号与其作为符号为之服务的那个人的感觉、记忆有联系（Peirce，1955：107），也就说皮尔斯所谓的指示符号同样具有意向性。如前文2.1.2所提，日晷或钟、风向标、指方向的手指、灯塔、北极星等物理世界中的实体符号，也有名字、专名、代词、副词（时间、方位）、序数词、介词或介词短语［如"在……左（右）边"等］等语言符号，皆被皮尔斯归入指标符号，虽然对语言系统中的指示符号给予一定的关注，但不可否认，皮尔斯并未区分语言指示符号和非语言指示符号。

皮尔斯似乎亦察觉到了其所划分的指示符号内部存在明显差异，于是进一步对指示符号内部区分为真正的指示符号和退化的指示符号两类，不过这一区分并非从"语言/非语言"角度，而是根据符号自身的性质。但遗憾的是，这一区分意义并不大，而且除了将语言符号与非语言符号混为一谈，皮尔斯之处理前后有矛盾之处，例如一方面皮尔斯认为指示词和人称代词是真正的指示符号，而另一方面却又否认专名、人称指示词、关系代词及附着在图标上的字母这些依赖于与其对象之间的联系而成为符号的符号是指示符号（皮尔斯，2006：286—287）。

皮尔斯之后，其继承者 Morris 并未沿用"Index"这一术语。不过，在 Morris 的符号体系中亦有与皮氏"Index"相对应的一类范畴，Morris 称之为"Identifior"（Morris，［1946］1971：154，362）。与皮氏不同，Morris 所谓的"Identifior"范围更为具体、明确，将其严格限制为空—时指示（Spatio-temporal Deixis），"Identifior"意指"在空间和时间中的方位（Location），并把行为导向某个环境区域"。在 Morris 看来，Identifior"具有一个虽然最小但却真实的符号情形（Sign Status），是影响行为方位（关于某物的而非行为自身的方位）的一个预备刺激"。Morris 还进一步将 Identifior 区分为三类：Indicators（非语言的信号 Signals，如指方向的手指、风向标）、Descriptors（描述空间或时间方位，如"在今晚十点""在第 23 街和百老汇的转角处"等）和 Namors［语言符号 Language symbols，一些与其他 Identifior 同义的替代符号（Sign），如"it，this，I，now"等词语］。

由上述分析可见，皮尔斯对于指示符号的考虑并不成熟，缺乏逻辑性及系统性。皮氏建立 index 范畴的依据，与其 icon 与 symbol 两范畴之确立依据在本质上存在明显区别，index 之依据更为模糊，甚至混乱，因为在其所谓 index 范畴的论述及举例中不仅包括自然符号，也包括意图符号，不仅包括有像似符号，亦包含有规约符号，可谓一个大杂烩。这也是莫里斯弃用术语"index"的原因之一。从皮氏对"index"的界定来看，皮氏主要根据的是物理世界中的实体指示符号（如航标、叫卖声、北极星等），并由此认为，就指示受对象影响而言，指示符号必然与所指对象具有某种共同的质，故而符号指示该对象（Peirce，1955：101 – 102）。与上述实体指示符号相比，人称代词、关系代词、专名、方位词等语言指示符号虽同被皮氏归入 index 范畴，但语言指示符号指示其对象绝非因为与该对象同质。

从皮尔斯到莫里斯，指示符号范围的缩小及明确，呈现出一个明显倾向：与指示相关的问题中，语言符号的地位愈加突出。不过，与皮尔斯的做法相同，莫里斯的界定与划分，依旧未给予符号系统性及语言符号足够重视，同样难免缺乏逻辑性，故而并无本质突破。究竟该如何处理语言指示符号的类型归属及其内部差异等问题，这则需要我们基于指示范畴本身对指示符号做进一步探讨。

5.2 指示符号：Sign 还是 Symbol？

5.2.1 关于 Sign 与 Symbol 的两种对立观点

对于指示符号之探讨，有一个绕不开的问题：指示符号到底是 Sign 还是 Symbol？这一问题看似简单，其实不然。Sign 与 Symbol 是符号学的基本术语，相互混用且使用频率甚高，可谓意义混乱，这一问题在西方符号学界由来已久，而汉语相关符号学翻译文著中在很多情况下被同译为"符号"，使得乱上加乱。对此问题，赵毅衡（2011：197—202）曾专门予以讨论："Symbol"一词在西方语言中兼有"象征"和"符号"两个意义，在权威辞书中也均予以收录，赵毅衡认为：乱从此出（赵毅衡，2011：197）。在西方符号学中，Symbol 和 Sign 的术语混同问题，甚难辩明，此亦不在本书关注之范围，我们所关注是：指示符号的类型归属。而对此，两位现代符号学奠基人的认识从最初便存在根本分歧。

根据符号与所指对象之关系，皮尔斯基于法则、规约所形成的一类符号，称为"Symbol"：

> A symbol is a sign which refers to the Object that it denotes by virtue of a law, usually an association of general ideas, which operates to cause the Symbol to be interpreted as referring to that Object. （Peirce，1955：102）

皮尔斯所谓的 Symbol 依据的是使用该符号的社会群体所约定的符号与其对象之间的关系，即符号与其对象之间的关系是社会约定俗成的，是任意的。正如赵毅衡（2011：85）之批评："Symbol"这一术语在西方思想史中相当混乱，在皮尔斯对其符号学思想的阐述中也同样如此，从皮尔斯"Symbol"之定义中便可看出，其所谓的"Symbol"实为"Sign"。对此，以语言符号为范本的索绪尔则有着更为清醒的认识：符号（Sign）的能指（音响形象）和所指（心理概念）之间的联系是任意的[①]（索绪尔，1980：102），即约定俗成不可论证的，不存在理据性。索绪尔强调："曾有人用 symbol 一词来指语言符号，或者更确切地说，来指我们叫做能指的东西。我们不便接受这个词，恰恰就是由于我们的第一个原则。symbol 的特点是：它永远不是完全任意的；它不是空洞的；它在能指和所指之间有一点自然联系的根基。"（索绪尔，1980：103—104）基于此，索绪尔在其符号学理论体系中严格区分 Sign 和 Symbol，用前弃后。至此，Symbol 和 Sign 之混用问题可谓得到一定程

[①] 诚然，任意性不是绝对的，索绪尔亦意识到这一点，因为即便在任意性占据主导地位的符号形成之初，理据性也是依然存在的，并非完全任意，例如，语言符号中的象声词、感叹词便具有语音像似性（索绪尔，1980：104—105）。

度的解决，而皮尔斯所划分的三种符号中，所谓的"Icon"实为 Symbol，具有像似性，皮氏所谓的"Symbol"实为 Sign，具有任意性、规约性。然而，我们的疑虑也随之而生：皮氏所谓的 Index 一类符号是 Symbol 还是 Sign？究竟该如何认识？

5.2.2 语言符号与非语言符号的划分

在索绪尔符号学传统中，对符号的划分所采用的依旧是二分法，Sign 和 Symbol 的区分所依据的是符号的任意性和理据性。索绪尔强调，任意性是符号的第一原则。其符号学理论主要探讨以语言符号为范本、以任意性为根本特征的 Sign，而具有理据性（像似性）的符号即 Symbol，仅被其作为任意性之反例简单提及，并被排除在其符号视野之外。换言之，在索绪尔符号学中具有任意性的 Sign 对立于具有理据性的 Symbol。此外，索绪尔在《普通语言学教程》中还注意语言符号之能指/所指两个层面的分节问题：

"就言语活动来说，ariculation（分节）可以指把语链分成音节，也可以指把意链分成意义单位"，……"每一项语言要素就是一个小肢体，一个 articulus，其中一个观念固定在一个声音里，一个声音就变成了一个观念的符号。"（索绪尔，1980：31，158）

索绪尔之后，叶姆斯列夫继承并发展了索绪尔的上述思想。叶氏在其语符学理论中同样将 Sign 与 Symbol 对立，且基于其构建语符学的设想，对符号内部结构做了更为严密的区分。与索绪尔对符号之能指/所指的区分相对应，叶氏所谓的符号由内容和表达两个平面构成，不过，与索绪尔不同的是，叶氏区分 Sign 和 Symbol，或者说区分语言和非语言，所依据的是符号的双平面（Biplanar）结构及其可再分节性，叶氏（[1943] 1953：113—114）认为：只有 Signs 才有双平面（内容/表达）

符号结构,才能进一步被结构化为最小的内容符素(Content-Figures)和表达符素(Expression-Figures)。而 Symbols 则是不具有双平面符号结构的初级(Elementary)意义实体,因此亦不可能再进一步切分出更小成分。在叶氏看来,Symbols 仅仅是与其解释同形(Isomorphic)的实体(Entities),而只有在此意义上,Symbols 才可以是任意的(如交通符号、电报码等)、像似的(Descriptions)或者标志的(Emblems)(如天平是正义的象征)。根据这一严格界定,语言中的词语并非 Symbols,因为它们具有双平面结构且可以进一步切分出最小成分(Figurae)。

相对而言,叶氏以符号的双平面结构及其可切分性为依据对纷繁复杂的符号进行类型划分,更为客观、严密,可以将语言符号与非语言符号明确区分开来。叶氏进而将双重分节推至整个符号系统,并据此区分出语言和非语言。语言的每个平面都由符素(Figurae)构成,不过与索氏不同,叶氏认为,作为语言之根本特征的双重分节并非发生在语链和意链所切分出的最小单位之间,而是在表达和内容两个平面之间,构成表达平面的基本元素(Ceneme 即音位,纯形式)和构成内容平面的基本元素(Plereme 即义素,语义成分)之间不可能一一对应,对此最好的例证便是叶氏多次提到的英语"am"例子(Hjelmslev,[1957]1959:111)。这一思想可以说是对索氏思想的突破。

基于索氏及叶氏之上述思想,法国语言学家马丁内(A. Martinet,叶氏之学生)(1964)明确提出:双重分节是人类语言之特性。马丁内对语言之双重分节性作以更为系统、清晰的论述:语言的第一分节是既定语言共同体所有成员整理共同经验的方式,通过这种方式语言共同体成员将交际中的各种需要、经验分解为一个个符素(Monéme),以法语"J'ai mal à la tête"(我头痛)为例,该语链可切分为六个符素:J',ai,mal,à,la,tête,这六个符素可以在完全不同的语境再现并被用以表达其他经验事实。在马丁内看来,这是语言经济性的体现,只有在语言共同体的经验框架内,且必须限制在众多个体的公共经验范围内,语言交际才是可能的；语言的第一分节所划分出来的符素是音义结合体，相当于我们通常所说的语素，而符素还可进一步分节：其语音形式可再次划分为一系列音位（无意义但可区别符素的纯语音形式）；而其语义内容则可再分节为一个个义素（无形式的纯语义内容），这便是语言的第二分节，以法语词 tête（头）为例，其语音形式可再度切分出/t/、/e/两个音位，通过两个音位的排列组合来表达"头"这一语义内容。由于语言之第二分节，语言才能通过数十个音位的排列组合来区分数以千计的符素能指。语言之双层分节结构充分体现了语言之经济性（André Martinet，1982：23-24）。

与叶氏之思想有所不同，马丁内（A. Martinet）所谓的双重分节存在于符素的两个构成成分即音位与义位之间。遗憾的是，马丁内之研究主要在音位学领域，对于语言双重分节结构的另一层面——语义，却未有深入分析。因而无论在充分性还是在解释力方面，并未超越叶氏之双层分节思想。不过，自此"双重分节性"作为区分语言符号与非语言符号的根本标准，已成为符号学，尤其是语言符号学的基本命题之一。"双平面分节结构"思想亦为我们区分语言指示符号和非语言指示符号提供了一个行之有效的判断及操作标准。

5.2.3 非语言指示符号与语言指示符号

指示符号在皮尔斯的符号分类中被单列一类，但皮氏并未对指示符号内部情况做进一步区分，因而将语言指示符号与非语言指示符号两种不同性质的符号混为一谈。如欲探明语言指示符号诸问题，我们必须对皮氏所谓"指示"的一类符号内部情况作进一步区分。而对于该问题，叶氏对符号类型的划分方法，则恰恰可以为我们提供借鉴。因此，我们可以将 4.2.2 中叶氏用以区分语言符号和非语言符号的标准"双层分节结构"作为区分语言指示符号和非语言指示符号的根本标准。

从双层分节结构角度看，并非被皮氏称为"Index"的一类符号均具有双重分节性。作为指示时间的日晷或钟、指示风向的风向标、指示射击过的弹孔模子、指方向的手指、气流水准仪或铅垂、灯塔、航标、呼喊、叫卖声、北极星、敲门声等，从这些被皮氏称为"Index"的符号本身，我们无法区分出类似语言符号的双平面结构，因而更不可能进行类似于语言符号分析中的双重分节操作。正因如此，皮氏在分析指示符号时亦备感困惑和矛盾："就指示被对象影响而言，指示符号必然与所指对象有共同具有某种质，就此而言，它指示该对象。"进而皮氏得出：指示符号确实包含了一类像似符号，虽然是一种特别种类的像似符号。不过，在皮氏看来，指示符号也并非与其对象仅仅像似，而是被该对象做了实际修正，即便在使其成为符号的那些方面（Peirce，1955：101-102；皮尔斯，2006：281）。由此可见，皮氏不仅将语言指示符号和非语言指示符号混为一谈，基于此，甚至对其先前根据符号与对象间的关系划分出的三类符号中 Icon 与 Index 两类符号之界限也产生了怀疑，致使其符号类型划分前后矛盾，缺乏严谨性。

对于上述问题，叶姆斯列夫有着更为清醒的认识，叶氏认为：在两个平面上操作的前提条件是尝试构建的两个平面不能具有完全相同的结构，两个平面的功能子不能是一一对应关系，简而言之，两个平面必须是不同形的。叶氏主张将派生测试（Derivative Test）[①] 应用于符号（过程）的第一派生层级，即符号的两个平面（内容/表达），二者是不可相互替代的，而决定二者应归入同类还是异类的唯一因素是二者是否同形（Conformal）。叶氏强调：如果上述二者是同形的，则必须终止将语言学理论应用于既定对象，换句话说，其已不属于语言学理论的研究对象。对于皮氏提到的日晷或钟、风向标、弹孔模子、指方向的手指、气

[①] 所谓的派生测试是指，如果一个功能子的任一特定派生体作为另一个功能子的一个特定派生体都无一例外地进入相同的功能，或者相反，则可以说两个功能子彼此同形。据此可以建立如下规则：如果同一对象的两个待尝试识别的切分成分同形但不可相互替代，则它们应该归减为一个成分（segment），按此规则进行的测试，即派生测试。

流水准仪或铅垂、灯塔、航标、呼喊、叫卖声、北极星、敲门声等，这些符号的内容混沌体虽然可以被初步条理化（Ordered），但很明显这些符号并非双平面结构，或者说简化原则不允许我们从中再分析出一个内容形式，因为这些符号仅仅是与其解释（Interpretation）同形的实体。正如叶氏之言：从语言学方面来看，术语 Symbol 用以表示和自身解释同形的实体（Hjelmslev，［1943］1953：113-114）。根据语言学理论对术语意义所做出的界定，上述结构与真正的符号系统有着本质的区别，在叶氏看来，上述皮氏所举的符号并非一个符号系统（Semiotic），属于 Symbol，而非 Sign。

至此，根据双重分节性，我们已将皮氏所谓"Index"类符号中的非语言符号排除在语言符号系统之外，非我们所关注的对象。但指示符号问题并未因此而明朗，因为相对于非语言指示符号，语言系统中的指示符号更为棘手。语言系统中最为典型的指示符号是指示时间、空间和人称的词语。这些词语毋庸置疑当划归叶氏所谓的语言理论之研究范围，即这次符号应定性为 Sign，因为与其他语言符号一样，人称（如我、你、他等）、时间（现在、昨天、明天等）、空间（这里、那里等）等指示符号也同样具有双平面分节结构。不过，虽同为双平面分节结构，语言指示符号与作为语言符号主体的概念符号，又有本质区别。对于指示符号的双重分节及与概念符号的比较问题，我们在第三章有过更为详细的分析，此处不再展开。

5.3 语言符号表义之两极：指示—指称

5.3.1 符号类型三分与二分之对应关系

皮尔斯根据符号与所指对象之间的现实联系，分出 Index 一类符号。然而遗憾的是，皮氏并未区分语言指示和非语言指示两种性质不同的现象，将二者混为一谈，这与其不是以语言符号为范本的一般符号学思想有着必然联系。不过，这一做法，从根本上讲对我们认识指示符号的本质害大于益。基于叶氏语符学双平面分节思想，我们发现，皮氏所谓"Index"一类符号中的日晷或钟、风向标、弹孔模子、指方向的手指等非语言符号，不具有双平面分节结构，应归为 Symbol（即皮氏的 I-con），正如皮氏所言，此类符号与其所指对象同质，是一种特别种类的像似符号；人称代词、关系代词等这些被皮氏称为纯指示符号的词语，则属于语言符号系统，应归为 Sign，如图 5-1 所示。

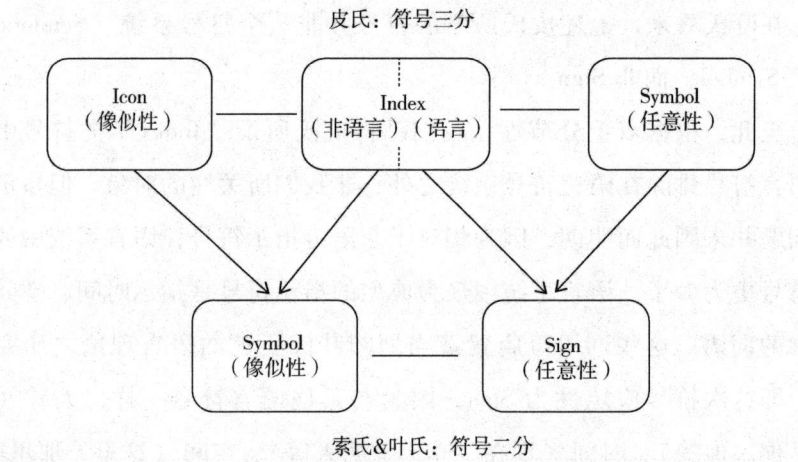

皮氏：符号三分

```
     Icon          Index          Symbol
   （像似性）   （非语言）（语言）  （任意性）

            Symbol          Sign
          （像似性）       （任意性）
```

索氏&叶氏：符号二分

图 5-1　符号三分与二分关系对照

如图 5-1 重新划分后，可以看出两个符号学传统在符号类型划分问题上的联系。从皮氏根据符号与其所指对象之间联系所划分出三类符号的相互关系，我们可以发现，三者之间蕴含一个从像似性渐弱而任意性渐强，即"像似性→任意性"的连续统，而指示符号则是存在于像似符号与规约符号两极之间的中间类或过渡类，因为被皮氏称为 Index 的一类符号中，我们既可以找到与所指对象像似且同质的符号，如皮氏所列举的非语言指示符号，也可以找出与所指对象异质无任何像似性的符号，如皮氏所列举的人称代词、关系代词等语言指示符号。由于未区分语言指示符号与非语言指示符号，皮尔斯（1903）在分析指示符时，提出如下论断：

> 就指示被对象影响而言，指示符号必然与所指对象共同具有某种质，就此而言，它指示该对象，因而指示符号包含了一种像似符号，虽然是一种特别种类的像似符号。（Peirce，1955：101-102；皮尔斯，2006：281）

此外，在符号学发展过程中，与皮尔斯的上述观点相近，一些符号学家亦曾试图将像似符号归入指示符号，例如 Alston（1967：441）将 Lucke"词语：观念之符号 Sign"的观点解释为上述做法的一个例证。对于非语言指示符号而言，从指示性与像似性二者之间的关系看，将像似符号归入指示符号并非无理之举，然而这一做法仅仅局限于非语言指示符号。倘若从语言指示符号的角度来看，上述结论和做法皆会受到质疑，甚至无法接受，因为在具体实际言语活动过程中，语言系统中的指示符号和其所指对象之间不存在任何像似性。

图5-1之做法虽更易于我们看清两个符号类型划分之间的联系，但不可否认，其掩盖了指示符号的根本特性，即作为第二性的个体符号所具备的现实双重关联性：与对象个体的现实动力（Dynamical）关联及与符号使用个体的心理关联。而指示符号的双重个体关联性，与空间和时间密不可分。正如皮尔斯所言，指示符号与个体对象的动力关联必然包括空间关联，而与符号使用个体的关联则依赖于空间和时间上的邻近联想，因而语言指示符号表意功能的实现与空间、时间及表达个体之主观意图有着不可分割的联系。鉴于此，我们不妨基于指示范畴及相关符号的上述根本特性，对语言系统中的指示符号的类型划分作以重新认识。

5.3.2 基于双重个体关联性的符号类型重新分析

前文 5.3.1 基于皮尔斯符号分类思想，我们在分析三类符号的内部结构时，得出：在言语过程中，对于像似符号及规约符号而言，借助于符号与其对象之间的像似性或规约性，即便所指对象不在场，我们也可以生成相应解释项。然而，语言指示符号则截然不同，因构成语言指示符号的三要素之间是单向依存关系，如若单向依存链条断裂，则无法确定具体所指对象，例如指示词"这"，如果不知道该符号使用的具体主体、空间及时间，我们根本无从得知"这"指的是什么。也就是说，语言指示符号、符号使用者及所指对象必须具备在场性，否则符号无法完成表意。

指示性在整个符号体系中具有普遍性，皮氏曾强调："如果不是不可能的话，要找出一个绝对纯粹指示的事例，或者要找到任何一个绝对没有指示性质的符号，都是极其困难的。"（皮尔斯，2006：286）简言之，指示是符号表意的基本途径，即便像似符号、规约符号在不依赖于现实具体语境的情况下最终发挥的依旧是指示或直指功能，只不过是通过其他补偿手段完成指示，以概念符号所具有的指称功能为例，指称可以在一定程度上摆脱对现实语境的依赖，但在具体言语活动中，指称必然指示，但反之则不然，指示则不一定指称。从广义的"指示性"角度来看，像似符号、规约符号只是通过与指示符号之双重个体关联不同的手段，来指示欲指对象。不过，这里我们需要从狭义"指示性"（即指示的双重个体关联性）角度来区分：指示与非指示（像似或规约），所谓的指示最为典型或者最为纯粹的是语言系统中的指示符号，如人称代词、指示代词、时间及方位名词等，这些符号具备典型的双重个体关联性，在言语过程中，如果要完成表意，符号三要素必须在场；而对于非指示，则因为符号自身具备的像似性或者社会规约性，符号所指对象在场与否，并不影响符号表意。我们所要考虑的第一个问题是：双重个体关联性与指示及非指示之间是怎样一种关系，对此，我们可以通过表 5-1 来认识。

表 5-1

	指示	非指示
双重个体关联性	+	+/-

换句话说，双重个体关联性是指示符号的充要条件，而对于非指示符号则仅仅是可有可无的充分条件。在现实言语活动中，在所指对象在场的情况下，选择指示符号或者非指示符号表示所指对象，皆可实现表意，例如，对于某一在场事物，为完成达意，我们既可以通过指示符号"这"来指示它，亦可以直呼其名，但对于不在场的事物，我们只能通过非指示手段才能完成达意。由此，与非指示符号相比，指示符号似乎是一种更为低级的表达手段，可以为前者取代。然而情况并非如此，因为非指示手段在不依赖于现实在场性的情况下，欲实现达意，则必须通过其他途径对不在场因素的缺失进行补偿：像似符号则是因为与所指对象的全部或部分物理特征像似或相近，在所指对象不在场的情况下通过直接像似性来完成表意；规约符号则是通过符号使用群体的共同约定，在符号与所指对象之间建立固定联系，通过符号来反映所指对象的区别特征，从而指称该类符号并在该符号使用社群的个体心理中形成与之相应的概念，由此摆脱对在场性的依赖，在具体言语活动中完成表意。

不过，从另一个角度看，指示符号却有其独特之处。反推上述情况，借助于现实双重个体关联性，指示符号无须与对象像似，不管所指对象是否经过社会约定俗成在符号使用个体心理中形成相应概念，我们都可以通过指示符号来完成表意活动，这反而又成了指示符号的优势，借助于现实在场性，在场的所有事物皆可以被指示符号纳为其所指对象，相对于与所指对象特征像似且一一对应的像似符号，以及社会规约形成的与范畴相关的概念符号，具有超强囊括力的指示符号充分体现了语言的经济性原则。

　　对于指示符号、像似符号、规约符号三者之间的关系，莫里斯有着另一种不同的理解。莫里斯曾将像似符号和规约符号统称为表征符号（Characterizing Sign，即指称符号），表征符号须通过其自身表现出被指示的对象所必须具有的某些性质才能意指其所指对象，莫里斯认为：在此情形下，若基于像似性，则表征符号就是一个像似符号（Icon），否则表征符号便为规约符号（Symbol）。莫里斯强调：指示符号不可缺少，因为规约符号最后包含了像似符号，而像似符号最后包含了指示符号（莫里斯，2009：99）。因而，从指示到表征存在一个连续统：在此连续统中，双重个体联系性或现实在场性（语境依赖性）逐渐减弱，抽象及规约程度逐渐增强。我们可以从符号之指示性角度，对符号体系之类型作以重新分析，如图5－2所示。

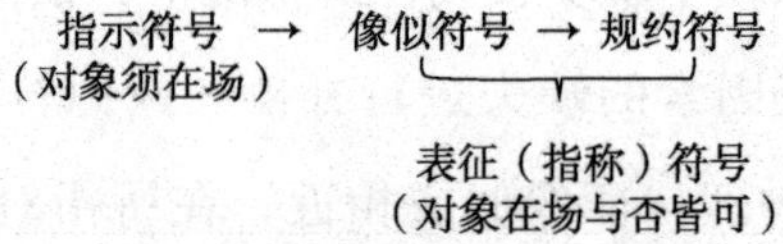

指示符号　→　像似符号　→　规约符号
（对象须在场）　　　　　　　　
　　　　　　　　　表征（指称）符号
　　　　　　　　　（对象在场与否皆可）

图5－2　符号类型重新划分

　　在语言系统中，借助于双平面分节结构思想，我们可以将像似符号及指示符号中的非语言符号（一类特殊的像似符号）排除在语言系统之外。继而，语言系统中只存在两种性质的符号：指示符号与指称符号。因而，图5－2则可进一步简化为：

指示符号　→　指称（规约）符号

　　至此，有一个问题便随之而生：指示符号（Index）与指称（规约）符号（Sign）之间存在一种什么样的关系？对此，以语言符号为范本的索氏传统符号学语言符号并未给出一个明确答复。因此，我们有必要基于更为广阔的符号类型学视野来分析二者的类型关系。

5.3.3 对指示符号与指称符号（规约）类型关系的两种分析

在符号学研究中，Sign 偶尔与 Index 对立使用，不过，亦有符号学家将 Index 定义为包含有 Sign 的一般符号类。对于指示符号（Index）与规约符号（Sign）之间的类型关系，符号学界存在以下两种主要的分歧。

为了强调指示（Indication）与意指（Signification）或者表征（Representation）之间的本质区别，一些符号学家偶尔将术语 Index 与 Sign 对立使用，例如 Savigny（1974：1788）。不过在 Index 与 Sign 对立的情况中，不存在一个能够统摄上述两种符号现象的上位概念，而且此种情况下指示符号（Indices）及自然符号（Natural Signs）也被简单地排除在符号学（Semiotics）考虑范围之外（Winfried Nöth，1990：111）。这一做法的立足点是凸显差异，但却忽略了二者之间的联系，试问：是不是 Sign 系统中根本不存在指示性的符号？很明显，答案是否定的。因为即便在语言这种典型 Sign 系统中，也依然存在指示符号，例如语言符号系统中的人称代词、指示代词等。可以说指示性是符号的一种基本属性。

与上述观点不同，Prieto（1966，1975：15－16）、Mulder 和 Hervey（1980：177）、Hervey（1982：178－179）等学者在构建符号学框架时将 Index 定性为一个更为一般的术语：传达符号自身之外的信息的任何实体，主张将 Sign 被划归 Index 的一个类别。Prieto 根据"aliquid pro aliquot"（符号表示另一事物）这一传统符号界定准则中所存在的关系，将 Index 或 Indicator 定义为：一种事实提供了一个指示（Indication），而该事实从属于一个特定类别，当可以推断（所指示的）另一事实属于另一给定类别时，便构成了一个指示符号（Prieto，1975：15）。可以说这是一个对 Index 所做的最为宽泛的界定。基于上述前提，Prieto 将指示符号 Indices 区分为意图的和非意图的两类。与 Prieto 类似，Mulder

和 Hervey 将 Indices 进一步细分为两类：自然指示（Natural Indices，诸如症候 symptoms、信号装置等）和任意指示［Arbitrary Signa（signum 复数）］（Mulder & Hervey，1980：177）。所谓的"natural"或者"nonintentional"是指符号媒介与其意义间存在因果联系。Mulder 和 Hervey 认为 Sign 仅仅是 Signum 的两次类（Sign 和 Symbol）之一：Sign 是"信息值完全取决于固定规约的 signa"（Mulder & Hervey，1980：183），例如所说或所写的词语、莫尔斯电码；而 Symbol 则是"信息值并非完全取决于固定规约，但至少部分地由个别定义决定的 signa"，例如代数符号的各种变量或者私密代码的单位（Winfried Nöth，1990：111），如图 5-3 所示。

```
           ┌─ 自然指示或非意图指示
Index ─┤
           └─ 任意指示或意图指示 ┌─ Sign：信息值完全取决于固定规约
                                 └─ Symbol：信息值并非完全取决于固定规约，
                                           但至少部分地由个别定义决定
```

图 5-3　Index 之重新分类

上述第二种处理着重于凸显作为符号基本属性的指示性，但这一做法对 Index 的界定过于泛泛，其所谓的指示性实为符号意指性或意指功能，亦未给语言符号在整个符号体系中合理地定位，因而对于探讨指示符号问题帮助不大。虽然上述两种做法各有问题，但共同之处是都注意到了指示的独特性与基础性。在符号系统中，指示与指称是两种基本意指类型，前者必须依赖于现实在场性或者现实时空，而后者借助于社会规约或直观像似可以在一定程度上摆脱现实在场性，但在具体言语活动过程中，后者最终所起到的作用依旧是指示。因而，指示较之指称更为基础，而指称则可以看作人类认知或符号表意的高级阶段：在具体言语活动中，指称符号可以起到指示作用，但指示符号永远不需要也不可能起到指称作用。

5.4 语言系统中的指示符号:Deixis

借助于叶氏的双平面分节结构思想,我们可以准确而清晰地将整个符号体系区分为语言符号和非语言符号。在语言符号系统中,与通常认识不同的是:被索氏认为构成符号任意性原则之反例的拟声词、感叹词等像似符号,因为内容和表达之间存在一一对应关系,且最为关键的是无法进行双重分节,因而亦可排除在语言符号系统之外。与此同时,被皮尔斯称为 Index 的一类符号亦可根据双平面分节性,区分出语言符号和非语言符号。基于指示(Indication)与意指(Signification)或者表征(Representation)之间的本质区别,我们可以从符号类型学角度将语言系统中的符号分为两个基本类别:指示符号与指称符号,如图 5-4 所示。

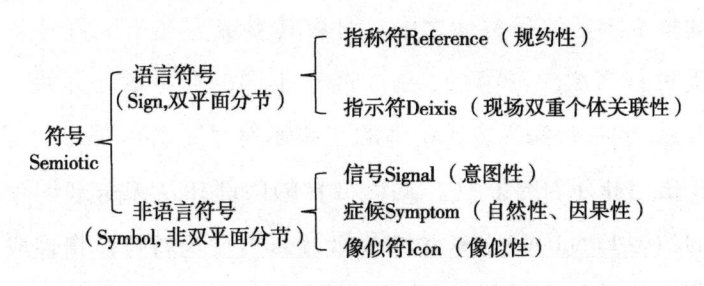

```
                     ┌ 指称符Reference (规约性)
       ┌ 语言符号    ┤
       │ (Sign,双平面分节) └ 指示符Deixis (现场双重个体关联性)
符号 ──┤
Semiotic│                   ┌ 信号Signal (意图性)
       │ 非语言符号        │
       └ (Symbol,非双平面分节) ┤ 症候Symptom (自然性、因果性)
                            └ 像似符Icon (像似性)
```

图 5-4 符号类型划分

图 5-4 中的 Deixis、Signal、Symptom 皆属于皮尔斯 Index 范畴。不过,皮氏建立 Index 范畴的依据,与其 Icon 与 Symbol 的两个范畴的划分在本质上有着明显区别,Index 范畴的确立依据更为模糊,甚至混乱,因为在其所谓 Index 范畴的论述及举例中不仅包括自然符号,也包括非自然意图符号,不仅包括像似符号 Icon,亦包括规约符号 Symbol,可以说是一个大杂烩。这也是 Morris 拒绝使用 Index 这一术语的原因之一,

不过 Morris 的 Identifior 亦未能严格区分语言指示符号和非语言指示符号。由于指示这一意指方式，在言语活动过程中必须基于现实在场性才能实现双重个体关联，因而指示范畴必然涉及作为符号使用者的人及其主观意图，指示发生的空间及时间，因此，人、空、时是指示范畴必不可少的三个方面。这一点也恰恰是皮尔斯和莫里斯在探讨指示问题时的共识。为了严谨及今后探讨便利，我们启用一个语言学界较为普遍认可术语：Deixis，以之表示我们关注的对象——语言系统中的指示符号。

5.5 余论

　　截至本章，目前我们主要对指示符号的提出、其他符号（像似、规约）相比指示符号的特点、符号类型及指示符号的类型归属等问题进行了分析及探讨，在此过程中，我们主要着眼于综合（Synthesizing）视角，根据皮尔斯对符号及指示符号的界定，将指示符号这一客体置入其所谓的整个宇宙符号整体之中，对被其界定为"指示符号"这一宽泛符号类进行考察。与第二、三、四章不同，自本章起开始，从分析（Analyzing）的视角深入皮氏所谓的"指示符号"类内部进行剖析，本章根据皮氏"指示符号"这一宽泛符号的内部相互关系（即叶姆斯列夫所谓的功能 Function）、差异性及语言指示符号的特殊性，对皮氏所谓的"指示符号"类进行分解、细化研究，重在对该类符号进行重新分析和类别划分。正如叶姆斯列夫语符学（2006：7）之主张，对于描述客观对象、揭示对象指示本质，综合和分析是两种极为重要的研究视角和方法：前者是一种从部分到整体的研究，注重的是符号类之整体共性及其与其他类别的连接或依存关系，后者则是一种从整体到部分的分析性研究，注重的是符号类之内部个性、差异性及内部成分间的连接或依存关系，两个视角或方法在语言科学研究中缺一不可。

　　由于语言符号在整个符号体系中有着极为特殊、重要的地位，与其他非语言符号之间呈现为极为明显的不对称状态，语言符号所具有的概括力、表现力及张力更是为其他任何符号所无法比拟和企及，因此我们在符号学研究中，必须承认其在整个人类符号系统中的特殊地位和极端重要性，对指示符号的研究也必须遵从这一准则。指示符号从纯视觉指示符号到视听觉指示符号再到纯听觉指示符号，从物理世界、心理世界等非语言世界到语言世界，从语言世界中的人称指示到空—时及一般对象的非人称指示，这其中存在着多个连续统，连续性、典型性、相对性等特性是我们研究指示符号及指示范畴所必须基于的始点、突破口和基本准则。上述事实是指示符号基本的生存状态，对指示符号的语义结构有着根深蒂固的影响。而欲更为接近指示符号尤其是语言指示符号系统的本质，揭示其面貌，我们有必要也必须进一步深入该类符号内部做更为深入的剖析。当前哲学逻辑学、传统语法学、语义语用学研究中曾归纳出语言指示符号及其语义机构的一系列特性，然而，不可否认的事实是，现有研究所做的特性归纳明显混乱，甚至缺乏条理性及逻辑性，这对全面及深入研究指示问题极为不利。那么，我们不仅要追问，语言指示符号系统与指示范畴的关系如何？系统内部是否能再区分？如果可以，究竟又该从何角度对指示符号系统做进一步区分？以及区分出的各次类之间究竟是何种地位及相互关系如何？指示符号语义之根本特性到底有哪些？这些特性之间到底是何种关系？这些特性的根源在哪里？等等问题，而这些问题也是探明指示符号及指示范畴之系统性、特殊性所必须面对的问题。对于上述问题，我们将在第六章基于语言本体视角，从系统、差异、层级、关系等几个角度，对指示符号系统整体特性、其内部各次类之层级关系以及指示符号语义特性问题等作以梳理及深入探析，以求能推进对指示问题的全面认识，更为接近"指示"这一客观现象的本质。

第六章 语言指示范畴及指示符号系统层级网络

6.0 引言

  指示，作为人类最为基本的认知方式、交流手段之一，较之其他认知及交流方式更为基础。儿童在习得语言之前便会通过手指指示来表达其基本的意图。作为一种行为，指示意图的完成必须经历一个动态过程，也必然发生在一定的空间和时间中。基于指示行为之上述特征，与指示相关的符号，无论是非语言符号还是语言符号，也必然涉及指示主体及其意图、指示空间、指示时间。而这些因素反映在语言系统中，则构成了语言系统中的指示范畴的三个核心成分：人称指示、空间指示、时间指示。除此之外，还存在一类特殊的指示符号。在现实言语交际中，最为典型的指示行为是以手指示物来达意。与之相应，在语言系统中，亦同样存在类似于手指功能的符号，即指示词"这"和"那"，对于在场的所有事物，手指无所不能指，语言系统中的上述两个词语更是如此，且二者常常与指示手指配合使用。与指示手指不同的是，对于抽象事物，即便无法以手指示之，语言符号（这、那）也同样可以实现指示功能，因而语言指示符号的使用范围更为广泛。除前述三个核心成分外，与手指功能相对应的指示符号，亦同样须纳入指示范畴之中。

  基于现实交际中的指示行为，语言系统中的指示范畴及相关符号可得以确立。第四章，我们将指示符号作为一个整体，探讨了其在符号类型学上的归属问题，并认识到，语言系统中与手指相对应的指示符号与指示人称、空间、时间的符号皆因具备指示符号的根本特征——现实双重关联性，而被同样纳入指示范畴。不过，语言指示范畴内部又有着明显的区别，语言指示范畴所涉及的基本符号究竟有哪些？语言指示符号系统内部要素之间出于何种状态？彼此间又是何种关系？不同语言之指示符号系统在上述问题上是否存在差异？等等一系列问题，对深入认识指示符号问题至关重要。

6.1 指示范畴的确立及指示符号系统的范围

6.1.1 基于逻各斯中心主义及指称论框架下的指示问题探讨

指示是人类认知及交际的基本途径之一，而以社会交际为根本功能的语言符号系统也必然与指示问题密不可分。从前文我们对指示与指称两种意指方式之逻辑关系所做的分析，亦可以看出：在言语交际过程中，指示性是语言符号的基本特性之一。然而，语言系统中究竟有多少指示符号？对于该问题的认识，众说不一，分歧严重。

在哲学、逻辑学领域，指示问题备受关注，与此同时，由于指示符号问题之复杂性，哲学逻辑学家亦备受指示问题折磨。在众多认识中，将指示符号之范围划分得最为宽泛的当属前文我们提到的皮尔斯之划分。鉴于皮尔斯之指示符号范围过于宽泛且不利于问题之探讨，皮氏之后的哲学、逻辑学界并未遵从索氏之划分，而将注意力锁定在几个核心指示符号上，其中最具代表性的是 B. Russell（1940）的"自我中心特称词"研究，由于其根本目的是将这些具有自我中心性且随语境变化而变化的非科学符号从科学语言系统中驱除，因而其主要关注的是具有典型自我中心性的指示符号，如人称指示符号 I、时间指示符号 now 及空间指示符号 here，但始终未能摆脱指示词 this 的困扰，因而以失败告终。罗素（B. Russell）之后，A. W. Burks（1949）、Bar-Hillel（1954）、

Kamp（1971）、Montague（1974）、John Perry（1977，1979，1993，1997，1998，2000，2001，2006）、David Kaplan（1977/1989，1978，1979，1989）、Geoffrey Nunberg（1993）、S. Predelli（1998a，1998b，2001，2002，2005，2006，2008，2012）、F. Recanati（2001，2002）、David Braun（1994，1996，2001，2008a，2008b，2008c）、A. Bezuidenhout（2005）、Neale（1990，2004，2005，2007）等哲学家、逻辑学家亦对指示符号有所探讨，但所关注对象依旧是 I、now、here，以及 this/that 等个别典型指示符号，这些符号具有极强的语境依赖性、自我中心性，且使用频率极高，并与哲学家、逻辑学家最为关注的影响真值判断的指称（Reference）问题密不可分，因而哲学、逻辑学界不可避免地涉及上述符号。

但是，需指出的是，与皮尔斯一样，基于逻各斯中心主义的哲学、逻辑学研究从根本上所关注的是上述指示符号背后相关的哲学或逻辑问题（如真值、指称等），并非指示符号本身，因而，对于指示符号之确立依据、范围划分、内部关系等问题，均不在其研究视野之内，加之指示符号本身情况极为复杂，直至今日，哲学、逻辑学界也依旧未给指示符号下一个明晰且为大家所公认的权威定义。

6.1.2 语言学本体视角与指示范畴的确立

与哲学、逻辑学之上述研究不同，语言学领域更为注重指示范畴及指示符号本体研究。早在传统语法阶段，语法学家便已关注语言系统中与指示相关的词语（主要是语言系统中的代词词类）的研究及其分类等问题。亚历山大学派学者狄奥尼修斯·特拉克斯（Dionysius Thrax）最先将"代词"（Antōnmía）确立为一个独立词类，并定义为：可以代替名词，有人称变化的词类。在传统语法研究中，对于代词之范围及分类问题之争议，由来已久。不过，语法学界较为一致的看法是：代词包括人称代词（Personal Pronouns）、指示代词（Demonstrative Pronouns）、关系代词（Relative Pronouns）、疑问代词（Interrogative Pronouns）、无定代词（Indefinite Pronouns）等。上述代词定义及其范围划分，对古今西方之语法学研究之影响根深蒂固，直至今日语法学界在很大程度上依旧遵从上述划分，而汉语语法学界对汉语代词之研究也基于此。

进入 20 世纪现代语言学阶段，对指示范畴及指示符号研究更为深入，视角也更为全面多样，如叶斯柏森、雅可布逊等对转换词（Shifters）之研究，比勒、菲尔墨、莱昂斯、列文森等基于语用角度的指示语（Deixis）研究以及 Benveniste (1971)、Banfield (1982) 等人基于话语交际或叙事（Narrative）角度的代词研究等。总体而言，对指示符号本体更为关注，研究亦更为深入，研究重心由先前的逻各斯中心主义转向语言学本体视角。与此同时，指示范畴也在基于不同视角的探究中，轮廓逐渐清晰：在语言学界，所谓"指示"（Deixis）通常是指在实际话语交际中直指交际当时之情境或话语语境的构成成分（包括作为参与交际的各方、当前言语活动发生的空间及时间）的一些语言表达式（Linguistic Expressions）（包括词法及语法形式等），其最为明显的特点即以说话者为中心，且所指对象随交际情境尤其是说话人（Speaker）的变化而不断变化（Bühler, 1934; Frei, 1944; Lyons, 1977, 1981; Fillmore, 1982, 1997; Levinson, 1983, 2003, 2004; Diessel, 1999, 2012）。除此之外，所谓的指示范畴，则通常还包括人称（Person）、时（Tense）、态（Modality）以及其他与话语环境紧密联系的特征及形式。

无论哲学界还是语言学界，虽然对指示相关符号的称法迥异，但对于指示范畴的典型成分却有着极高的共识：人称、时间、空间，这足以表明，上述三方面为指示范畴的核心成分，对指示符号之研究，必然涉及人、空、时三方面，具体而言，所涉及的指示符号则包括：人称代词（我/你/他）、时间名词及副词（明天/今天/昨天、未来/现在/过去等）、方位名词（这里/那里等）、指示代词（这/那）以及屈折语言中的表示时态变化动词词缀及相关语法形式等。值得注意的是，对于指示范畴及其相关符号之分类探讨，并不少见，但对于指示范畴构成成分间的彼此关系及层次等问题,却鲜有学者深入探究,故而至今没有一个清晰认识及明确定位,这也正是本书的着力点所在。

6.2 指示范畴与指示符号系统的内部划分

6.2.1 现有指示范畴内部划分存在的问题

语言学界对指示范畴之研究主要集中在语用学领域。由前文分析可知,语用学源于莫里斯之符号学三分,而莫里斯之符号思想则与皮尔斯符号学密不可分,因而语用学在很大程度上受到哲学逻辑学界研究传统之影响,对于指示范畴的划分及研究重心延续了哲学逻辑学传统,试图更为关注语言在言语活动中的具体使用情况。

对于指示范畴所涉及方面,学界争议颇大,其最终疆域至今尚未清晰划定。不过,随着指示问题探讨之深入,人、空、时作为指示范畴三个核心方面(排除存在争议的社交指示符号及具有相对依存关系的名词、动词等),无论哲学—逻辑学界,还是语用学界皆已达成共识。而在指示符号层面,除与人、空、时三方面相关的指示符号外,语言系统中的指示词(这/那)也被公认为属于指示符号系统的典型且不可或缺的一部分,这些直指符号同样属于指示范畴。但需要注意的是,对于三个核心方面的区分依据,却较少有人去进一步反思,而指示符号系统中上述几类符号之间的关系,虽然不乏探讨者,但问题依然未能探明。从根本上而言,指示范畴"人、空、时"三方面的区分所依据的主要是符号所指涉对象之范畴归属情况,即指涉人的即为人称指示语,指涉空间的则为空间指示语,依此类推。这种根据对象所属范畴的划分法,是哲学—逻辑学界及语用学界最为普遍、最为传统的分类法(随着研究之展开,后来又有社交、话语两类指示语加入,但相比前三种,后加两种存在一定的争议)。不过,很明显,这一划分从根本上而言,其基础并非符号本身之特性,换言之,依旧是哲学逻辑学界指称论。

有一点必须指出的是，无论哲学—逻辑学界还是语用学界，在指示现象的划分问题上常犯的一个错误，即将指示范畴的划分与指示符号的划分混为一谈，更甚者将对后者之分类研究处理为指示范畴问题研究的附庸。现有研究多是对指示现象进行分类，而对于指示符号则是根据指示范畴分类做简单归纳，简言之，并非基于符号视角。对于指示问题，前文已指出，逻辑指称论及真值论明显捉襟见肘，在此框架下对指示范畴进行划分，其一无法摆脱逻辑真值论、指称论的弊端及束缚，其二指示符号系统自身之特性及其内部的层次、相互关系等一系列问题得不到应有的重视，再加上学界内部术语使用混乱，故而难以明晰。

6.2.2　二维度分类法

除上述区分外，在语言学界，学者亦试图从多角度对指示范畴作以区分。语用学家 Herman Parret（1980：97；1985：142；1991：327）曾先后对指示范畴和指示符号之类别划分进行尝试，其强调（1980：96；1991：323）："Deixis"一词源于"手势指涉"（Gestural Reference）概念（如通过说话者的肢体姿势来定位所指对象），因此指示理论及整个指示场都是必然与明示直指（Ostension）相关，其将 Bühler 所谓的指示场称为：基于说话者的指示系统（自我中心性）。基于此，Parret 基于索氏符号学的二分法，将指示符号分为纯粹（Pure）/不纯（Impure）两类，判断标准则是符号与自我中心"here-now"的相对邻近度（Proximity），所谓的纯指示符号包括 I/you、this/that、here/there，而 he、she、it 则属于不纯指示符号。不过，由于上述符号实体与会话语境（Context of Utterance）有着内在的本质联系，因而都可以从中获得其意义。

基于上述认识，Parret 将指示语（Deixis）纳入指示代词（Demonstratives）范畴，并从理论层次将上述符号实体进一步区分为两类：自我中心的（Egocentric）和明指的（Ostensive），如图 6-1 所示（Herman Parret, 1980: 96 - 97; 1991: 326 - 327)。

```
                    指示词 DEMONSTRATIVE
                   ╱                      ╲
        纯指示 pure indexical         纯明指 pure demonstrative
          （模型：I）                    （模型：this/that）
          指示 DEIXIS                    明指 OSTENSION
```

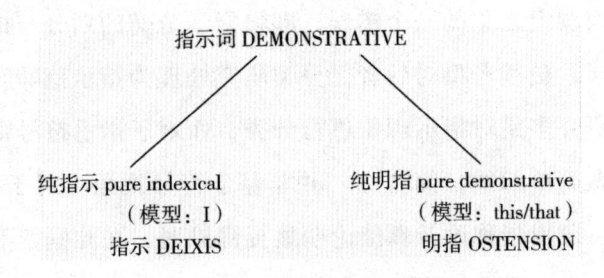

图 6 -1　Parret 之指示词划分

　　Parret 进一步强调：上述"纯指示"与"纯明指"之区分仅仅是在抽象层面上的划分，而事实中二者并非相对立，相反，是一个具有中间位置之连续统（Continuum）的轴（Axis），在轴的一端，纯明指（Pure Demonstrative）的所指对象（Referent）依赖于相关联的实证（对象）（Associated Demonstration），而在另一端，纯指示（Pure Indexical）的所指对象依赖于使用的语境，无须相关联的实证。对于两种不同性质的指示符号，哲学逻辑学界早有关注，如罗素消除指示符号的尝试，便已触及上述两种指示的差别，罗素曾试图用纯明指指示词"this"代替纯指示词语，如 I、now、here 等，在一定程度上解决了言语之不科学性问题，但最终发现对于纯明指符号"this"束手无策。因而，Parret 的上述区分不无道理，其将指示语"deixis"纳入指示词范畴，可谓将两类指示符号进一步系统化，亦给两类指示现象之关系做了定位。不过这一区分过于笼统，意义并不大。正如 Parret 自己所言，上述区分仅仅是术语问题，因为与哲学—逻辑学界的通病一样，并没有提供有关指示词意义的实质性界定（Parret, 1980: 98; 1991: 327）。

　　除了对指示符号进行分类，Parret（1985）曾从另一个角度对指示范畴进行划分，即语言中的时间性（Temporality）问题。Parret 认为，自 20 世纪开始，时间性和发展性这一基本问题在一般社会科学领域，尤其是语言学领域长期被忽视（Parret, 1985: 131）。基于时间性角度，

Parret 对构成指示场的三个核心要素:时间、空间和人之间的关系,做了重新分析,并构建起一个以施事者为本的时间性模型(Model of Agent-oriented Temporality)。Parret 认为:在上述模型中,指示之三要素构成一个"指示三角"(Deictic Triangle),并强调:时间必须置于指示三角之中且位于人和空之间,且以行为者(即人)为本(Actor-Orientation)。时间性模型包含着一个准自动归减:将时间归纳为空间或人,即时间的空间化(Spatializing)或人本化(Actor-orienting)。不过,Parret 反对哲学及语法学界传统的"时间空间化"观点,而主张"时间的人本化"。基于上述观点,Parret 将指示三要素及三者之间的关系做了如图 6-2 所示的区分和定位(Parret,1985:141-142)。

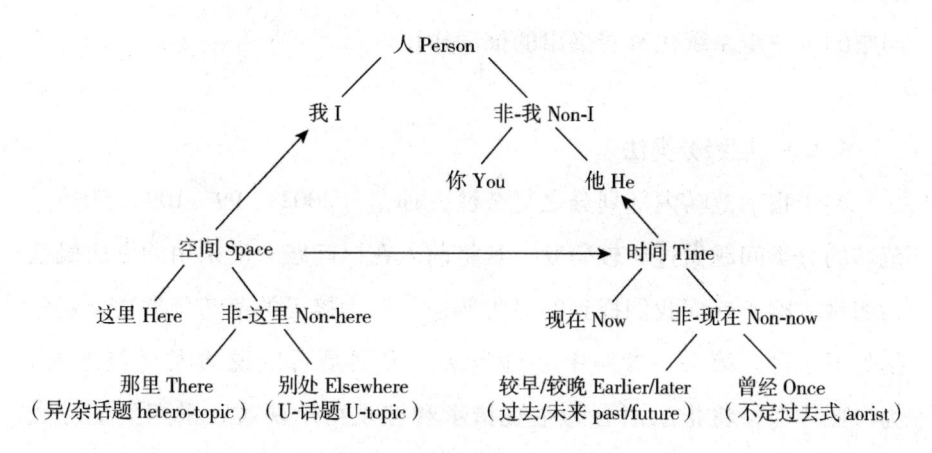

图 6-2 指示三要素及其关系

说明:→表示"……归减为……"。

与 Parret 对指示符号的笼统划分相比,其对指示范畴内部次范畴及彼此间关系的分析,可谓更为严谨、系统。Parret 所建立的基于施事者的时间性模型,更是将指示范畴内部次类:人、空、时三要素更为缜密地联系在一起。基于两种不同角度的划分,可以说是对整个指示范畴的重新梳理,与哲学—逻辑学界原子主义式的指示现象研究不同的是,Parret 之划分更为系统,脉络和层次更为清晰,且对符号本体之关注明显加强。因而，更益于我们看清内部关系复杂的指示符号系统。

　　Parret 对符号学之两个源头有过深入的比较研究，而从其对指示范畴的两种划分中，我们不难看出其兼顾皮尔斯符号学三分法和索绪尔—叶姆斯列夫符号学二分法，这也使其划分更具有条理性。不过，对于第一种划分中的另一分支——纯明指（Pure Demonstrative），Parret 并未给予过多探讨，相对于纯指示，纯明指（this/that）的情况亦同样极为复杂，一直是哲学逻辑学界后来指示问题研究的重点。因为纯明指的存在，罗素消除话语中指示符号之尝试不得不承认失败，并最终放弃。另外，正如语用学源于莫里斯之符号学三分论，Parret 之研究在一定程度上受到逻辑指称论及真值论的影响。但不可否认，Parret 之研究对指示问题的进一步系统化有着突出的推动作用。

6.2.3　层级分类法

　　鉴于指示范畴内部划分之复杂性，孙蕾（2002a：99—109）就指示范畴的分类问题做过比较研究，其将前人在该问题上所采用的方法概括为四种，除了前面我们提到的最为普遍、广为接受的范畴分类法，还包括如下三种。第一，参照中心分类法：根据是否以说话人（叙述人）为参照中心，将指示语分为主观指示和客观指示两类，采用类似分类法，如苏联语言学家乌菲姆采娃。第二，语境分类法：根据指示所发生语境的具体—抽象程度将指示分为直观、臆想和照应三类，直观指示一般发生在现实可感的典型语境内，所指对象在交际参与者的视野之内。臆想指示发生在由语言所构建的语境内，其所指对象不具有现实可感性，而照应不发生于上述两种语境的任何一种，而是发生在语言内部，其所指对象是上下文提到的某种事物，采用类似分类法如 Bühler Fiumore 等。第三，Chr. Hauenschild 分类法，将指示分为语用、语义和句法三类，语用指示包括无论是直观的还是臆想的纯指示语，而照应和后指则属于语义指示，句法指示则是其关联作用的指示代词。孙蕾之全面归纳能够反映出指示范畴分类的几个典型角度。不过，正如孙蕾之批评，上述现有指示分类法所分对象是指示现象，而非指示符号，因而并非针对指示符号的分类法。

基于上述分析，受苏联语言学家阿普列祥（Ю. Д. Апресян，1986）之分类模式（即将指示语层级化：典型指示语、派生指示语、二级派生指示语）的影响和启发，孙蕾在继承阿普列祥之层级分类思想的同时，进一步拓展延伸，提出了不同于已有分类法的层级分类法，即根据指示性之强弱对指示语进行层级化分类。从高指示性指示语到称名因素渐增指示性减弱的指示语存在一个过渡过程，孙蕾基于对这一过程的考察，将指示语分为三个级别（孙蕾，2002a：111—136）：一级指示语：该类指示语的语义内容只表明所指对象与主体定位之间的关系，对于对象本身未做任何称名限定，仅仅是借助手势、语境等手段来确定唯一的或特定的对象，一级指示语是最纯指示语，可以指示任何对象，如这、那、这个、那个、此、该等。二级指示语：其语义内容不仅表明所指对象与主体定位之间的关系，而且从抽象的范畴意义上对对象做了称名限定，如我、现在、这里、我的、这样、那么等以及与之相对或相反的词语，如你、他、她、它、那里等，这些指示语的语义内容中含有对上述二级指示语所指对象所在范畴的信息，即范畴意义，如人称、时间、空间、程度、特征等，该类指示语则分别限制某一范围的对象。三级指示语：其语义内容不仅表明所指对象与主体定位之间的关系，而且对此关系做出比二级指示语更深一层的限定，不仅从抽象的范畴意义上对对象做了称名限定，而且对对象本身之特征因素进行直接描写，如今天、昨天、明天、来、去、前、后、上、下等，其自身语义内容中包含更多信息，对语境之依赖则更少，但其确切指称意义仍需借助语境才能确定。三个级别的指示语最本质的区别在于，是否赋予对象特性以及所赋予特性的比重。

基于上述分类法，孙蕾（2002a：136）给指示语做了最为宽泛的界定:"无论称名因素比重多少,只要一个词是一个以定位方式来证同客体的指称表达式,只要一个词的'真正含义'在于区别特定对象,在于指称意义,并且其指称意义必须参照主体定位从语境中获得填充和确定,而不可能由语义内容本身充分提供,那么这个词就是指示语。"但从这一定义上看,孙蕾之分类及界定具有较强的概括性。不过,其完全摒弃范畴这一参考标准的做法,并非明智之举,指示符号所属范畴及关系问题本是存在于指示系统中的客观事实,其虽难以辨明,但这在指示问题研究中又占有相当的分量,避而不谈,很难真正展现及接近指示问题之本质,且构成指示范畴的三个核心次范畴之间以及次范畴内部所涉及的符号之间的复杂关系,单从上述等级中难以辨明。从表面上看,依据指示性强弱的层级分类法确实使得指示符号系统内部层次明晰化,不过,在一定程度上,混淆了其指示范畴的内部关系,反使得指示问题之探讨复杂化。对于指示问题之分析,有必要兼顾范畴和层级两个参考标准。

6.2.4 新范畴分类法

在 Claudia Maienborn、Klaus Von Heusinger、Paul Portner 等人所编的 *Semantics: An International Handbook of Natural Language Meaning*(《语义学:自然语言意义国际手册》)第三卷(2012)中,德国语言学家 Holger Diessel 基于跨语言视角,对指示语和指示词(Deixis and Demonstratives)做了较为系统的研究。通过对语义—语用学界指示语研究现状之比较分析,Holger Diessel(2012:2408)认为:指示范畴的传统分类,即 Karl Bühler 的指示场理论中所划分的人称、空间、时间三个核心方面(Bühler,1934),以及后来增加的话语指示和社会指示(Lyons,1977;Levinson,1983,2004;Fillmore,1997;等等),强调与这些次范畴相关联的指示表达式在语义上的重要区别,却忽视了它们在语用上的不同。因此,Holger Diessel(2012:2414)主张从指示表达式的交际功能角度将指示范畴分作两类：参与者指示（Participant Deixis）和对象指示（Object Deixis），前者所关注的是与言语参与者相关的指示现象，而后者关注的指示现象中则包含一个与情形或话语语境构成成分相关联的指称链接。两种类型的指示对于不同的交际功能且由不同类型的表达式编码而成。

Holger Diessel 所谓的"参与者指示"涵盖了传统指示范畴中的人称、社会两个次范畴。在文学作品中，人们通常认为人称指示的功能在于确定言语参与者，Holger Diessel（2012）则认为这一设想与人称指示的用法并不相符，因为说话者和听话者通常已知各自角色，因此人称指示在周围情形中几乎不用于"确认"言语参与者，相反它们通常用于表示说话者和听话者在话语所表述事件中的语义角色。由于言语参与者彼此相知，人称指示的用法与回指的用法像似，即二类表达式皆表示一个"熟悉"或"已被激活"的所指，参与者指示的交际功能反映在他们编码过程的语义特征之中，其中最为重要的是四个特征：①交际角色；②数量；③性别；④社会等级/关系。Diessel 认为：所有的语言都有特定的指涉说话者 speaker 和受话者 addressee 的表达式，但是这些表达式并非总是指示性的，在东南亚语言中存在借助通名表达言语参与者的情况，如泰语：phom "我"（lit. hair）和 tua "你"（lit. body/self）（Cooke，1968；Siewierska，2004：228），此外，上述四个特征中，对于参与者指示而言，数是一个常见的特征，Dunn（2005）发现，在 260 种语言样本中，仅有两种语言（Acoma：Keresan，New Mexico 和 Wari：Chapacura-Wanhan，Brasil）中第一人称和第二人称代词没有单独的单数和复数形式。与数相比，性则是人称指示语的一个不常见的特征，在 378 种世界语言样本中，仅有 21 种语言第一和/或第二人称代词具有性特征（在这些语言中，绝大部分情况是：性标记仅限于单数，而第一人称和第二人称代词复数则总是无标记）。与第一人称、第二人称相反，第三人称则通常有性标记。在 Siewierska 的样本中，第三人称代词的性标记约是第一人称、第二人称代词性标记出现频率的五倍,这表明:与参与者指示相比,性在第三人称回指中承担着更大的功能负荷。尽管性标记能够区分第三人称代词的复合先行词 multiple antecedents,但这与言语参与者的确认无关,因为说话者和听话者借助于交流互通已足以确定 (Siewierska,2004:105)。与性标记不同,社会关系标记在人称指示中相当普遍,尤其是在用于受话者 addressee 的表达式中。许多欧洲语言使用两种第二人称代词表示言语参与者间的社会关系,如德语的 du (亲近:家庭成员、朋友等)/Sie (疏远:陌生人等),与此类似的,如法语 tu/vous、俄语的 ty/vy。此外,使用 (名词性的) 敬语是东南亚语言的特点,诸如泰语、越南语,这些语言看似缺少真正的参与者指示语 (Cysouw,2003:12–13;Siewierska,2004:8–15)。

所谓的"对象指示"涵盖了处所 (Place)、时间 (Time) 和话语 (Discourse) 三个范畴。Holger Diessel (2012:2417) 所谓的"处所指示"(Place Deixis) 表达式指涉言语参与者周围情形中的具体对象及方位,其认为对象指示内部存在层次性或者不对称性,即处所方位指示更为基础。在指示问题上,与 Lyons 一样,Holger Diessel 同属方位主义 (Localism) 者。而对于方位指示,Holger Diessel (2012:2417) 强调:方位指示语之核心构成一小类表达式,即指示词 (Demonstratives),如英语的 this/that、here/there,而该小类表达式对指示系统组织 (Organization of the deictic system) 有着极端重要性 (Himmelmann,1997;Diessel,1999;Dixon,2003;Diessel,2012;等等)。因为指示词的基本用法是将交际者的注意力聚焦至交际情形中的某一具体对象,以确立交际参与者的共同关注,这正是人类交际最为基础的功能之一,并且上述过程为言语交流组织、话语结构化及语法的历时演变等提供了基础 (Diessel,2006a)。相对于具象可感的方位指示而言,时间指示 (Time Deixis) 和话语指示 (Discourse Deixis) 更为抽象,难以把握。时间指示表达式表示与言语事件时刻相关的一个时点,而话语指示表达式则将

第六章 语言指示范畴及指示符号系统层级网络 ◈ 131

语言成分定位在正在进行的话语中。由于时间和话语都是抽象实体，因而，它们并不能直接为诸如"指"（Pointing）之类的具体指涉行为所利用，此即时间和话语指示语经常通过空间术语来表述的原因所在。与Lyons（1977：718）的观点相同，Diessel（2012：2417）强调：在语言中，时间和话语通常概念化为空间术语以使之更为客观。换言之，时间指示语和话语指示语之基础是"时间—空间"隐喻（Time-as-Space Metaphor）（Lakoff & Johnson，1980；Talmy，2000；Radden，2004 等），即在语言中，时间通常借助于依据空间概念的时间隐喻结构而被对象化（Lakoff & Johnson，1980；Lakoff，1993；Evans，2004）。语言系统中的时间表达式经常是由空间术语发展而来。与时间指示语相似，话语由经连续次序处理的词语和话段构成，换言之，一次一个成分。如同说话者指示时间线上的时间实体一样，话语成分的排列次序通常被概念化为一个语言实体串。话语指示和时间指示均包括了一组被指示中心划入独立区域的连续成分；相对于空间方位的三维性，时间和话语的空间解释则均变为一维性。不过，时间指示与话语指示之间存在差别，这一点主要反映在指示中心问题上，即时间指示的指示中心被定义为包含言说时刻的时间，而话语指示的指示中心则是由当前进行话语中指示词语的方位来界定，通过指示语的方位，会话者的注意被引导至词语或话段序列串中的语言成分。由此可见，对象指示的三个次范畴之间涉及"具象←抽象"的单向依存关系，存在一个将抽象之物具象化的过程。因而，空间指示语为各种更为抽象的对象指示语提供了概念的和语言的基础（Lyons，1977：718；Diessel，2012：2417）。

综上分析可知，语言学家 Holger Diessel 一改传统指示范畴分类观点，基于作为指示语之基本功能的交际功能视角，对现有指示范畴之内部划分进行了重新梳理划分。相对而言，Holger Diessel 的"参与者—对象"的二分法，从本质上依然属于范畴分类法，但比已有传统分类法更为注重指示范畴内部词类之间的层级关系，很明显在参与者指示语中，人称指示处于核心地位，而在对象指示语中空间指示语处于核心地位，这一做法可谓对前人的突破，使得指示范畴内部更为明晰化。而在关注焦点上，Holger Diessel 可以说对指示符号本身也给予了足够的重视，只可惜其语用学研究依旧停留在言语研究层面，对于指示符号系统本身关注不够。

6.2.5 小结

由于基于指示范畴及指示符号本体视角至今尚未形成系统且成熟的理论，故而不免纷繁杂乱。在语言学界，除了语用学对指示语之研究，传统语法学对指示范畴及指示符号的探索主要是基于传统语法框架的代词研究，现代语言学不断对传统代词之研究，提出质疑和批判，并试图从其他角度对指示符号进行探究，其中影响较大的是叶斯柏森、雅可布逊等对转换词（shifters）的研究以及本维尼斯特等人基于言语交际视角的代词（主要是人称代词）研究。不过，遗憾的是，语言学界探索之新视角往往是从某个侧面（如转换、关联等）来探索指示符号系统，不可否认其对进一步认识指示问题有一定的推进作用，但是缺乏系统性，难见庐山真面目。因而，有必要基于系统性，对指示范畴及指示符号之内部分类及相互关系作以整体探讨，而指示范畴、符号指示性、层级关系三个方面接续兼顾。

6.3 基于语言学本体视角的指示符号及指示范畴内部情况分析

指示代词（Demonstratives）、人称代词、时间/空间名词、时间副词、与时态相关的动词词缀，甚至一些具有相对性或相互依赖关系的表达式等，之所以被不同学者一同纳入指示范畴进行探讨，是因为这些语言形式都能从不同方面体现指示范畴之特性：主观性、自我中心性、语境依赖性、相对性、直指性等。然而，由于指示问题之特殊性及复杂性，学者在处理指示符号的分类问题时往往难理头绪，同而待之，使得本就复杂的问题更趋迷离。指示符号的上述诸特性之间存在一定的关系，但并非同处在一个层次，而这些关系、层次则往往为学者所疏忽，其恰恰是厘清指示范畴及指示符号系统内部关系及层次的关键所在。

社会性是语言的最为基本的属性之一，而交际功能是语言最为根本的功能，指示范畴及指示符号在言语交际中的地位毋庸置疑、无可替代。对于指示问题的探讨必然涉及主观性（Subjectivity）问题，换言之，指示问题产生于作为语言使用主体的人在现实交际过程中表达自身主观意愿的需要，因而主观性是指示范畴及指示符号的第一属性。语言中的"主观性"问题由法国语言学家本维尼斯特（1966）首次引入语言学研究之中，并将之作为其一般语言概念的核心，既而引发了后来语言学家对语言主观性问题的兴趣。值得注意的是，本维尼斯特对语言主观性问题之探讨也恰恰是以指示符号（主要是人称代词、指示代词）为基础。由此可见指示符号与主观性之间的密切联系。诚然，指示符号，尤其是其中的人称及指示代词是最为典型的带有主观性的符号，但语言符号系统中能够表达言语主体之主观性的符号及手段远不止于此，这也为哲学逻辑学界试图取消话语中的指示符号提供了尝试的机会和可能。然而，如前文之探讨，罗素等人的研究已证明：人类言语中指示符号根本无法消除，即此类符号具有不可消除性。对于主观性与指示范畴的关系及其在指示问题中的地位，语言学家本维尼斯特（1971）、Lyons（1982）、Ronald W. Langacker（1985）、Herman Parret（1991），以及叙事学家 Monika Fludernik（1989，1991，1998）等都已注意且做过论述分析，并认为指示问题与主观性密不可分，尤其是后两位学者给主观性以足够的重视，强调主体性在指示范畴乃至整个语言系统中的至关重要性。对主观意愿的表达，说话者可以通过指示（直指）的方式，亦可以借助指称（涵指）的方式来实现，正如 Monika Fludernik 的敏锐察觉及精准见解：指示达意的实现必须基于现实的交际情形［即比勒所谓的"指示场"（deictic field）］，借助于视觉，这也是指示符号之直指性存在的基础。相对而言，指称则主要借助于符号的所指，即人们的心理概念（Monika Fludernik, 1991: 195），因而指称表意的实现需要基于交际参与者共同的交际背景信息，即共知概念世界。

在实际交际事件中，交际之构成成分的角色分配都是由说话者的主观意图来支配和安排，主观意图的表达，必然以说话者为中心，这就使得指示符号在使用过程中带上或显性或隐性的自我中心性，自我中心性的产生则进一步导致了指示范畴中之相对性。因此，主观性是指示范畴及指示符号其他诸多属性之根源。由此，我们可以基于主体性，根据指示符号之基本属性之间的关系，对构成指示范畴的各个次范畴，进行重新划分。

6.3.1 指示现象之基础及指示符号之地位

在人类文明发展过程中，人们对世界的探索从未终止，而在此过程中，人们对自己赖以生存的世界的认识也在不断加深。随着人类文明的增长、积淀，哲学家们对世界的认识也在不断发生着变化，渐渐地不再满足于从单一视角来观察和探究眼前的世界。从柏拉图对理念世界和现象世界的区分到笛卡尔对精神世界和物质世界的划分，从康德将现象存在世界和本体存在世界的对立再到海德格尔的存在世界（即本体世界）和现象世界（即存在者的世界），哲学界曾试图从或同或异的角度将人类所生存的世界做进一步区分。在此过程中，传统二分法在哲学界占据主流且有着不可动摇的地位。进入20世纪，人们早已不满足于上述已有的传统区分，在人类文明研究中，哲学界不断有人试图提出新的世界区分理论，如哈贝马斯（1981）的世界三分：主观世界、客观世界以及社会世界（包括制度世界和生活世界两种），此外，又如较为成熟、影响较大且广为大家认可的当数奥地利籍哲学家、理论学家卡尔·波普尔（Karl Popper，1978）基于本体论及宇宙多元化视角所提出的"三个世界"理论：世界1（即物理世界）、世界2（即心理世界）及世界3（即人类知识世界或文化世界）。但可惜的是，对于世界的划分，无论是二元分法还是后来的三元分法，都是以哲学本体为基础，但都未能给语言世界以一席之地。

在20世纪的现代西方哲学界，发生了一场"哥白尼式"革命——"语言学转向"（Linguistic Turn），而至此，哲学问题探讨赖以存在的语言问题及语言世界才为哲学家们所重视，语言学之本体地位亦得到正确认识和肯定。与此同时，在20世纪90年代的中国，王希杰（1996，2007）在构建语用修辞理论时明确主张区分四个世界（语言、物理、心理和文化），认为：语言世界与物理世界之间并非直接反映关系，而是"对物理世界的反映是经过文化和心理折光而曲折地实现的"（王希杰，1996：78），并强调语言本体及语言世界的核心地位。此外，沈家煊（2008：403）通过对语篇话语之分析，认为存在三个并行世界（语言、物理、心理），与王希杰（1996）的观点像似，其亦认为：语言世界不是直接对应于物理世界的，而是有一个心理世界作为中介，区分不同世界的做法。王先生基于本体视角，立足于方法论的高度，从不同角度（如显性/潜性、零度/偏离等）对四个世界区分理论进行分析，这对我们研究指示范畴及指示符号系统的内部层次和关系，极为有益。此处，我们亦将以此为导引对指示范畴及指示符号系统作以重新梳理。对于指示范畴的内部划分，我们有必要对划分之前提作以明确强调。

6.3.1.1 指示现象存在的基础

由前文分析可知，指示符号最为根本的特性之一是具有直指性，所谓的"直指"，是相对于"涵指"而言，其最典型的特征是，与表征的指称符号不同，直指符号并不反映所指对象的本质特征，而是借助于现实交际情形直接实现双重关联：与对象个体的现实关联及与符号使用个体的心理关联。因而，进一步分析可知，"直指"情况的存在必然依赖于现实交际情形,而脱离现实情形,直指符号则无法完成表意,此种情况下,交际若要实现,则必须借助于指称符号。换言之,在交际过程中,指示或者直指只能发生在现实物理世界中。而指称或涵指则可在一定程度上脱离物理世界而发生在语言和心理世界中。

对于现实交际情形的基础性及重要性,Karl Bühler(1934)在研究语言中指示词语时,已给予充分肯定并将之视为指示问题探讨的基础和始发点。Bühler将指示词语所依赖的现实交际情形称为"指示场"(Deictic Field),并强调:指示词语意义的实现及界定能且只能在指示场内完成,而语言中只有一个指示场,即以"I—here—now"为原点构成的主观坐标系统(Bühler,1990 [1934]:117),而原点"I—here—now"则被学界称为指示中心(Deictic Center)。基于Bühler的指示场理论,在后来的语用学研究中,学者通常采用更为宽泛的概念来指涉言语交际发生时周围的各种因素,如"会话语境"(Situation of Utterance)、"会话环境"(Circumstances of Utterance)等,与指称问题不同,指示问题的研究与会话交际之语境密不可分。在具体交际情形中,处于主体中心地位的是说话者,整个交际场景的安排及交际角色的分配都是以之为中心展开。因而,说话者在整个交际情形中有着极为特殊的地位,而与说话主体相关的符号在指示范畴及整个指示符号系统中亦同样如此。每一次言语交际必然发生在特定的时空之中,因此,研究交际必然包含三个核心要素:人、空、时。三者缺一不可,但三者在交际活动中却并非处于同等地位,只有指示语研究过程中后来添加的两类(社会、话语),则不能与上述三要素相提并论。对于具体交际活动而言,言语主体的确立是交际实现的第一步,交际活动的产生及完成必然是在一定的具体空间和时间中实现,至于外在世界的交际之对象,则显然排在上述三要素之后。

由此可见,前文Holger Diessel的二分做法不无道理,且相对于其他划分方法而言,更能突出说话者的主体地位。这里,我们亦尝试将指示范畴内部次范畴做第一级区分，即二分为与言语主体相关的指示和与对象相关的指示，二者之中的前者由于地位特殊且较为明确，故而易于理解，但至于后者则明显更为复杂，我们须做进一步的细分。

6.3.1.2 指示符号在指示问题中的地位

对于指示范畴与指示符号的划分，由前文分析可见，存在两种极端的做法：由于指示范畴内部次类各有其特定符号，因而一种做法是立足于范畴，将对指示范畴的分类等同于指示符号的分类，以传统范畴分类法最为典型；另一种做法则是立足于符号本身，彻底撇开范畴问题，单单从指示符号本身来划分，如前文提到的孙蕾之层级分类法。这里，我们的质疑是，指示范畴的分类与指示符号的分类之间存在何种关系？二者是否可以割裂？究竟通过何种方法处理指示符号系统及指示范畴内部差异及层级问题最为妥当？究竟如何才能更为真实地呈现指示符号系统的整体面貌，接近指示问题的之本质？等等，欲回答上述问题，我们必须明确问题之始发点和立足点。

指示现象、指示范畴及指示符号三个概念是指示问题的核心概念。三者是否出于同一层面？我们是如何把握指示现象，又是借助什么来确立和划分指示范畴的？然而，诸问题之答案只有一个：指示符号。从存在于物理世界的路标、指方向的手指、灯塔等，再到语言世界的人称代词、指示词、时间副词、方位名词等，我们唯有借助指示符号才能感知指示现象，才能进一步从各种不同的指示现象中抽取指示范畴并对其做进一步分类。换言之，指示现象的感知、指示范畴的确立及划分，必须依赖于指示符号，前后是一种单向依从关系（确定关系），没有或者不借助指示符号，我们无从感知指示现象，更无从对指示范畴做进一步分类。正如索绪尔在《普通语言学教程》中一再强调的一点：语言是形式（Form），而非实质（Substance）（索绪尔，1980：158），在语言世界中，指示问题更应从指示符号着手。不过，仅着眼于指示符号本身，能够给指示符号系统分类，然而这样做忽视了指示现象存在的意义和语言符号的本质功能，同时划分结果所属范畴混乱，其意义及价值亦因此而打折扣。

综上所述，指示问题分类极端之一的传统范畴分类法犯了本末倒置之误，而后一种极端即层级分类法为划分而划分的处理意义不大。鉴于此，我们主张，回归指示问题之本真，以指示符号为立足点和始发点，兼具符号之本质功能，基于交际情形或指示场，对指示符号系统及指示范畴作以重新划分。

6.3.2 本体视角下的指示范畴和指示符号次类及层级关系再分析

具体现实交际必然涉及交际参与主体、交际发生的具体空间和时间，此外还包括交际内容所涉及的对象。作为人类社会的基本存在方式，交际是语言符号系统之社会性的基础。而正是在一次次交际过程中，人类社会才逐渐达成契约，并从个人言语行为活动中一步步抽取出具有社会最大公约性的语言系统。因此，从严格意义上讲，人类与交际密不可分，交际是人类的交际，换言之，具体交际活动必然以人为中心，没有人的参与便不存在所谓的交际。因此，在探讨指示问题时，我们必须充分重视"人"这一要素的核心地位及始发点。

6.3.2.1 第一层级：人称指示与非人称指示

基于上述认识，我们以汉语指示符号系统为例，拟在指示符号系统和指示范畴分类体系中的第一步或第一层区分出人称指示与非人称指示两类指示符号。人称指示符号最为典型的即"我—你"，在言语交际过程中，"我—你"指涉且仅仅指涉言语交际中的直接参与者，即说话者和受话者（Addressee），除此之外，不指涉任何对象。因而可将之称为纯涉人指示符号。所谓的"纯涉人"，顾名思义，其指涉对象是且必须是作为言语交际直接参与者双方。在言语交际活动中，人称指示符号的主要功能是标记交际参与者同时为其分配角色。在其内部，我们可进一步区分为"我"和"你"，前者我们称为：主体指示符号，后者则为受体指示符号，二者的区别则在于是否具有主体性（Subjectivity），"我"是主体角色的指示标记，而"你"则是受体角色的指示标记，二者之间存在一定蕴含关系，即在言语活动过程中，"你"的出现必然预设着一个"我"的存在，反之不然。换言之，主/受体指示标记之间存在一种单向依存关系，即叶姆斯列夫所谓常素（Constance）与变素（Variable）之间的"确定关系"（Determination）（Hjelmslev，［1943］1961：34－35）。在交际过程中，很明显二者之中"我"是常素而"你"是变素，因为后者需要依赖于前者存在，此外，"我"仅仅指涉说话者本人，而"你"则可以被说"我"者用来指涉现实指示场内的任何一个受话者，这也是指示主体性、指示符号自我中心性的重要体现。"我"的出现标志着言说主体的诞生，说"我"者所具有的特权，使得整个指示场及整个指示符号系统得以确立，并随着说"我"者的意图得以呈现和展开。

相对于人称指示而言，所谓"非人称指示"是指，在现实言语交际过程中所涉及的具体指示场或交际场内，除上述人称指示之外的其他指示符号，亦可称为"在场对象指示"，其确立及存在依赖于人称指示，并完全由指示主体之主观意愿支配，因此该类符号同样体现出指示者较强的主体性及自我中心性。下面我们对非人称指示做进一步区分。

6.3.2.2 第二层级：空—时指示和在场对象指示

对指示符号系统和指示范畴分类体系我们所要做的第二步或第二层则是在非指涉人的指示符号中进一步区分出，空—时指示和在场对象指示，这里我们先来关注空—时指示。与上述第一层级不同，纯空—时指示内部需要首先进一步区分为两类：纯空间指示和纯时间指示。所谓的纯空间指示符号，指的是在言语交际活动中用以单纯指涉空间的符号，最为典型的如英语的"here-there"、汉语的"这儿—那儿"等；而纯时间指示符号，则指的是在言语交际活动中用以单纯指示时间的符号，最为典型的如英语的"now"和汉语的"现在"。空间和时间以及二者之间的关系问题一直是人类探索世界的主要兴趣之一，哲学界亚里士多德、笛卡尔、莱布尼茨、康德、黑格尔、马克思、海德格尔等哲人的论著都对空间和时间问题展开分析探究，而在物理学界，牛顿、伽利略、洛伦茨、爱因斯坦、霍金等物理学家更是执著于对时间和空间结构的探索，虽然人类对时间和空间的认识在不断深化，空—时问题依然充满着神秘和争议。之所以将空—时指示符号合在一起处理，是因为空间和时间是人类存在、言语交际乃至物质世界运动的基本形式，二者既彼此联系不可分离，又相对独立彼此规定（裴文，2012：38）。因此，言语交际及指示现象必然涉及具体空间和时间，而我们对指示问题中的空间和时间因素的探讨，则主要立足于语言符号本体。

对于时间和空间的关系，哲学界和自然科学界尤其是物理学界历来争论不已，分歧严重。黑格尔认为时间和空间统一于运动，因此主张把空间作为时间来考量，而同时海德格尔同样认为空间性是以时间性为基础且植根于时间性的。不过，传统的观点认为人类对时间的感知和认识源于空间认知。从本质上而言，时间和空间都是人类认知经验的存在形式，但由于人类可以从具体的空间区域（最典型的即容器，如房间、瓶罐等）来获取最初形象而具体的空间概念，再由此一步步抽象出更为一般的空间概念，具体空间概念的获取基本上囿于人的四肢和眼睛所能触及和感知的范围（裴文，2012：21），而这也正是指示现象存在的基础，因此指示现象与空间概念有着更为密不可分的关系。由于不同社群对空间感知存在差异，由此所形成的不同语言系统中的空间概念也是千差万别。由前文可知，在语言学界，已取得基本共识的是，时间指示存在的基础是"时间—空间"隐喻（Time-as-Space Metaphor），即在语言中，时间概念通常借助基于空间概念的时间隐喻结构而被对象化（Lakoff & Johnson，1980；Lakoff，1993；Evans，2004；Radden，2004；Diessel，2012 Vol. 3-90：17）。因而，语言学界倾向于与哲学界传统观点保持一致，即语言系统中的表示时间概念的符号来源于表示空间概念的符号，语言系统中的时间指示符号大多是由空间术语发展而来，方位指示符号如前—后、左—右等则可兼用以定指时间和空间，而在汉语中更是如此。因此，我们认为：在语言系统中，空间与时间两类指示符号之间同样存在着单向依存关系，亦即叶姆斯列夫所谓的"确定关系"（Determination）（Hjelmslev，[1943] 1961：34 - 35），这种功能（关系）两端的两个功能子中，空间指示符是常素，而时间指示符号则是变素，因为抽象时间概念的表达需要依赖于具体空间概念指示符号。

鉴于上述情况，我们将空间和时间指示符号合并处理为：空—时指示符号。此外，空间的三维性和时间的一维性，在语言系统中也有体现，由于在言语交际过程中，话语是由说话者依次说出的声音序列，这一点与时间之特性相吻合也是一维的。因此，Lyons（1977）、Lakoff 和 Johnson（1980）、Lakoff（1993）、Radden（2004）、Diessel（2012）等将时间和话语两种抽象实体做相同处理，即二者同基于"时间—空间"隐喻，依据空间概念的时间隐喻结构而被对象化。

6.3.2.3 第三层级：中性指示—距离指示

我们对指示符号系统和指示范畴进行分类的第三步，是将接着前一步中的在场对象指示符号作以区分。在现实言语交际过程中，典型指示现象存在的前提是交际各要素的实时在场性。因而，在场的所有要素皆是以说话者即言语主体及其所在的空间及时间坐标为原点或中心，言说主体及言说空—时我们在前两步的划分中已经先行确立，而除此之外，实时指示情境中的所有事物都可以作为指示对象。专门用于指示在场对象的符号即对象指示符号，最为典型的是，直指符号如英语"this/that"及"he/she/it"、汉语"这/那"和"TA"。

在具体言语中使用时，对象指示符号通常伴随有相应指向的肢体姿势，如手指、眼神、头部动作等。诸如英语"this/that"、汉语"这/那"之类的指示符号在并非对举的单用情况下，任何单个符号所具有的基本功能皆为指明所指对象，并无区别，换言之，用任何一个皆可完成交际。但当二者并举使用时，情况便发生变化：此时便预设着一个参照点,即以言说者及其所在空时为准的指示中心,与此同时,空间系统中的距离概念也便随之产生并被引入指示问题。通常情况下,"this"或"这"用来指示离指示中心近的对象,与之相对,"that"或"那"则被用以指示距离指示中心较远的对象。当然在个别语言中(如日语)还存在一个中指符号,用以指示介于接近指示中心的对象和相对远离指示中心的对象之间的事物。此外,在传统语法学中一直被处理为与第一/第二人称代词相并列的第三人称代词,如汉语的"TA",英语的"he/she/it",在实时交际的具体指示场内,与第一层级的人称指示符号明显不同,该类符号用以指示交际双方之外的其他在场对象,这一功能与指示词几乎相同,因此,我们将该类指示符号与指示词一并处理。不过两个词类之间略有差异,与指示词不同,这类符号又在一定程度上带有人称代词的特征,即生命度。在人类语言系统中,生命度这一要素均通过不同的方式有所体现,而其中最为直接、最为明显的便是在符号系统中以特定的符号表示,这一点在指示符号系统中体现得最为翔实,以汉语"TA"为例,在现实言语交际过程中,"TA"通常指示有生命度的对象,而对于没有生命度的对象则通常用"这/那"来指示,因此汉语的"TA"的功能与人称代词用法更为接近,不过需要注意的是,汉语"TA"也同样可以指示无生命特征的对象,因此更为准确地说,汉语"TA"是一个中性指示词[1],且其常见的功能是,基于直指的延伸功能——回指;与汉语第三人称代词不同,英语第三人称代词则对生命度高的人进一步的区分,如"he/she"。除此之外,用"it"表示,相对而言,英语"it"比汉语的表非人的"它"用法宽泛得多,而与this/that之功能更为接近。此外,缺乏形态变化的汉藏语系语言不同,有着较为丰富曲折变化的印欧语系语言的指示符号系统承载着更为丰富的信息,如性、数、格等的区分。

---

[1] 对于"中性指示词"问题,详见第八章 8.3.3 节。

对象指示符号的基本功能是，将交际者的注意力聚焦至周围情形中的具体对象，以使交际双方确立共同关注。这也恰恰是人类交际最为基础的功能之一，对象指示为言语交流组织、话语结构化及语法的历时演变等提供了基础（Diessel，2006a）。此外，这类符号充分体现了语言的经济性原则，因为我们无须对在场所指对象有任何了解，便可以借助于上述符号将之纳入交际之中，这对通名、摹状词以及专名而言，皆望尘莫及。

6.3.3 小结

基于上述分析，我们可以立足于指示符号本体，以汉语指示符号系统为例，依据次类层级及彼此关系，将指示符号系统及相应指示范畴重新作如图6-3所示的分析。

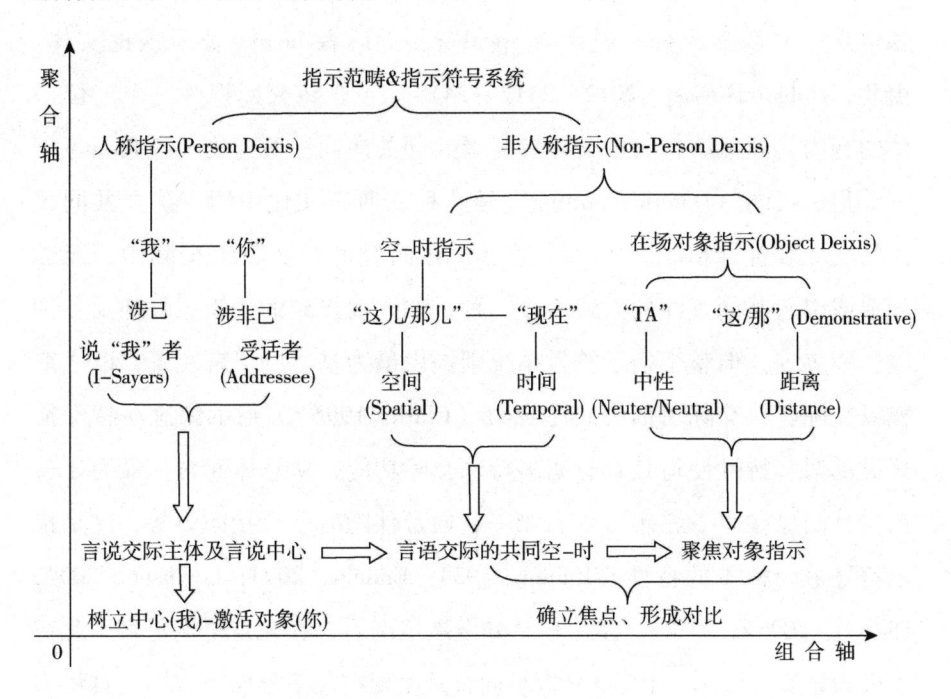

图6-3 指示符号系统与相应指示范畴

6.4 在场对象指示符号之特殊性

由于空间指示与对象指示同具有在场性，因而两类指示符号及其功能在一定程度上存在重合现象，如此传统研究则倾向于将在场对象中的一般指示符号与空间指示符号合并处理（Holger Diessel, 2012：2417 - 2418）。将指示词（Demonstratives），如英语中的 this/that、here/there 视为空间指示的核心（Core），强调这一小类表达式对指示系统的组织（Organization）有着极端重要性，其最为基本的功能是引起并确立交际参与者的共同关注（Joint Attention）。对于共同关注问题，关于指 pointing、眼睛注视及心智理论的跨学科领域给予重视和研究（Dunham & Moore, 1995；Krause, 1997；Eilan, 2005 等），学界已基本形成共识，认为该问题包含三个基本成分：说话者 speaker、听话者 hearer 及所谈论实体。由此，Holger Diessel（2012：2417 - 2418）主张将交际视为一个三位一体的行为，而在该行为中交际参与者共同关注同一所指物（Referent）。

指示指向（Deictic Pointing）是一种在所有文化中用于确立共同关注的交际装置（Kita, 2003）。诚然，在面对面现实言语交际中，能够创造或引起共同关注的方式不止一种，如先前提到的手指、眼神及各种肢体姿势等，但整个指示符号系统则提供最为基本的语言装置，以之来操纵交际者在交际情形中的注意力（Clark, 1996）。指示词这一特殊符号类的诸多特性使得其具有诸多特殊交际功能，从总体而言，最为显著的特性凸显在以下三个方面：第一，通常伴随有一个指向姿势，这是指示符号最为根本的特性（Bühler, 1934；Enfield, 2003；Levinson, 2004；Diessel, 2006a, 2012），从个体认知发展情况看，在儿童早期语言中此特点极为显著（Clark, 1978），指示词总是出现在儿童早期语言第一且最为重要的表达式中（Clark, 1978；Diessel, 2006a），而指示词的较早出现更是由于其确立共同关注的交际功能及其与指示指点之间的特殊关系

(Holger Diessel, 2012: 2417-2418); 第二, 具有分布的普遍性, 即与定冠词、助词及其他功能语素等仅存在特定语系或语族中的语言成分相比, 指示符号(尤其是指示词)在各种语言中才具有真正意义上的普遍性(Himmelmann, 1997; Diessel, 1999, 2003, 2006a, 2006b, 2012; Dixon, 2003); 第三, 与语言中其他封闭功能词类相比, 指示词更为古老。与名词、动词等实词相比, 指示类词语所具有的只是其功能意义, 因此, 毫无疑问其应属于功能词类, 即我们通常所说的虚词, 然而遗憾的是, 即便根据语法化理论的最新研究, 学界至今依然没有证据证明指示词在历史上来源于其他词汇项。因此, Diessel (2006a: 482) 认为, 如果考虑指示词"确立共同注意"这一特殊功能, 则可以合理假设: 在人类语言演化中, 指示符号系统中的指示词可能很早已经出现且独立于其他语言术语。

从共同关注角度及上述指示词之特性看, 不仅是指示词, 语言中的整个指示符号系统对象指示符号在很大程度上皆具备上述功能和特性, 因此可将之视为指示符号系统之普遍特性。不过, 必须清醒认识到的一点是, 在指示符号系统内部, 人称指示与非人称指示之间存在明显差异性。在场对象指示词和指示指向的频繁共发性不断证实指示词之核心功能在于确立交际双方的共同关注, 此类指示符号与人称指示的交际功能有着关键性的区别: 第一、第二人称指示符号所指涉的是作为言语事件的一部分且已被自动激活的言语参与者, 而非人称指示则旨在创造一个新的关注焦点 (对此最好的支持便是指示词与指示指点频繁共现性) 抑或表示两个先前已确立的指涉对象间的对比关系 (Levinson, 2004; Diessel, 2006a, 2012: 2418)。这一点在研究指示问题时, 我们必须做明确区分并谨记。

6.5 余论

上文我们基于指示之基础特性——在场性这一理论前提, 尝试借助语言系统中的典型指示符号来探索和勾勒指示符号系统及整个指示范畴的疆域及内部关系。指示，从最初的纯视觉行为到以视觉为主听觉为辅的混合行为，再到以听觉为主的言语行为，很明显，这一发展过程是一个典型的连续统，这一特点也使得我们在研究指示问题尤其是在对指示符系统及指示范畴进行层级分类时，必须牢记这一现实基础。换言之，我们对指示符号系统的划分不可以亦不可能做一刀切，这一点在前人研究中体现得最为明显，即无论是哲学逻辑学家、传统语法家还是后来的语用学家大多选择以典型的指示符号为切入口和着力点，以之对指示范畴进行划分并带动对非典型指示符号研究，因此，区分典型/非典型指示符号，找出并重点探析前者，是我们研究指示问题的第一步，典型指示符号如同渔网上的总绳，以之为线索，才能纲举目张，进一步构建出语言系统中的指示符号系统全貌，厘清其内部次类及各个符号之间的差异及联系。与此同时，我们还必须清醒地认识到指示问题另一个关键之处，即自我中心性与非中心，前文我们在分析人称指示时已对中心性问题做过探讨和强调，此处需要再次交代的是，中心与非中心从其根本上便包含着相对性，所谓的中心并非孤立存在，其必须借助非中心才能凸显，因此二者既彼此区分又密切联系，这正是指示现象（尤其是指示符号）大多成双或成组出现的根本原因，这一特点则要求我们在研究指示问题时同样需要对指示相对性给予足够的重视。

  由于指示现象及指示符号的特殊性及复杂性，诚然前文我们所做的区分并非理想之至，依旧存在一定的问题。不过，相对于传统单一或极端视角对指示问题所作的区分而言，上述着眼于整体性、系统性的分析和层级分类，可以在最大程度上呈现语言指示符号的整体面貌及内部层级关系。此外，在传统指示问题研究中，指示词与指示语常被极端处理，要么凸显前者的极端重要及特殊性，要么在研究后者时一笔带过，对于二者关系更是轻描淡写。在传统研究中，传统语法学界的代词研究、哲学逻辑学界的索引词研究，以及语用学界内部的指示语、指示词研究，对于同一现象及同一类研究客体，三个学科各自占山为王，独居山中，彼此缺乏沟通，致使本就复杂而特殊的问题，因为学科割裂自封变得更难辨明。欲识庐山真面目，对指示问题及整个指示符号系统有一个整体而明晰的把握，我们势必要跳出上述局限，对指示符号系统及指示范畴作以整体而系统的研究，虽有难度，但唯有如此，方能从根本上推进对指示这一基础、特殊且复杂的现象的认识和把握。

第七章 人称指示系统性与近代汉语人称系统演化

7.0 引言

前面几章我们对语言系统中的指示符号及指示范畴问题进行了一般性的探讨，我们先前的着眼点和着力点在于此类符号及现象的共性或者通则，这也是传统研究及当前语义学、语用学研究的重心所在。不过，单从共性角度研究，对于接近指示系统之本质、揭示深层指示问题同样具有一定的局限性，因为共性研究与个性研究密不可分，二者不可割裂。指示问题具有普遍性及特殊性，且极为复杂，渗透至语言系统的各个层面，人称指示与一般对象指示中的性、数、格，时空指示的时、体、态等，诸多问题亟待深入研究，但不可一概而论，必须基于具体语言系统。相对而言，不可否认的事实是，基于印欧语系语言尤以英语为代表的共性及个性研究，无论在理论高度还是研究深度等方面，都居于领先地位，相对于其他语言研究，已有较为系统的理论体系，并基于英语提出诸多与指示问题相关的规则，在一定程度上展现了语言指示系统的面貌。但基于印欧语系语言所构建的理论及法则是否或者在何种程度上适用于缺乏形态变化的汉藏语系语言，就目前而言，还不得而知。

目前，汉藏语系研究尚不充分，即便研究较为深入的汉语，对于上述问题的认识也依然甚为模糊。中国语言学界曾致力于引进西方语言学理论，同时基于汉语事实进行比较和实证性研究，但就指示问题而言，对这一问题之共性探讨的着力远远大于其个性研究。中国语言学界一直存在的一种声音是，对于汉语之研究，我们既要积极引进西方理论，同时必须结合汉语之事实，不能一味迁就理论而无视或扭曲汉语事实，以致犯削足适履之错误。任何共性都寓于个性之中，但同时个性又受到共性之制约，且二者之间在一定条件下相互转化，因此，对于指示问题的个性研究，同样有着举足轻重的地位，不可忽视更不可割裂。汉语是一种典型的孤立型语言，缺乏严格意义上的形态变化，与英语相比，兼有共性和个性，但在诸多方面异远多于同。自本章起，我们将尝试基于先前所做的共性研究，构建汉语指示符号系统，通过考察分析及比较研究，一方面可以验证前文我们所提出的理论，另一方面则尝试发掘汉语这一典型孤立语之指示符号系统的特殊性，并以此进一步揭示和完善语言指示符号系统之整体面貌，接近现象之本质。

7.1　汉语指示符号系统中的人称指示符号

20世纪四五十年代，美国语言学家莫里斯·斯瓦迪士（Morris Swadesh）为计算语言之间的不同年代及彼此亲属关系，从统计学视角对世界不同语言（以印欧语系语言为主）进行分析，并得出一个200词的核心词列表，之后其又从200核心词表中进一步抽取出100核心词表，值得注意的是，无论先前200词表还是再度抽取出的100词表，前15位皆为我们所关注的指示符号，而前10位则是我们先前所讨论的典型指示符号。这并非巧合，也足以证明指示符号在世界语言中的重要性，并再次验证：唯有指示符号在各种语言中才具有真正意义上的普遍性（Himmelmann，1997；Diessel，1999，2003，2006a，2006b，

2012；Dixon，2003）。更值得注意的是，居于前 2 位的正是我们所要探讨的人称指示符号。

对于印欧语中的人称问题研究，通常涉及性、数、格及社会关系或等级四个方面，由于屈折型语言有着较为发达、分工明确的形态系统，通过语音或形态标记，我们便可以较为容易地把握上述四方面。然而，相对而言，汉语作为典型孤立语，由于缺乏类似于印欧语系语言的形态变化，因而对于上述几个方面则较难把握。对此汉语学界存在两种分歧较大的观点，一种认为汉语由于缺乏严格意义上的形态变化，因而汉语名词及代词根本不存在印欧语系语言中所谓的性、数、格的变化；另一种观点则主张对形态及性、数、格等概念做重新认识和界定，并认为汉语名词及代词同样具有性、数和格的变化（隐性）。由于本书研究重心并非在探讨性、数、格三种语法范畴在语言系统中的存在状态及表现形式，因此，此处不再进一步展开讨论，而接下来我们主要就汉语人称指示符号的存在状态及其特殊性等问题展开，从功能、类型等方面进行比较、分析，以期推进人们对汉语人称指示符号的认识。

7.2　汉语人称指示符号的存在状态

前文 6.3.2.1 中我们提到过，在实际的言语交际活动中，人称指示符号的主要功能是标记交际参与者同时为其分配角色，这是人称指示符号在人类语言中的功能共性，换言之，此类指示符号在语言系统中具有相同的功能意义，即确定指示中心，激活交际对象，而与之相对应的则是传统语法学界通常所说的第一和第二人称代词。这里我们有一点需要明确的是，与传统及当前代词研究现状不同的是，基于现实言语交际活动及符号功能之差异，我们将通常所说的"第三人称代词"排除在人称代词这一范畴之外，对此可参看 6.3 一节，此外，本章还将在本节"非人称指示符号"部分对传统所谓的"第三人称"代词做专门探讨，并结合具体语言实际再次证明"第三人称代词"与真正人称代词之间存在的种种差异性。人称代词的存在是世界语言的共性，不过在形式上，不同语言则有着各自的特点或者说存在差异性，换言之，不同语言的人称指示符号承载着不同的语义信息。我们首先对汉语、英语、法语、德语、俄语五种语言的人称指示符号进行比较考察，如表7-1所示。

表7-1　　　　　　　　人称指示符号系统比较

		汉语		英语		法语①		德语②		俄语③	
		一	二	一	二	一	二	一	二	一	二
数	单	wo	ni	I	you	je (j')	tu	Ich	du	я	Ты
	复	wo-men（排除式）zan-men（包括式）	ni-men	we	you	nous	vous	wir	Ihr/Sie（敬）	Мы	Вы
格	主	—	—	I/We	you	je (j')/nous	tu/vous	Ich/wir	du(单)/Ihr、Sie(复)	Я/Мы	Ты/Вы
	领	—	—	my/our mine/ours	your/yours	—	—	meiner (mein)/unser	deiner (dein)(单)/euer、Ihrer(复)	Меня/Нас	Тебя/Вас
	与	—	—	—	—	—	—	mir/uns	dir(单)/euch、Ihnen(复)	Мне/Нам	Тебе/Вам
	宾	—	—	me/us	you	me (m')/nous	te (t')/vous	mich/uns	dich/euch、Sie	Меня/Нас	Тебя/Вас
	工具	—	—	—	—	—	—	—	—	Мной (Мною)/Нами	Тобой (Тобою)/Вами
	处所	—	—	—	—	—	—	—	—	(Обо) мне/(о) нас	(о) тебе/(о) вас

续表

		汉语		英语		法语①		德语②		俄语③	
		一	二	一	二	一	二	一	二	一	二
社会等级关系	尊称	—	—	—	Nin	—	vous	—	Sie	—	Вы

①陈振尧、周世勋编：《法语语法》（重排本），商务印书馆2009年版，第183页。
②华宗德、肖刚编著：《现代德语语法》，上海外语教育出版社2003年版，第152页。
③张会森：《当代俄语语法》，商务印书馆2010年版，第180—181页。

7.2.1 人称指示符号的性问题

在印欧语系语言，尤其是形态丰富的语言中，具有指称功能的名词这一类词通常有性、数、格的区分和形态变化，例如俄语、德语中的名词等。与名词类似，传统语法通常认为，作为名词的附属类——代词（Pronoun 或称代名词）也同样具有性、数、格的形态区分，当然这其中也包括作为代词范畴主要成员的人称代词。

然而，Siewierska（2004）对世界范围内的378种语言样本进行研究，发现仅有21种语言中的第一或第二人称代词承载性特征，而在这些语言中性标记通常只限于人称的单数形式，对于第一和第二人称代词的复数形式则全部无任何标记。与第一、第二人称截然不同，Siewierska（2004）的研究中发现：传统语法中所谓的第三人称代词通常具有性标记，第三人称代词的性标记出现频率约是第一、第二人称代词性标记出现频率的5倍，由此 Holger Diessel（2012：2416）认为：相对于第三人称的参与者指示功能，性在第三人称回指中明显占有更大的功能比重。

表7-1中，我们对五种主要语言的考察也同样证明了第一、第二人称不存在性标记区分问题，换言之，第一、第二人称代词不存在性范畴。这一点传统所谓的第三人称代词与第一、第二人称代词有着本质的区别，这也从一个方面支撑了我们将第三人称代词排除在人称指示符号

范围之外的做法。由此，我们可以做如下结论：第一、第二人称指示符号一般不存在性区分问题，而汉语人称指示符号则根本不存在性问题。

7.2.2 人称指示符号的数问题

由表7-1可见，五种主要语言的人称指示符号均存在数的区分。Dunn（2005）对世界范围内的260种语言样本进行类型比较分析发现，只有Acoma（新墨西哥）和Wari（巴西）两种语言中的第一、第二人称代词没有单独的单复数形式。由此可见，世界范围内的绝大部分语言中的人称指示符号普遍存在单复数的区分。基于这一共性前提，接下来我们则要回到人称指示符号本身，对人称代词的单复数问题进行考察和分析。

基于对表7-1五种主要语言第一、第二人称指示符号之形式的观察，我们可以看出：各种语言通常倾向于借助异根法，换言之，以另一个与原代词没有关系的单词来表示与第一、第二人称所对应的复数形式。而上表中英语第二人称的单数和复数形式完全相同，我们甚至可以说英语第二人称认识符号在形式上不区分单复数形式，值得注意的是，作为典型的孤立语——汉语则是以词根加词缀的方式构建其人称指示之相应复数形式。汉语的"-men"（们）是近代汉语语法发展的一个重要标志，对于现代汉语中的"-men"（们），汉语学界一直存在争议：朱德熙（1982）、张志公（1984）、陶振民（1990）等将汉语"-men"（们）明确归为词缀，而赵元任（1979）、胡裕树（1979，1985）、邢福义（1996）、黄伯荣和廖序东（2002）则对此持矛盾态度，一方面认为"-men"（们）应该属于词缀，且将之与英语复数标记"s"对比，另一方面则认为"-men"（们）为助词，换言之"-men"（们）是一个存在跨级（词和短语）和跨类（词缀和助词）的特殊符号，而宋玉柱（2005）则主张对于"-men"（们）应区别对待，即跟在人称代词后的"-men"（们）与跟在普通表人指称名词后的"-men"（们）是两个词，前者是词缀,而后者则是助词,二者不具有同一性,此外徐连祥(2011)更明确主张将"-men"(们)应归属的语法单位是助词。

  上述分歧的存在,似乎都有其一定的道理。不过,由于一直以来,记录汉语的是以表意为主的汉字,也正是由于汉字的存在,汉语的历时面貌才得以保存和呈现,不过处在语言最表层的语音因其易变性和多变性,我们无法还原古音,只能凭借现有文献材料来构拟存在于汉语历史中的词语的古音,这就要求我们在研究汉语史问题时,不能仅仅停留于文字,必须兼顾语音,除此之外,还应兼顾当时语言的系统特点。对于现代汉语第一、第二人称指示符号上古亦有之,不过形式尚未统一。据吕叔湘先生(1985:2)的考证,现代汉语第一人称指示符号很可能在秦汉以后的口语中已经统一为"wo"(我)。而第二人称指示符号在上古汉语中本为"爾"(兒氏切)属于日母字,对此高名凯先生(1986:132)认为:《说文》中泥日或娘日的通转非常明显,而且是反在于泥娘二母的通转之上,因此同为第二人称指示符号的 ni(你)和 ěr(爾)必为音近字,都是鼻音字。在文字方面汉晋之后草书久已写作"尔",吕叔湘先生(1985:3—4)基于语料考察,认为:到了南北朝时期,汉语第二人称指示符号与现代汉语之"你"情形像似,而此时汉语语音系统也发生了较大的变化,"er"(爾)的语音和读音产生分歧,为示区别,在文字层面则选择了在原"尔"加上"亻",即现代汉语"你",对于语音及字形上的变化,这一变化在《广韵》中得到证实:爾,兒氏切,日母,支韵;你,乃里切,泥母,之韵。换言之,到了唐代,在口语中,汉语第二指示符号已经与现代汉语第二人称指示符号无异(注意:在唐代,非人称指示符号也发生了分化,第三人称指示符号"他"产生。王力,1980:270)。上述汉语第一、第二人称指示符号的发展,吕叔湘、高名凯、王力三位先生之考察和结论基本一致。汉语第一、二人称指示符合的上述轨迹,与语言演化规律及该类符号在汉语词汇系统中的特殊地位相符。诚然,在现代汉语复数标记"men"(们)

第七章 人称指示系统性与近代汉语人称系统演化　◈　155

出现之前，古汉语中表示复数的方式和符号有多种，如人称指示符号单复同形，或在符号后加上"侪、等、辈、曹、属"等词（非词缀）表示复数，对此前人已有较为充分的研究，又因现代汉语中表敬称的符号只有第二人称指示符号"nin"（您），本书旨在描写或展现古汉语复数的存在和表示方式。因此，我们这里探讨的重心和始发点为"men"（们）的出现及其发展。

对于现在汉语中的人称指示符号复数标记"men"（们），高名凯先生（1986：136）推测约在南北朝时期的汉语南方方言中已经出现，从文字层面上看，用于第一、第二人称指示符号之后表复数的汉字除了"们"，还有："弥（高本汉 mjwiě）、伟（高本汉 mjwei）"（唐，北方）、"门、满、满、瞒"（宋，北方）以及元代南方方言出现较多的"每（高本汉：muai）"，对于上述汉字，吕叔湘和高名凯两位先生认为：几个汉字属于一类，所记载的都是同一来源的词（吕叔湘，1985：58；高名凯，1986：137），只是所存在的方言不同，祖生利（2005）基于语料考察，再次证明了上述观点。而"men"（们）明确用在第一、第二人称指示符号"wo（我）、ni（你）"之后表复数则出现在宋代，尤其是在接近口语的文学作品中，对此吕叔湘（1985：55）、高名凯（1986：136）、王力（1980：273）三位先生的观点一致。从语言层面及词的功能来看，其所记录的很可能就是尚处在演化状态以表复数为主的"men"（们）。而对于"men"（们）的定性，吕叔湘先生（1985：61）认为其作用是造成一种复数形式，换言之，是一个复数标记，而王力先生（1980：273）的态度更为明确地直接将之定性为形尾。由此可见，其主要作用在于构形。因而，将"-men"（们）处理为助词的做法明显不妥，另外最为重要的一个原因是表复数"wo-men、ni-men"是一个词，这在汉语学界已是共识，不存在任何问题。对于是否要区别对待或汉语中是否存在两个"-men"（们），先前的研究指示基于代词问题之框架进行探讨，并为考虑代词背后最为根本的功能——指示，从先前争议中，我们可以明确的一点是，无论是处理为词缀还是助词，在语言层面，"men"（们）的基本功能和形式并未改变，即，表示复合概念，传统所说的人称代词即我们所说人称指示符号，而所谓的表人名词，则是我们先前所说的表人指称符号，指称和指示是语言符号最为基本的两种功能、指物途径，因此对"-men"（们）的划分必须基于其基本形式、功能和意义，而非单单从其组合对象便对其进行界定，即与人称代词组合的"-men"（们）是词缀，与表人名词组合的"-men"（们）是助词，在该问题上，传统语法之处理存在明显局限性。现在汉语中的"men"（们）除了用在代词或表人名词后面表复数外，没有其他用法，因此我们认为：无论是代词后面的"-men"（们）还是指人名词后面的"-men"（们），皆为词缀，其为复数标记，基本作用就是表示复数，吕叔湘（1985）从历时角度对汉语"-men"（们）词缀的来源及演化做考察和分析的结果也证明此点。现代汉语系统中根本不存在两个"-men"（们），这也是《现代汉语词典》（第六版）的处理结果。对于汉语中的复数标记"-men"（们），我们需要注意的是，与英语复数标记可数名词"s"不同，其适应范围仅限于表人的指示或指称符号，虽然现代汉语中存在个别的将"men"（们）用于非表人的情况，比如 TA（它）-men、它们猫儿-men、小兔儿-men、柳树-men 等，这些特殊现象的出现是"-men"（们）复数标记功能泛化或类推作用的结果，其中的"-men"（们）所起的更是或者仅仅是复数标记作用，而且"-men"（们）与非表人指称符号结合的特殊现象大多属于修辞层面的拟人化手法，并不影响先前我们总结的规律。从适应范围上看，汉语的表人复数标记"men"（们）远不及印欧语系语言中的复数标记（如英语或法语中复数标记"-s"），但就标记表人指示/指称符号这一功能上，汉语"men"（们）却有其显著的明确性和一致性。

7.3 汉语人称指示符号中的社会等级关系问题

对于人称指示符号，我们还有一点需要注意，在汉语中，第二人称指示符号除一般的"ni"（你）外，还存在一个尊称或敬称形式："nin"（您）。第二人称指示存在敬称形式并非汉语所特有，在众多印欧语系语言中同样存在类似情况，如表 7-1 中法语第二人称指示的敬称形式"vous"、德语中的"Sie"及俄语中的"Вы"等，以德语的两个第二人称指示符号"du、Sie"为例，"du"在德语中通常用于指示家庭成员、朋友及年幼的孩子，而"Sie"则用来指示陌生人或出于专业关系等的人，法语和俄语中一般形式和敬称形式之间也存在上述分工，值得注意的是，印欧语系语言普遍存在用两种不同的第二人称指示符号来表示或区分不同的社会关系的情况，但表示礼貌或尊敬的第二人称指示符号则通常基于第二人称指示符号的复数形式（Diessel，2012：2410）。在德语中，用于表敬称的第二人称指示符号"Sie"与英语第二人称指示符号的复数形式"you"存在共性，既可以指示单个受话者，也可以指示多个受话者（亦可说 Sie、you 之类的符号形式上不区分单复数），与印欧语系语言中的人称敬称符号不同，现代汉语第二人称敬称指示符号"nin"（您）通常只能用于指示单个受话者，在指示对象的数量上与单数形式"ni"（你）相同，这一点似乎与印欧语系语言中所存在的敬称形式有所区别。而对于汉语人称指示系统的敬称形式问题，虽早为学界所关注，但至今分歧颇多，尚在争议，本节我们将重点对汉语人称指示系统中的敬称形式"您"问题，从指示符号之意指特性及系统特性等视角，作以深入探析。

7.3.1 传统语法学界对汉语敬称形式问题探究及认识

汉语界较早注意到上述现象的是吕叔湘先生（1940）。吕先生

(1985)通过语料考察发现,在汉语发展历史中,以表示复数为主要功能的"nin"(您)(相当于"你们")最早在金元时期已出现,且个别情况下还可表单数(相当于"你"),但无尊称之意;而用于单数表礼貌或尊敬的第二人称代词"nin"(您)直到清末才出现,前后两种情况没有语料能够呈现二者的递变痕迹,基于此,吕先生认为上述两种情况的"nin"(您)是两个词,二者之间没有必然联系。因此,法语第二人称指示的敬称形式"vous"、德语"Sie"及俄语"Вы"不能和汉语表示尊称和单数的"nin"(您)相比,前者在表敬称时虽可用于表单数,但是并未因此而失去表复数的主要功能(吕叔湘,1985:37)。

对于汉语敬称符号"nin"(您)之来源,汉语史界早有关注,且争议颇大,目前主要存在以下三种分歧观点:①"ni-men"(你们)合音说,即认为:"nin"(恁/您)[1] 是第二人称代词复数形式"ni-men"(你们)的合音形式,其功能和用法类似于前文我们提到的法语"vous"、德语"Sie"及俄语"Вы",此观点在汉语学界有较大影响力,吕叔湘(《释您,俺,咱,喒,附论们字》,1940)、王力〔《汉语史稿》1980(1958):277—278〕、高名凯(1986:135)、谢俊英(1993)等持此观点。②"ni-lao"(你老)合音说,此观点认为:"你老"是"你老"(人家)的省略形式,而"nin"(您)则是"你老"的合音形式。不过,对于"你老"合音过程或路线,在此观点内部又存在进一步分歧,不同学者又进行考证和构拟,形成两种观点:一种观点认为"nin"(您)是"ni-lao"中"lao"元音脱落的结果,持此观点的学者如王力〔《中国语法理论(下)》1954:21〕、吕叔湘(1985)等;而后来研究者一方面承认表敬代词"nin"(您)是从"你老"发展而来,

---

[1] 对于汉语敬词"nin",汉字"恁/您"均为假借字,最先出现的是"恁",《说文》中为"念也",并无指代功能,吕叔湘(1984:10)推测其本义已废,被用以记音。"您"字稍晚出现,元代周德清《中原音韵》首录该字:"你与您同义,音'恁'",归入"寻,侵"韵,当时约读为:"nim"。因"恁"更早借以表"如此、那么"之义,为避免混同,俗字"您"渐代之。

但否认上述直接由"你老"(nǐ lǎo)脱落元音而成,认为其演化过程为:你老(nǐ lǎo)>你/您那(ni-na)>您(nín),持此观点的有刘云(2009)等。③"ni-na"(你那)的合音说,在观点②中第二种观点提及汉语敬称符号您(nín)是"ni-na(你/您那)"合音的结果,不过"ni-na"(你/您那)只是作为"你老"发展为"您"的过渡阶段,与此不同,"ni-na"(你那)合音说则认为存在于北京方言中的敬称"nin"(您)与近代汉语中表第二人称指示复数形式的"nin"(恁)没有关系,是北京话中"ni-na"(你那)合音化发展的结果,持此观点的有李炜(2006)、李炜和和丹丹(2011)。比较上述三种主要观点,我们可以发现一个问题,三种观点的主要分歧在于现代汉语中表敬称的"nin"(您)与宋代已出现的作为第二人称指示符号且主表复数义的"nin"(恁/您)是否为同一个词,而三种观点所探究和论证的则是以下两种可能性:其一,二者实为同一个词,因为文字问题,被用两个汉字记录,基于此认识,寻找和解释宋金元时期出现的第二人称指示符号发展至现代汉语敬词"nin"(您)的演变轨迹和证据,观点①遵循此路;其二,二者并非同一词,而是两个词语,基于此认识,论证敬词"nin"(您)与第二人称复数 nin(恁)无关,解释敬称形式"nin"(您)来源于何处?为什么汉语演变过程中核心词汇层突然出现了一个表敬称的指示符号"nin"(恁)?以及表第二人称指示符号复数形式的"nin"究竟最终又去向何方?等等问题,上述观点②、③基本遵从此路线,但未回答我们提出的后两个问题。

细心比较我们可以发现,吕叔湘、王力两位先生对于汉语人称敬词"nin"问题上均持两种①、②观点,可见该问题存在较大争议性和不确定性。对于宋金时期出现的"nin"(恁/您)之形成及功能,已无争议,即"nin"(恁/您)是汉语自身发展的结果,是汉语第二人称指示符号复数形式"ni-men"的合音形式,主要功能是表示第二人称复数,无尊称的意味。前文在探讨汉语人称指示符号数问题时,我们得知:现代汉语中的第一、第二人称指示符号到了宋代都已基本成熟，其用法和现代汉语无异，而且复数形式也已出现。不过需要注意的是，前文提到，吕叔湘先生认为秦汉以后汉语口语中的第一人称指示符号已经统一为"wo"（我），第二人称指示符号的统一则经历了更为漫长的过程，在唐代实现。而高名凯先生（1986：136）推测复数形缀"-men"（们）在约南北朝时期的汉语南方方言中已经出现，"-men"（们）明确用在第一、二人称指示符号"wo（我）、ni（你）"之后表复数之用例出现则是在宋金时期，而金元时期出现"ni-men"的合音形式"nin"（恁/您），在时间上行得通，而且从所出现的用例中，我们还发现，作为第二人称指示符号复数形式"ni-men"合音形式，"nin"最初亦主要表复数，不过也同时存在为数不少的表单数的用例，换言之，此时汉语中的"nin"并非成熟或者正处在变化中的第二人称指示符号复数形式。

7.3.2 汉语敬称形式研究中存在的问题

吕叔湘、高名凯、王力等前辈对"我、你、你们及您"等人称指示符号的考证及探讨，可谓翔实，但依旧有一些问题诸位先生无法得到满意的答案，比如汉语敬词"您"究竟从何而来，为何"nin"作为合音形式除主表复数外，还表单数等，由于指示符号在语言系统中的极端重要性和特殊性，前辈们对汉语始终的相关现象考察及发掘已经较为充分，而一些问题并未因此而变得明朗，故此我们需要对先前的研究方法作以必要反思。语言指示符号具有系统性及相对封闭性，其内部成员虽数量有限，但功能和地位极为重要，系统内部成员间存在一定的相互关系，这些因素在我们研究中必须给予充分考虑，而我们先前章节也多次强调此观点。对汉语发展过程中"-men"及敬称"nin"问题，我们同样需要从系统性及内部关系角度予以考虑，而这也恰恰是前人研究薄弱或忽略之处。对于上述问题有三点有待我们再度深入反思，根据吕叔湘先生的考证，与"-men"系相关的汉字最早出现于唐代，宋之后用例

第七章 人称指示系统性与近代汉语人称系统演化 ◇ 161

倍增，其所搭配的对象最为主要的是与以人称为主的指示符号，其次还有一些表人名词。由此可以推测，早在宋代，类似于现代汉语人称指示符号的格局已基本形成，如表7-2所示。

表7-2

人 称	单数	复数
第一人称	wo	wo-men
第二人称	ni	ni-men

但现代汉语中表示单数尊称的第二人称指示符号"nin"（您）究竟来源于何处？对于该问题，汉语学界至今尚存在较大争议。而此处，我们认为汉语人称指示敬称形式问题更值得关注的部分是：如果上述观点成立，与现代汉语中"nin"（您）同形的表示复数的第二人称指示符号"nin"（您）最终究竟去向何处，凭空消失还是另有他因？为什么汉语中会出现一个表单数表尊称的第二人称指示符号？吕先生等并未作进一步说明。对语言共时层面的问题之探讨，必须兼顾历时，兼顾语言在时、空中的生存状态，而欲探汉语"nin"（您）之究竟，我们必须基于泛时视角，汉语之发展具有连续性且保存有大量语料，这为我们的探究提供了极大便利。前面我们提到指示符号系统普遍存在于人类语言中且有着极为特殊又极其重要的地位，各语言中的指示符号成员的数量有限，但是一个极为稳定的系统整体，其成员不可能随便出现或消失，描写语言现象只是语言研究的第一步，这一点前辈们功不可没，但如何解释已描写的语言现象尤其是一些特殊的语言现象，则要求我们必须从更高的理论视角对现象和问题进行重新分析和解释，另外由于汉语和汉字之间存在特殊而复杂的关系，在汉语研究中很难将二者分得一清二楚，因而会出现语言现象和文字现象混谈的现象，二者则是我们在研究中应该尽量避免的。

7.3.3 基于指示系统视角的汉语敬称形式问题探究

7.3.3.1 "ni-men"（你们）合音说存在的问题

吕叔湘先生在《释您，俺，咱，噌，附论们字》（1940）中明确认为：现代汉语表敬称的"nin"（您）是近代汉语中作为"ni-men"合音形式的"nin"发展衍化之结果。而在《近代汉语指代词》（1985：37）一书中，吕先生却一改上述观点，认为敬称形式"nin"另有他因，其给出的理由是：①"nin"（您）在现代汉语中仅用于表敬称、单数，无表复数，因此，法语第二人称指示的敬称形式"vous"、德语"Sie"及俄语"Вы"不能和汉语表示尊称和单数的"nin"（您）相比；②在近代汉语表复数"nin"（您）与现代汉语表敬称的"nin"（您）之间，没有可以证明用法递变的文献，故而很难解释二者属于一脉相承。由此，吕先生将现代汉语敬称形式"nin"（您）的来源问题引出另一种假设及研究方向，即敬词"nin"（您）源于方言的"你+老"合音说，后来的"你+那"合音说也同样以此为指导方向，只是认为方言或源头不同而已。此处，我们暂且撇开后一种假设，继续亦有必要坚持基于指示符号系统本体进一步观察近代汉语中"nin"（您）的发展变化。

吕先生在《释您，俺，咱，噌，附论们字》（1940）（1984：3—5）中将金元俗语中出现的表复数的"nin"（您/恁）与表单数的"ni"（你）和表复数的"ni-men"（你每/您每）进行用例比较，得出如表7-3所示之结论。

表7-3　　　　　　　　　　　　　　　　　　　　　　　　　　单位：例

形成时间	唐	金元	宋
	"ni"（你）	"nin"（您/恁）	"ni-men"（你每/您每）
用例数量	30	5	1

换言之，从宋代到金元时期，人称指示符号系统的格局发生了变

化，形成表7-3之格局。不过，从用例情况看，作为"ni-men"合音形式的"nin"比非合音形式"ni-men"的地位和使用频率要高得多，但其依旧无法撼动第二人称指示符号"ni"的地位，因此我们可以得出，合音形式"nin"在人称指示符号系统中的地位介于表第二人称单数的"ni"和表第二人称复数的"ni-men"之间，从另一个角度看，在"nin"身上存在一种矛盾：其形式为单音节，同"ni"，更符合当时汉语之特点，而功能上却是以表复数为主，同双音节的"ni-men"。因此该如何看待"nin"在系统性极强的指示符号内部，如何生存、发展，必然也存在一定的矛盾：A. 因其具有单音节优势，转而表单数，取代"ni"的地位？虽然现实中确出现过一定量"nin"表单数的情况，但这显然不可能。B. 彻底表复数取代第二人称指示复数形式"ni-men"，如此一来，则势必打破上述已形成的对称格局，导致整个"-men"缀类推规则对第二人称指示符号失效，这似乎不太可能，而且这也与近代汉语复音化大趋势相违背。上述情况，谢俊英（1993：33）做过较为明确的分析，认为"nin"（您）能存在三种变异方向或发展可能，如图7-1所示。

您₁ → 您₂ ①
    → 你   ②
    → 你们 ③

图7-1 "您"的三种变异可能

在图7-1中，②、③两种可能与前文我们提到A、B两种情况相同，①则是发展为现代汉语第二人称指示敬称形式："nin"（您），基于语料考察，谢文亦认为，第②、③两种情况中后出现的"nin"（您）不可能撼动进而替代已有稳定结构中的第二人称指示单数形式ni和复数形式"ni-men"，因此，唯有朝方向①发展。谢文这一分析视角和结论，值得肯定，亦有一定的说服力，但并未完全触及问题之根本。语言符号因差异而相互关联并产生价值，进而存在于整个语言符号系统中，语言经济性原则不允许语言系统中存在多余或重复的成分，更何况是在语言系统中的核心范畴，由此可见，"nin"上述两种出路无法成立，而现代汉语的人称指示的格局也从事实上证明了此点。不过，对于上述观点及"你们"合音说学界皆颇有质疑。刘云（2009：98—99）认为谢文之观点站不住脚，其主要原因在于说北京话中的"您"和金元时期的"您"一脉相承缺乏文献及语料的支持，对此谢文（1993：30）也曾明确承认：对于"您"的用例"明清小说的数量为前所未有，但在明清小说中有代词'您'出现的作品并不多"。由此可见，谢文之推测虽具有相当可信度，但论证尚有不充分之处。

7.3.3.2 基于共时系统视角的退一步假设

对于汉语敬称形式之来源问题，我们不妨暂且退一步假设，即现代汉语中的敬称形式"nin"（您）与金元时期表复数的"nin"（您）是两个词，即二者无衍生关系。则我们最先面临的问题是：表复数的"nin"去向何方？凭空消失的情况，对于语言符号系统中的一级核心符号——人称指示符号而言，似乎不太可能。对于"nin"的考察，语法学界通常将之与第一人称另一指示符号"an"（俺/奄/唵，仅表音）对比分析，这一基于系统性的做法值得肯定。我们不妨来看看，与表复数的"nin"相对称的第一人称指示复数形式"an"（俺/奄/唵）又是如何发展的。"an"（金元：am）与"nin"（金元：nim）相对，是第一人称指示复数形式"wo-men"（ŋa-mən）的合音，二者情况甚为像似。由此，我们可以得知，金元时期汉语人称指示系统之格局如表7-4所示。

表7-4

人称	单数	复数/单数	复数
第一人称	wo（我）	an（俺）	wo-men（我们/每）
第二人称	ni（你）	nin（您）	ni-men（你们/每）

作为第一人称指示复数合音形式表复数的"an"（俺），与"nin"（您）一样，形成于宋金时期，初主表复数常见于白话俗语文献中。"an-nin"形成以后发展并不顺利，其皆以单音节形式表复数，与原本单音节表单数的"wo-ni"及双音节表复数的"wo-men—ni-men"相冲突，更与"-men"缀规则及近代汉语复音化趋势相违背。"an"和"nin"虽以表复数为主，但其用例显示，二者皆表意情况中皆有单有复，这与二者之特殊身份相吻合。由于第一人称指示符号与第二人称指示符号不同，其在语言中的地位和作用更为特殊，因此，"an"产生和发展更受到语言差异性及经济性原则的制约，在金元时期，单复兼表的情况更为明显。与"nin"略有不同且值得注意的是，金元俗语中，表复数之"an"出现与"ni"（你）相对的情况，吕先生[1984（1940）：5]认为：此用法是排除说话者（addressee），即此时"an"为第一人称复数排除式，而表单数的"an"则与第一人称单数"wo"无别。由此可见，作为"wo-men"合音形式的表复数的"an"在功能上已经发生变异。我们不妨再接着看"an-nin"的进一步发展，根据吕先生的考证[1984（1940）：15]，元明之际，二者功能上出现了进一步变化：一种保留或维持原来习惯（元人旧习）；一种是则进一步分化，表复数的还原为"wo-men—ni-men"，而表单数之情况则变为"wo-ni"的不同形式。从整体上看，自"an-nin"合音形式产生，整个汉语的人称指示系统便一直处在变动或调整之中，可以说整个系统并不稳定。元明之交，表复数的"an-nin"还原为"women-nimen"，语言的发展变化自然与当时的社会背景、语言及方言间的接触等因素有一定联系，但语言系统自身有其内在规律，这也是语言科学性一面的体现，可以说是"an-nin"在元明之际的分化更为主要的是，语言系统在语言经济性、系统性等原则及汉语复音化趋势等作用下进一步调整的结果。

对于表单数的"an-nin"，作为人称指示符号"wo-ni"的异类形式，在指示符号系统的格局中，明显处于非稳定位置，前文我们已经分析其不可能取代原本单数形式"wo-ni",因而,势必要进一步与之产生差异,方能取得其价值进而存在于系统之中。从现代汉语普通话人称指示符号系统的格局看,作为表复数的两个合音形式,"an-nin"并未取代原有表复数的"wo-men"和"ni-men",而"an"(俺)亦仅见于北方官话(以中原官话为主,遍布河南、山东、河北、陕西以及东北、苏北等地区)中,其表排除式的功能则得以保留,至于表单数还是符号要视具体交际情形而定,或者说根本不区分数的概念。由此可见,在保留"an"(俺)的北方官话中,"an"(俺)所保留的是人称指示符号的最为基本的特性——指示性,与此同时,与同具有此功能的第一人称指示符号(单数"wo"和复数"wo-men")的区别或者说其系统值是排除式,表谦称,由此使得指示符号系统内部结构稳定。与之相反,在保留第一人称指示符号"an"俺的方言中一般也都保留"nin"(您),而"nin"(您/恁)所保留的亦是人称指示符号的最为基本的特性——指示性,与同具有此功能的第二人称指示符号(单数"ni"和复数"ni-men")的区别或者说其系统值是表尊称,进而,由此使得指示符号系统内部结构稳定。

值得注意的是,"nin"(您/恁)同样不具有区分单复数的功能。在保留"an-nin"的方言中,"an-nin"分别表"谦称—敬称"的情况,吕叔湘先生[1984(1940):15]也有注意并给予肯定。正如吕先生之言,金元用例中却未见上述情况,那么我们接下来要探究和回答的首要问题是:元明之际表单数的"an-nin"有何发展?其优势是如何在指示符号系统中立足的?现代汉语敬词"nin"究竟从何而来?由于前人所考察语料的参差不齐,且方言背景甚为庞杂,这在很大程度上也势必影响考察之结果,因此欲充分认识汉语敬称形式问题,我们有必要对其语料情况尽可能全面地作以考察。

7.3.3.3 基于语料库的近汉人称指示系统成员用例考察

基于对表单数的"an-nin"的用例之考察分析,吕叔湘先生发现并强调一种现象,即二者与"领格"(即领属格)的关系,据吕先生考证[1984(1940):17],金元时期表单数的"an-nin"用作领格的占绝对比重,而"wo-an""ni-nin"同时出现时,情况更是如此。上述情况从金元延续至明清,甚至在当今没有"ni-men""wo-men"而只有"an-nin"的方言中,亦同样如此,可见此规律延历数百年。至于上述情况之原因,吕先生未作说明。而从元代起,表复数的"nin"的用例下降明显,而表单数的情况明显上升占据绝大多数,其中绝大部分用作领属格。而与表单数的"您"相搭配的则通常是表亲属的词语,且其中多为长辈。谢俊英(1993:29)基于语料考察,发现"nin+亲属词"结构中的"nin"依旧以表复数为主,但有一种情况可以确定为表单数,即当该结构用于自称时,且一律是权势关系中的下对上,此外,据谢文考察,上述结构以外的"nin"(您)表单数义时绝大多数用于权势关系的下对上及一致关系的交际中。由此,谢文推断(1993:29):上述结构重在向交际对象表示尊敬,该意义则由"您"承担。因而,为"您"由复数义转为单数义兼获新义提供了契机,此即现代汉语敬词"nin"(您)产生之根源及途径。不可否认,谢文对"nin"(您)的发展趋势的分析及其方法值得肯定,具有说服力,但其对"nin"(您)如何发展为具有表敬意之能够的解释,则有不妥之处,说服力欠佳。那么情况是否如此?我们基于语言事实,做进一步考证,另外从前文我们对指示符号系统之特性之分析,可知:第一人称指示符号在整个符号系统中具有极为特殊的地位,第一与第二人称指示符号作为人称指示符号对,二者之间存在密切的依存关系,因此,第二人称指示符号的发展和变化,绝非孤立现象,我们有必要将其置入人称指示符号系统内部进行考察分析。下面,我们将基于北京大学 CCL 语料库,对唐宋以来的人称指示符号系统作以考察,如表 7-5 所示。

表 7-5　　　　　　　　　　　　　　　　　　　　　　　　　　　　　单位：例

朝代		文　献	wo-men （我们/我每）	ni-men （你们/你懑）	an （俺/唵）	nin （您/恁）
宋金	北宋	《三朝北盟会编》	3	23	—	—
		《南迁录》	—	—	2	—
		《武经总要》	1	—	—	—
		《册府元龟》	2	—	—	—
		《云笈七签》	—	—	1	—
	南宋	《南宋话本》	14	16	1	—
		《守城录》	—	—	4	4
		《齐东野语》	1	—	—	—
		《中兴战功》	—	1	—	—
		《黑鞑事略》	—	1	—	—
		《桯史》	1	—	—	—
		《夷坚志》	(1)	—	—	—
		《全宋词》	—	—	6	3
	金	《刘知远诸宫调》	—	—	31	18
		《董解元西厢记》	—	—	73	20
		《续夷坚志》	—	—	1	—
		总计（例）	23	41	119	45

　　从整体上而言，在宋金时期笔记小说、话本及诸宫调等接近口语的通俗文学作品中，表复数的"wo-men、ni-men"及其合音形式"an、nin"皆已出现，不过，前后两种形式的功能却存在明显差异，此为这类形式能够各取其值的原因。从上表我们可以看出，二者在所出现的文献语料中基本呈互补分布，换言之，二者几乎不在相同文献中出现。由于第一、第二人称指示单数形式"wo、ni"由来已久，在人称指示中有着绝对坚固的地位，如在《三朝北盟会编》中"我—你"分别出现128和37例，而在《董解元西厢记》中则分别出现191例和139例，皆远远超过其他人称指示形式的用例。相对而言，表复数的合音形式"an-nin"用例数量则多于"wo-men　ni-men"，尤其是第一人称复数形式

"wo-men"和其合音形式"an"间的用例数量差距更为悬殊,而时间上看,用例悬殊的出现则是在金人文学作品中,"wo-men、ni-men"之用例则全部出现在宋人文学作品中且用法成熟,需要注意的是,北宋时期已出现的第一人称合音形式"an"则发生了方言分化,即汉语南方方言中"an"的变化不大,但在汉语北方方言中却用例数量剧增。第二人称指示符号"ni-men"用例有所减少(北宋23例→南宋18例),而其合音形式"nin"则在南宋金时期首次出现,且主要在金人文献语料中,其用例数量(38例)超过两宋用例数量之和。而伴随着合音形式"an-nin"的大量出现,原本表复数加"-men"形式的"wo-men—ni-men"在金人文献中却未见到,换言之,金人文献中第一、第二人称指示复数形式只有合音形式:"an-nin。"我们再作进一步分析后发现,在《刘知远诸宫调》《董解元西厢记》两部作品中,"an-nin"除了主表复数皆还存在兼表单数情况:其中"nin"表复数32例,表单数13例,表单数用例约占29%;与"nin"不同,第一人称指示合音形式"an"更为明显,表复数60例,表单数59例,二者几乎平分秋色,尤其值得注意的是在《董解元西厢记》中,"an"用作表单数用例(53)远远超过其表复数的情况(20)。由此可推知,第一、第二人称指示符号复数形式中最先出现合音形式的是第一人称指示符号,这与其在指示问题及指示符号系统中的地位密不可分,且由于具有特殊的功能意义,相对于第一人称指示符号单数而言,其复数形式所体现出来的主观性则相对减弱,语气近于缓和,亦相对更能体现客观性。在语言指示系统中,第一、第二人称指示符号之间。存在着单向依存关系,二者密不可分,根据指示系统结构规则,第一人称指示符号复数之合音形式的产生,必然导致第二人称指示符号发生相应的变化,而第二人称指示符号复数之合音形式"nin"的稍后产生也印证了人称指示系统的内部结构力量。基于对用例的考察,我们发现:第一、第二人称合音形式的最初皆以表复数为主要功能,但正如前文所提到的情况,合音形式本身存在矛盾:单音节形式和表复数功能，相对于单音节形式"wo-ni"的绝对优势地位及"-men"缀复数形式之形式整齐性、表意明晰性，合音形式必然处在夹缝中，且陷入进退两难的境地。

由金代俗语文学作品中用例情况可见，其有第一人称合音形式明显呈现从表复数向表单数转化的趋势，第二人称指示合音形式也有此动向，而上述转化在形式和功能上都不会受到阻力，因为表复数的两种情况中无论是"你1+你2+你3……"还是"你+别人"都是表示以受话者核心为主构成的集合，二者唯一的区别是前者受话人在场而后者则"别人"不在场，但为交际双方所共知，对于第一人称指示更是如此，其复数形式通常指的是第二种情况，即"我+别人"，因此交际直接参与者是指示行为及过程的焦点，以核心所在集合（我们、你们）来指示核心（我、你）的用法至今仍保留，且由此产生了区别于直接用第一、第二人称指示符号表说话者或受话者本人的相应语用意义。此外，表复数的"wo-men""ni-men"在宋金时期用例数量与其合音形式差距并不是很大，换言之"人称指示符号加'-men'表复数"这一规则尚未取得绝对优势地位，这也恰为其相应合音形式的产生和发展提供了可能和空间。

为了精确把握两种表复数形式的进一步发展，我们基于CCL语料库对元代的语料做了进一步考察，其结果如表7-6所示。

表7-6　　　　　　　　　　　　　　　　　　　　　　　单位：例

朝代	文献	词汇			
		wo-men（我们/我每）	ni-men（你们/你每）	an（俺）	nin（您/恁）
元	《全元曲—散曲》	1	—	277	83（46+37）
	《全元曲—戏文》	84（14+70）	43（16+27）	89	21（5+16）
	《全元曲—杂剧》	108（80+28）	50（20+30）	4472	1346（1231+115）
	《倩女离魂》	—（我92）	—（你75）	24	2
	《西厢记杂剧》	1（我每）	1（你每）	108	13（7+6）

续表

朝代	文献		词汇			
			wo-men（我们/我每）	ni-men（你们/你每）	an（俺）	nin（您/恁）
元	《大宋宣和遗事》		—	—	5	3
	《全相平话五种》		—	—	81	74（58+16）
	《通制条格》		—	—	159	25（19+6）
	《元朝秘史》		8（我每）	12（你每）	43	56
	《南台备要》		—（我16）	（你7）	35	15（8+7）
	口语	《朴通事》	3	2（你每）	—	—
		《老乞大新释》	39	26	—	—
		《老乞大谚解》	4			
	《元代话本选集》		26	15	22	—
	《三国志评话》		—	2（你每）	21	13
	总计（例）		274	152	5336	1651

从表7-6中的数据我们可以看出，在元代虽然几种人称指示符号的用例数量均有所增长，但处于绝对优势地位的依然是第一、第二人称指示符号的合音形式，即"an-nin"，而对于其功能则既可以表单数亦可以表复数，远非"wo-men、ni-men"那么单一。语言是形式而非实质，"在语言状态中，一切都是以关系为基础"（索绪尔，1980：169，170），在指示符号系统中语言符号之形式本质及彼此关系则更为典型，合音形式的"an-nin"自身所存在的矛盾（单数形式和复数功能），制约着其自身的发展，在元代"an-nin"表单数的用例都远远超过其表复数的情况。在上表元代三大核心文学样式中，第一人称复数合音形式"an"表单数的用例则占到总用例的95%以上，而第二人称复数称合音形式"nin"（您/恁）在元散曲、戏文中也几乎全部被用于表单数，即便元杂剧表单数情况也接近80%，由此，我们可以断定：作为合音形式的第一人称复数形式"an"和第二人称复数形式"nin"的基本功能，已由最初的以表复数为主变为以表单数为主，而在这一变化过程中，处于主动地位的是第一人称指示符号合音形式"an"，而"nin"

则处于从动地位，换言之，二者出于人称指示系统中，且如我们此前所谈论，第一和第二人称指示类符号之间本就存在单向依存关系（即叶氏所谓的确定关系 Determination），在此关系中，第一人称指示符号为常素（Constance），而第二人称指示符号为变素（Variable），而在此系统中，第一人称指示符号复数合音形式"an"的变化必然对其相应第二人称指示符号合音形式产生影响，再加上上述合音形式的本身存在矛盾，更为表复数功能的弱化、表单数功能增加及语义内容增减提供基础和可能。在"wo—wo-men—an"三种形式的并存竞争过程中，形式决定功能，上述合音形式由表复数为主转变为由表单数为主后，必然存在的一种情况是，与先前已存在表单数的"wo、ni"存在竞争，前面我们分析过，合音形式不可能撼动原有单数形式的地位，因此取代的情况不可能发生。那么，合音形式又是如何进一步发展的呢？我们需要对元代以后上述人称指示符号的发展做进一步的考察，其结果如表7-7所示。

表7-7 单位：例

朝代	文献	wo-men（我们/我每）	ni-men（你们/你每）	an（俺）	nin（您/怹）
明	《三宝太监西洋记》	383	281	115	(5)
	《练兵实纪》	3	13	—	—
	《纪效新书》	—	8	—	—
	《三国演义》	3	5	9	—
	《二刻拍案惊奇》	190+53	70+27	34	(3)
	《今古奇观》	108+9	37+3	25	(1)
	《初刻拍案惊奇》	158+14	58+4	31	1
	《喻世明言》	55	31	7	—
	《警世通言》	38	25	47	—
	《醒世恒言》	124	66	17	—
	《夏商野史》	14	4	—	(1)
	《封神演义》	43	58	28	1

第七章　人称指示系统性与近代汉语人称系统演化　◇　173

续表

朝代	文献	wo-men （我们/我每）	ni-men （你们/你每）	an （俺）	nin （您/恁）
明	《水浒全传》	311	187	345	(1)
	《英烈传》	77	49	—	—
	《续英烈传》	4	10	—	—
	《西游记》	612	175	3	—
	《醒世姻缘传》	342	207	737	76
	《金瓶梅》	26+10	69+50	367	(4)
	《异域周咨录》	6+3	2+1	1	—
	《江南詹詹外史》	1+1	—	—	—
	《了凡四训》	1	—	—	—
	《国初群雄事略》	(2)	(1)	6	1
	《万历野获编》	—	1+1	—	(1)
	《两晋秘史》	—	1	—	—
	《包公案》	10	8	—	—
	《大同纪事》	—	4	—	—
	《皇明异典述》	—	1+1	1	—
	《皇明盛事述》	—	—	1	—
	《隋唐野史》	—	1	—	(1)
	《传习录》	—	3	—	—
	《周朝秘史》	—	—	4	—
	《东汉秘史》	—	—	5	—
	《五代秘史》	2	4	10	—
	《云中纪变》	—	(1)	—	—
	《尧山堂外纪》	—	—	12	1
	《闲情偶寄》	—	—	9	1
	《围炉夜话》	—	—	—	1
	《姜氏秘史》	—	—	—	(1)
	总计（例）	2603 (2511+92)	1467 (1378+89)	1814	100 (82+18)

从表7-7中数据可知，在明代，由"-men"缀构成的人称指示复数形式超越先前处于主导地位的合音形式（"an-nin"）成为人称指示核

心复数形式,这一变化在第二人称指示符号上体现得尤为明显,其从元代的 1651 例到明朝骤跌至 100 例,但从用例子情况来看,仍以表单数为主。究其原因,谢俊英(1993:29)认为与作家身份及方言(南方)、当时避俗求雅等社会风气有关,从上述文献情况看,这一推测大致可信。"-men"作为复数标记,相对于相应无形式标记的合音形式具有语义明确性,且更为符合汉语复音化这一发展趋势。"-men"构成的复数形式,自产生至今,功能和形式几乎未发生任何变化,其并非我们所关注的重点。而我们所关注的重点是,人称指示系统中从先前主导地位坠落的合音形式——"an-nin"。前文我们分析过,最初以表复数为主的合音形式"an-nin",在元代其功能已转变为以表单数为主,功能意义的转移,使得本身存在矛盾的合音形式前后受敌,处于夹缝之中。那么,在人称系统三方竞争中,合音形式如何取得并进一步稳固自己一席之地?功能转变后的合音形式又有何种发展或变化?诸问题的回答对我们探明现代汉语敬称形式"nin"的来源至关重要。

由于合音形式存在表单数、表复数两种功能,在实际言语活动中,当所指对象众多而需要指示其中一部分时,为了强调复数或者避免误解,通常会在合音形式后面加上数字,诸如"an+两个(俩)""nin+三位"等,增加数字部分能使得表意更为明晰,值得注意的是,这种情况的出现和发展,也恰恰是在元代,而出现的主要文学样式是基于口语性和在场性的杂剧,如:

俺二人来至京师,今日与裴中立贺喜走一遭去。(元·关汉卿《山神庙裴度还带》)

我教你前后门都闭了,俺五个人吃的尽醉方归,你妒何放进人来?(杂剧·史九散人《老庄周一枕胡蝶梦》)

您二位长者,且待片时,等众员外来全了时饮酒。(元杂剧·刘唐卿《降桑椹蔡顺奉母》)

我主意儿不认这负心贼，您三人直吓的，俺两个做夫妻。（元杂剧《争报恩三虎下山》）

上述形式的出现，在一定程度上，是对言语交际过程中数信息的补充。不过，不可否认的是，在元代，即便合音形式已转变为表单数为主，上述形式中的人称复数合音形式，从语义上依旧是表复数，换言之，其表复数的功能并未消失，且上述形式保存至今。而从泛时角度看，即便被学界认为，仅用于表单数的现代汉语敬称形式"nin"，也并非绝对仅仅表敬称表单数，其依然存在表复数的功能义，这一点往往为学者所忽略。而在上述"合音形式+数量"结构中最能体现合音形式表复数功能的，如表7-8所示。

表7-8

形式1	形式2
俺三个	≠我三个
	=我们三个
您二位	≠你二位
	=你们二位

所谓的"敬称"所承载的是一种社会关系或社会地位关系信息，对其分析，当基于语用角度。也就是说，这些信息是语言符号在使用过程中体现出来的。敬称形式古已有之，在注重社会等级地位的中国更是如此，古代有一整套社会称呼，此外通常称人的"字"、官位等以示尊敬，与敬称相对的还有用于说话者本人的自谦称形式，但谦称、敬称通常与人称指示符号无关联。现代汉语中的第二人称指示符号"您"用于表尊称，即原本表敬称的语用意义已固化为其专门意义。那么，回到我们先前探讨的主题，则有两个相关的问题需要我们反思：①现代汉语敬称形式"nin"与产生于宋元时期的"ni-men"合音形式的"nin"到底有无关系？②现代汉语敬称形式"nin"产生于何时？对于第一个问

题,"ni-lao"(你老)合音说和"ni-na"(你那)合音说皆持否定答案,而对于第二问题,上述两种学说则多认为最早出现在晚清以后(吕叔湘,1985;刘云,2009;李炜、和丹丹,2011等),由于并非基于语料库,吕叔湘先生(1985:37)认为:表敬称的"您"在《老残游记》中首次著录,且初写作"儜"(níng),至于为何要用"儜"(níng)字,吕先生(1985:52)给出的推测是:

也许刘鹗根本不知道过去有过"您"字,也许他知道这个字,但同时又知道这个字在现代方言里读"nen",才造了个"儜"字,"宁"音"niŋ",标音不正确,但是音nin的汉字原来一个也没有,无可假借。

且不说上述情况存在的可能性有多大,但有一点值得注意的是,"儜"字早已有之,其意为怯弱、困顿、粗劣等消极意义,甚至常用于轻蔑、骂人的言辞之中,为何弃它字不用而偏偏用一个本意与表敬意截然相反的且音也仅仅相近的字来记录表敬称的"nin"?这让我们无从解释,而且用"儜"表敬称"nin",也仅在《老残游记》中出现,由此便推测现代汉语敬称形式"nin"便源于此,似乎很难说明问题。此外,经考察发现,"儜"首次出现在《老残游记》(包括其续集和外编残稿)中,共计94例,我们先来看看"儜"的用例:

老姑子問:「儜今兒還下山嗎?恐來不及哩!」德夫人說:「雖不下山,恐趕不上山可不好。」

逸雲道:「天氣寒,儜多用一杯罷,越往上走越冷哩!」德夫人說:「是的,當真我們喝一杯罷。」

德夫人道:「儜說的也是,但是靚雲究竟為什麼下鄉呢?」逸雲又歎一口氣道:「近來風氣可大不然了,到是做買賣的生意人還顧點

第七章 人称指示系统性与近代汉语人称系统演化

體面……

德夫人向慧生、老殘道:「儜見那山澗裡一片紅嗎?剛才聽逸雲師兄說,那就是經石峪,在一塊大磐石上,北齊人刻的一部《金剛經》。我們下去瞧瞧好不好?」慧生說:「哪!」逸雲說:「下去不好走,儜走不慣,不如上這塊大石頭上,就都看見了。」

我们所疑惑的是,如何判断上述出现的形式即为表敬称?换言之,判断一个词语表敬称与否的标准是什么?由先前我们对指示符号的意指特性分析可知,该类符号本身的核心功能是其指示性,通过为言语活动的参与者分配角色将言语各方纳入活动之中,其有着极强的语境依赖性,表敬称是一个语用层面的意义,如果说评判表敬称与否凭借的是语境和语感,则难以让人信服,那么,我们又如何否认以下用例中的"nin"(您/恁)也具有表尊敬之意:

(姑姑云)白士中,这桩事亏了我么?(白士中云)你专医人那枕冷衾寒,亏了姑姑!您孩儿只今日,就携着夫人同赴任所,另差人来相谢也。(元·关汉卿《望江亭中秋切鲙》)

娘心里烦恼恁儿知,伏不是床前忙跪膝。(元·无名氏《转寻思转恨负心贼》)

母亲,休爱惜莺莺这一身。您孩儿别有一计;不拣何人,建立功勋……(《西厢记杂剧》)

上述情况,在元代文学作品中的情况已为常见现象,我们又如何能肯前而否后?对于一种语言的基本核心词汇短时间产生的观点,我们暂且不多作评论,而举例证明的方法必然使其说服力打折扣。我们这里最为关心的是,作为合音形式的"nin"在转变为以表单数为主后,又是如何在人称指示系统中立足和发展的?有没有产生表敬称的功能?我们有必要基于语料库做尽可能穷尽性地展现和分析元代以后汉语人称指示系统的面貌和发展状况，其结果如表 7-9 所示。

表 7-9 单位：例

朝代	文献	wo-men（我们/我每）	ni-men（你们/你每）	an（俺）	nin（您/恁/儜）
清	《廿二史劄记》	4	—		
	《聊斋俚曲集》	4	11	1070/4（俺们）	361/4（您们）+13
	《曾国藩家书》	66	29	—	—
	《七侠五义》	255	172	219	1（恁）
	《七剑十三侠》	197	93	42	
	《三侠剑》	808	818	41	830
	《东周列国志》	2	2	5	
	《东度记》	228	79	1（俺们）	—
	《九尾龟》	596	607	—	1
	《二十年目睹之怪现状》	582	189		32（你儜）
	《乾隆南巡记》	138	90	16	—
	《侠女奇缘》	523	432	13	—
	《儒林外史》	265+1	76	12	—
	《儿女英雄传》	407	348	9	—
	《续济公传》	437	523	506	—
	《绿野仙踪》	402	233	21	2（恁）
	《老残游记》（续集+外编残稿）	236	111	69	94（儜）
	《薛刚反唐》	41	25	2	—
	《西巡回銮始末》	2	5	—	
	《说唐全传》	302	231	165	1
	《说岳全传》	232	141	69	
	《野叟曝言》	277	260	115	1（恁）
	《赵太祖三下南唐》	16	2	1	
	《镜花缘》	433	164	379	
	《隋唐演义》	296	168	8	1（恁）

第七章 人称指示系统性与近代汉语人称系统演化 179

续表

朝代	文献	wo-men（我们/我每）	ni-men（你们/你每）	an（俺）	nin（您/恁/儜）
清	《北东园笔录四编》	1	—	—	—
	《客座偶谈》	1	—	—	—
	《广阳杂记》	1	—	—	—
	《春明梦录》	10	—	—	—
	《景善日记》	5	2	—	—
	《蕉轩随录》	1	—	3	—
	《谏书稀庵笔记》	2	2	—	—
	《杨家将》	2	1	—	—
	《清代野记》	1	—	—	—
	《明史》	1	—	—	—
	《熙朝新语》	—	2	—	—
	《履园丛话》	—	1	—	—
	《杌近志》	—	1	—	(1)
	《栖霞阁野乘》	—	2	—	—
	《清代名人轶事》	—	1	5	(1)
	《行在阳秋》	—	3	—	—
	《述庵秘录》	—	1	—	—
	《阅世编》	—	2	—	—
	《西征随笔》	—	—	3	—
	《负曝闲谈》	35	49	—	8
	总计（例）	13495	10039	4176	1497

基于北京大学 CCL 语料库，从表 7-7、表 7-9 可见，"nin"（您/恁）在明、清时期虽然用例骤减，但并未消失。在表 7-9 中，"您"出现最多的是清末艺人张杰鑫（1862—1927）所著《三侠剑》，该书作者及其书成书时代背景与刘鹗（1857—1909）及《老残游记》成书背景基本相同，所不同的是《三侠剑》中未出现"儜"，而表敬称的形式皆为"您"（830 例），且在用例数量上远远超出《老残游记》中的"儜"（94 例），此外，在曾朴（1872—1935）的晚清小说《孽海花》中"nin"出现 32 次，也均写作"您"，值得注意的是，不管是《老残

游记》中的"儜"还是其他作品中的"您",其用法已基本和现代汉语敬称形式"您"无异,同样存在"您(儜)+数量短语"的情况,如:

> 只見那二的說道:"儜二位府上都是揚州嗎?"慧生道:"都不是揚州人,都在揚州住家。"
>
> 小金子道:"大爺別氣!儜多抱屈。儜二位就在我炕上歪一宿;明天他走了,大爺到我屋裡趕熱被窩去。妹妹來陪二爺,好不好?"許大連連說道:"滾罷!滾罷!"

综上可推知,现代汉语敬称形式出现在晚清时期的推测,问题颇多,难以让人信服。而从另一角度看,一种语言的极端核心词汇也不可能突然出现,基于上述推测的"ni-lao"说和"ni-na"说,亦恐难站住脚。那么,现代汉语敬称人称形式"您"到底从何而来?到底与宋元时期产生的合音形式"nin"有无关联?如果其源于后者,那么,表敬称指示功能何时出现,又是如何出现?

纵观现代汉语敬称形式"nin"、宋元时期出现的作为"ni-men"合音形式以表复数为主的"nin",以及后来转变为以表单数为主的"nin",如果说数的概念在合音形式产生之初占有相当地位,则在其发展历程中数概念的地位在逐渐减弱,因为其自身形式特点及形式和功能之间的矛盾决定了其发展。可以说,表数概念并非上述合音人称指示符号之优势所在,因而,在具体使用中,其表单数还是表复数在很大程度上依赖于具体语境,而这也正是指示符号的根本表意特性所在,具体交际中交际双方皆在场,基于在场性合音形式无须过多地关注数的概念。但有一点值得注意的是,如果合音形式"an-nin"完全丧失原表复数功能转而表单数,其必与表单数的"wo-ni"相冲突,进而丧失其存在的原有系统价值,而其又无法撼动"wo-ni"的坚实地位,因而上述情况为语言系统性及经济性原则所不容,而事实上,合音形式虽不具有区分单复数的形式优势，但其自始至终没有完全丧失表复数的功能，这一点在前面我们提到的"合音形式（an-nin）+数量短语"强调数概念的结构中表现得尤为明显，即便是被学界认为仅表单数的现代汉语敬称形式"您"也同样如此，能够进入该结构的只有第一人称复数指示形式"wo-men"和第二人称复数指示形式"ni-men"及二者合音形式"an-nin"，而自古至今仅用于表单数的人称指示符号"wo-ni"则难以进入上述结构，如表7-10所示。

表7-10

结构	第一人称			第二人称		
	wo	an	wo-men	ni	nin	ni-men
X+数量短语（计人）	×	√	√	×	√	√

表7-10所示结构可以用来检验现代汉语第二人称指示符号"ni"和敬称形式"nin"在语义和功能上的差别。而这一点也恰恰可以证明，现代汉语敬称形式"nin"并非如学界先前之认识：现代汉语"nin"仅具有表敬称、表单数之功能，与宋元时期作为合音形式的"nin"无关。复数义之保留，足以证明现代汉语敬称形式"nin"和宋元时期合音形式"nin"并非毫无联系。我们不妨再进一步看看，功能转变后的合音形式"an-nin"究竟又发生了何种变化，以使其依旧能够在人称指示系统中立足。

由于缺乏形式标记，合音形式表单复数需要借助于具体语境才能得以确定，这种情况在元朝已经出现。在元朝，合音形式"an-nin"正处在功能由表复数为主向表单数为主的方向转化，而最为先出现上述情况的是第一人称合音形式"an"，换言之，在元代语料中，以表复数为主的合音形式"an"最先被用于表单数，即指示说话者本人，如同现代汉语一样，我们在一些情形中也会选择用表复数的"wo-men"来表示说话者个体，例如在学术论文中，为求所谓的客观、严谨，被禁止使用第一人称"我"来阐述观点，而大多时候以"我们"代之。至于为什么会出现用复数形式表单数的情况，我们认为：一方面与合音形式自身的矛盾有关，另一方面，则是与社会文化因素有直接关系。而对此，我们需要从语用层面予以分析。

7.3.3.4 近代汉语人称系统结构变动与汉语敬称形式问题

在等级、尊卑制度森严的中国封建社会，言语交流中等级地位分得很清，说话必须有分寸，否则会被视为犯上或不敬。吕叔湘先生（1985：34—35）在考察汉语礼貌形式时曾强调：对不该称"你"的人直接使用第二人称指示符号"你"，是无礼甚至是种侮辱，反之则是表示亲密，在交际活动中直接使用人称指示符号"我—你"皆犯忌讳，但二者情况又略有不同，相比直接说"我"的自大、傲慢，直接使用第二人称指示符号"你"则更为严重，多是直接指责或训斥，更难让人接受。而根据指示符号本身的特性，第二人称指示符号在使用时，通常伴随有一定的肢体姿势（如手指、眼示或眼神、仰头等），这些伴随的肢体语言也多有斥责、挑衅、轻蔑、针对等强负面意义，会让交际对方产生警醒、厌恶等意识，甚至反抗。不但在等级分明的封建社会，而且在现今日常交际中如若使用不当，也会给交际对方造成不良印象，产生负面效果。这也是人称指示系统复数形式及其合音形式产生和得以发展的一个至关重要的社会因素，可以说是语用层面的需要。

由表7-5至表7-9中各人称指示符号的用例变化，可以推测：合音形式"an-nin"从产生到元代在人称指示系统中都处于核心或主导地位，其用例都远超相应非合音形式"wo-men"和"ni-men"，随着用例的增多，合音形式在功能上也发生了一定变化，由原来的以表复数为主转变为以表单数为主，对此最为有力的证据便是原有合音形式与"-men"（们/每）缀结合表复数，这一现象最早出现在元朝，而出现的文学样式则是口语性较强的话本、杂剧、笔记等，基于CCL语料库，我们发现：第一人称合音形式"an"共计44例（24们+20每），而第二人称合音形式"nin"则也出现了类似的用法，但用例较之"an"则较少，仅有10例，从表7-5及表7-6中的用例数量可见，上述比例（44∶10）基本符合合音形式"an-nin"用例总量的比例。合音形式加"-men"缀的情况印证了我们先前所做的推断：在元代，合音形式已经以表单数为主，但并未完全丧失表复数之功能，与表单数的"你"的最大区别，便是可否进入"X+数量短语（计人）"结构，因而，在表数概念问题上，其用法和现代汉语"您"无异，而上述形式的出现也可看作加"-men"表复数这一规则类推作用的结果。

不过，合音形式加"-men"缀的形式表复数，如同原来合音形式一样，在人称指示系统中也处于矛盾地位，其势必会与原有"-men"缀表复数的形式"wo-men"和"ni-men 产生冲突，而较之后者，新出现的合音"an-nin"+"-men"的形式同样自身存在矛盾。由于原表复数形式"wo-men""ni-men"用例骤增，已转明代之前合音形式表复数之局面，而取代其后出现的自身不稳且内部矛盾的合音形式"an-nin"，基于北京大学 CCL 语料库，我们发现：元代之后，第一、第二人称合音形式"an-nin"内部地位差异及不对称性进一步加剧，二者命运截然相反。从用例数量上看，"an-men"（俺们/俺每）明代共出现了299例（俺们213+俺每86），较之元代增加了近6倍，与之截然相反，第二人称合音形式"nin"加"-men"缀的情况仅仅出现了4（俺们）例，与第二人称合音形式用例骤减趋势相符合。可以说，明代是合音形式"an-nin"命运的转折点。

合音形式功能的转变过程发生在元代，而合音形式地位的骤衰发生在明代，"合音形式+'-men'缀"的出现标志着合音形式功能转变的基本实现。以表单数为主的合音形式与现代汉语敬称形式"您"在除敬称功能外已几乎无异。如果说合音形式在产生之初主要表复数，并无敬称之意，那么，合音形式转变为以表单数为主的过程中，究竟是否产生了敬称功能，这是我们现在最为关心的问题。而欲回答此问题，我们则必须先明确一点，即如何判断一个符号是否具有敬称意义？此问题不明，我们则无从判断。就现代汉语而言，第二人称指示符号"您"已被约定俗成为表敬称，意义和功能都已固定。而在此之前如何判断近代汉语中的"您"是否含有敬称之义，从先贤时人的做法看，一种是彻底否认晚清之前的"nin"含有敬称意义，认为现代汉语敬称形式"您"是晚清之后才有的产物，与先前的合音形式"nin"毫无关系，"ni-lao"合音说、"ni-na"合音说遵从此做法；而另一种做法则是承认有关联，对于如何判断是否含有尊敬义，其所依据的依旧是语境或语感，但拿不出较为客观的评判标准。谢俊英（1993：28—29）通过语料考察发现：元杂剧中代词"您"表单数义时，常与亲属称谓词组合成"您+亲属词"的结构，这样的情况占据用例总量的近80%，此结构多用于说话者的自称（如"您孩儿"等），且自称情况一律是权势关系中的下对上，谢俊英认为，上述结构用于自称不仅表达自谦，更为重要的是向交际对象表示尊敬。此外，"您+亲属词"少量用于指交际双方之外出于权势关系中较高的第三者，而单用"您"表单数义时绝大多数用于权势关系的下对上及一致关系的交际中，由此，谢俊英认为：代词"您"在表单数义时并不单纯地与"你"等义，已含有尊敬对方的意味，因此，人称指示"nin"的敬称意义最初便源于此。谢文强调：敬称意义由"您"承担，是"您"由复数义变单数义，同时获得一种新的意义，提供了一个契机。基于我们对 CCL 语料库中"an-nin"的用例考察，我们基本赞同谢文上述推测，即现代汉语第二人称指示合音形式"您"的敬称意义的产生是人称指示系统内部彼此竞争（内部）及社会言语交际中等级地位区分需要（外部）综合作用的结果。

上述论断基本符合近代汉语第二人称指示符号的存在状态及其合音形式"您"的演化轨迹。不过，遗憾的是：先贤诸家却自始至终未能明确给出判断近代汉语中的"您"是否含有敬称之意的标准，这致使其推测严谨性及可操作性不足。基于语料考察及指示符号系统性考虑，我们发现，自复数"-men"缀产生至今，汉语人称系统的格局一直出于调整状态，而不同时期的系统结构也不一样：

宋金：	元代：	明清：	现汉：
wo — ni	wo — ni	wo — ni	wo — ni
| |	| |	| |	|
an(复) nin(复)	an(单) nin(单)	an nin	nin(敬)
| |	| |	| |	|
wo-men — ni-men	wo-men — ni-men	wo-men ni-men	wo-men — ni-men

结构图 7-1

虽然，合音形式"an-nin"在明代用例皆骤减，但二者内部差异悬殊，这与上述合音形式在人称指示系统中的地位有着必然联系。单复功能转变使得人称指示符号系统内部结构不得不做出相应调整，原本合音形式对"an-nin"转而与原有单数形式"wo-ni"竞争，既而人称指示系统内部竞争结构由"an—wo-men""nin—ni-men"转变为"wo-an""ni-nin"，由于第一和第二人称指示符号在整个指示符号系统地位差异明显，"an-nin"这一对合音形式的发展也受之影响，并且二者失去此前协调态势（"an"1:3"nin"），转而直接与各自相应的人称单数形式相关联。综合上述因素，我们认为，判断"您"是否含有敬称之意，至少符合系统内外两方面的条件：

①系统内部：第二人称指示表单数的"您"与表单数"你"严格对立，二者不可互换，"您"之功能专门化；

②系统外部：即社会等级或地位，表单数的"您"在言语交际过程中仅用于社会地位较低者对较高者之指代，或者处于交际需要地位平等者之间一方处于语用目的为自谦而有意自降地位以示尊敬。

上述二标准皆满足者可视为敬称形式，如若只满足第二条标准，则我们不能断定其是否为敬称形式，但可以依据语境判断其是否含有敬称意义，换言之，即便是合音形式"nin"表复数的情况，若满足第二条件，则我们依然可以根据语境判断其是否含有敬意，因为表复数与表敬称并不矛盾，合音形式表数概念发生在语法层面而非语用层面，而表敬称则恰恰相反，在未固化之前则发生在语用层面而非语法层面。以此为评判标准，我们发现，汉语敬称形式"nin"（您/恁）产生的前提是：其由表复数转为表单数为主，而这一过程大体始于元代。换言之，在元代，"nin"（您/恁）在使用过程中可能已经产生敬称之意，不过仅停留于语用层面，尚未进入语法层面。而汉语在明代整个人称指示系统结构产生了较大的调整，"-men"缀形式的骤增，"nin"进入"ni—nin—ni-men"三者竞争之中，由于其自身矛盾性和不明确性，"nin"并未也不可能在系统中取得优势地位，其用例骤减。而从明代所出现的第二人称指示符号复数合音形式"nin"（您/恁）用例的具体情况来看，"您 + 亲属词或领属物"结构的用例减少（192：12），而单独使用的例子明显增加，此外，以出现次数较多具有代表性的小说《醒世姻缘传》文献为例，此书为明末清初小说，以山东中部方言写成，"您"的 76 个用例中，单数义 10 例占 13%，复数义 66 例占 87%，可见"您"以表复数为主，且书中"您"与"你""您们""你们"不乏混用情况，无法满足上述我们所提出的评判标准，如：

晁住拿着五钱银，跟了杨太医去取药。一路走着，对晁住说道："您大爷这病，成了八九分病了！你见他这们个胖壮身子哩，里头是空的！……"（《醒世姻缘传》第二回）

计老头父子起身作别，说道："你耐心苦过，只怕他姐夫一时间回过心来，您还过好日子。"说着，计老头也就哭了。（《醒世姻缘传》第三回）

晁思才老婆见了，连忙说道："嗳呀！你从多咱来了？"晁无晏老婆也没答应，只说："呃！你拍拍你那良心，这事是晁无晏那天杀的不是？您一日两三次家来寻说，凡事有你上前，惹出事来您担着。后来您只捣了一百杠子，俺倒打了二百杠子，倒是人哨着你那老斫头的来？天老爷听着，谁烁谁，叫谁再遭这们一顿！"晃夫人道："今日是孩子的好日子，请将您来是图喜欢，叫你都鬼吵来？您待吵，夹着屁股明日往各人家里吵去！我这里是叫人吵够了的了！"（《醒世姻缘传》第二十一回）

此外，"nin"（恁）在成书于明后期（1598）的《三宝太监西洋记》（作者罗懋登，明万历年间，陕西人）中所出现的几例，也基本与上述情况像似，例如：

那一个把关的官也有些妙处，一手挡住关，一手挽着牛，只是不放。老子道："恁盘诘奸细么？"那官道："不是。"老子道："俺越度关津么？"那官道："也不是。"

两下里正在作笑，忽听得半空中划喇喇一个响声。云寂说道："恁两家说一个不住，致干天怒。"道犹未了，只听得一个声气说道："直饶有倾峡之辩，倒岳之机，衲僧门下，一点用他不着。"把个云寂连忙的望空礼拜，说道："小弟子不合饶舌，望乞恕罪。"滕和尚自家想道："话儿也是多了些。"就此告辞。云寂道："徒弟，你拜谢了滕师父。"

金天雷禀道："二位元帅在上，天师、国师在前，兵法有云：'将在军，君命有所不受。'今日之事委托末将，中间行止疾徐，俱凭末将，元帅幸勿见罪！"元帅道："只在到头一着，其余的悉恁尊裁。"金天雷拜辞而去。

长老慢腾腾的说道："贫僧是个出家人，怎禁得这一剑？"袖儿里面把个指头望空一指，其剑斜刺里插着草地之上。羊角仙人大怒，说道："好和尚，恁在欺人也！"

从上述语料推测，出现上述情况的与作者之方言背景有很大关系。这一时期的合音形式基本保持了元代人称指示结构的原貌，即人称指示合音形式以表单数为主，表复数功能并未消失，所不同的是：合音形式单用情况增多，尤其是第一人称"an"，而"nin"则用例骤减，但敬称意味更为明显，而"an-nin"合音对结构失调，各自转向与其单数形式竞争。在《醒世姻缘传》中，则还有大量第一人称指示符号"an"（俺）的用例（591 例），其人称指示结构相对于元朝较大变化是合音形式"an"、"nin"与"-men"缀结合表复数，由此推测，其结构面貌如下：

```
        wo         —        ni
        |                    |
      an (单)              nin (单)
        |                    |
      wo/an-men  —  ni、nin-men
```

结构图 7 - 2

上述结构中表单数的"an-nin"在具体使用中与原有单数形式"wo-ni"的区别或差异是什么？换言之，表单数的"an-nin"如何在人称系统中取得其价值？从用例情况看，主要是在语用层面发生变异，原有单数形式"wo-ni"显得过于直接，除此之外，对于第一人称而言，则显得过于强调自我、自大、傲慢等，对于第二人称而言，则含有直接斥责甚至挑衅、羞辱、咄咄逼人之意，难让对方接受。正如吕叔湘先生之言，在交际中，后者更为严重，不符合会话原则，可能直接导致对方厌恶甚至不合作。使用合音形式，则明显较为缓和，这为合音形式的存在和发展提供了可能和空间，前文我们提到在元代合音形式功能转化后，"nin"在语用层可能出现新的敬称含义，而再反观第一人称合音形式"an"，其用例更多，也同样有变异，与"nin"相对则可能也产生新的语用意义，即自谦称法，但不及"nin"的敬称意义明显。相对而言，明朝中间时期的人称指示结构则应为：

```
        wo  —  ni
        |       |
       an(谦)   |
        |       |
      wo/an-men — ni-men
```

结构图 7-3

在明人李渔的《闲情偶寄》一书中，曾明确指出："字分南北北曲有北音之字，南曲有南音之字，如南音自呼为'我'，呼人为'你'，北音呼人为'您'，自呼为'俺'为'咱'之类是也。"这一论断说明在人称指示问题上汉语南北方言之间存在一定差异，但需要指出的是，在北音中，"我—你"也同样存在，而且占据绝对优势，以上述较为典型的《醒世姻缘传》为例子："我—你"分别出现6404例和7236例，依旧远远超出各自相应合音形式的用例，而"俺/咱—您"并非与前者等同，而多是出于某种语用目的。此外，从文献角度看，《二十年目睹之怪现状》（1903—1905）中作者吴趼人曾明确标注："你儜，京师土语，尊称人也。发音时唯用一儜字，你字之音，盖藏而不露者。"此外，夏仁虎（1874—1963）在《旧京琐记》（民国）更为确定地指出："有一字而分两意者，如你我之'你'，遇平行以下可直呼'你'，尔、汝意也。然遇尊长则必曰'您'，读如'邻'，非是则不敬。"从时代背景上看，吴趼人（1866—1910）、夏仁虎（1874—1963）与刘鹗（1857—1909）、张杰鑫（1862—1927）等人所处的时代背景相仿，皆为晚清民国时期。而从我们对清代文献的"nin"的用例考察结果来看，出现较多的有八部作品：清初的《聊斋俚曲集》（作者蒲松龄，1640—1715，山东人），《歧路灯》（1749—1779）（作者李绿园，1707—1790，河南人），《彭公案》（1891）（作者贪婪道人），《二十年目睹之怪现状》（1903—

1905)（作者吴趼人，1866—1910，广东人），《负曝闲谈》（1903—1904）（作者欧阳巨源，1883—1907，江苏苏州人），《老残游记》（1903—1906）[作者刘鹗，1857—1909，江苏丹徒（今镇江）人]，《孽海花》（1905—1931）（作者曾朴，1872—1935，江苏常熟人）以及《三侠剑》（1920）（作者张杰鑫，1862—1927，天津人）。

从过往用例观察，我们发现：在清朝，合音形式"nin"（您/恁/儜）的用例较之明代在逐渐增多，而"an"（俺）的用例却在逐渐减少。从成书时间和作者语言背景方面看，清初《聊斋俚曲集》与明末《醒世姻缘传》情况极为像似，同为山东方言。不过，从用例情况看，二者差异较大。《醒世姻缘传》中"an""nin"用例比例近乎 10∶1，而《聊斋俚曲集》则回到宋元时期的近 3∶1，且表复数仍以合音形式"an-nin"为主，明朝极为强势的"-men"缀形式所占比例甚小。《聊斋俚曲集》所反映出的人称指示结构与先前不同，应为：

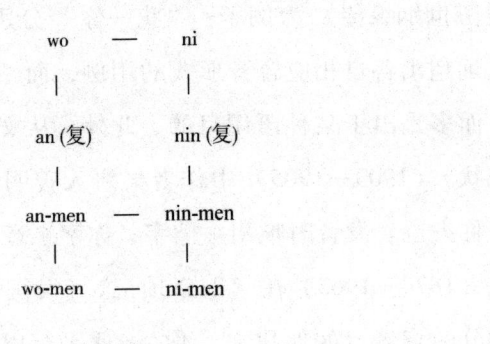

```
     wo   —   ni
      |         |
    an(复)   nin(复)
      |         |
    an-men  —  nin-men
      |         |
    wo-men  —  ni-men
```

结构图 7-4

对于上述情况，谢俊英（1993：31）认为："在北京话代词'您'已完全表单数成为纯粹的尊称形式的时候，山东方言代词'您'的复数义还未完全消失，还没有完成向单数义的过渡。"换言之，方言之间"您"的演化存在差异，并不也不可能同步，而这种演化的空间不同步性，恰好可以为我们探索语言现象的演化轨迹提供有力证据。我们认为谢俊英的解释和推测符合语言演化之规律，具有可信度。此外，从总体用例数量上看，清代"an-nin"的用例与宋元时期情况相同，即3∶1，唯独明代二者比例悬殊，超过18∶1，这在一定程度上也能证明清代合音形式"an-nin"的地位及汉语人称指示系统结构的进一步调整。

另一部值得注意的作品是《歧路灯》（作者李绿园，1707—1790，河南人），此书稍晚于《聊斋俚曲集》，作品描写的是康、雍、乾时期的生活，其所反映的人称指示系统结构则与《聊斋俚曲集》基本相同，但机构内部成分之地位却发生较大变化，最为明显的是"-men"形式用例的增多，此外，合音形式"an-nin"发展亦出现了不均衡现象，"an"以表复数为主，但也有不少表单数的用例，而"您"主要表复数，表单数较为罕见，但其中表敬称之意明显，尤其是当出现在"您+亲属词"结构中之时。

此外，出现在19世纪末的《彭公案》"-men"形式得到进一步发展，在表复数问题上占据绝对优势，而合音形式"an-nin"的发展最为明显的是由表复数为主变为表单数为主，尤其第一人称合音形式"an"，仅有6例单独使用，其余53例皆加"-men"以表复数；而第二人称合音形式"您"出现的18例中，有9例出现在"您+老人家"结构中，表单数表敬称之意尤为明显，另外单用的9例亦同样表敬称。而在《老残游记》《二十年目睹之怪现状》中均写作"儜"，而"儜"也仅存于上述两部作品，且其功能是表音，而两部作品的作者同为南方人，我们有理由相信，上述情况是方言语音差异所致。对于《老残游记》所出现的"儜"的90余例，谢俊英（1993∶31）曾指出有1/3用例根据语境依旧表复数，如：

　　翠花看二人（黄升、人瑞）非常高兴，便问道："儜能这么高兴，想必抚台那里送信的人回来了吗？"
　　张大脚连忙跑过来说："儜二位别只声。这陶三爷是历城县里的都头，在本县红的了不得，本官面前说一不二的，没人惹得起他。您复二位可别怪，叫他们姊儿俩赶快过去罢。"

小银子也过来低低的说道："大爷，二爷！儜两位多抱屈，让我们姊儿俩得二百银子，我们长这么大，还没有见过整百的银子呢。你们二位都没有银子了，让我们挣两百银子，明儿买酒菜请你们二位。"

不过，前文我们提出判断敬称形式的两个标准，值得注意的是，即便《老残游记》中"儜"存在表复数的情况，但与其表敬称的功能并不冲突，因为如前文所言，即便现代汉语中的"您"也一样可以用在"您+数量短语（计人）"结构中，也依然保留有表复数的功能，正如我们此前所言，合音形式表数概念发生在语法层面，而表敬称则恰恰相反，在未固化之前发生在语用层面，二者并不矛盾。这一点在先前研究中常被人误解，进而过于强调人称指示合音形式表数概念的功能，而这从根本上并非指示符号的特性，那么是不是表复数的合音形式就一定不能还有敬称意义？很明显答案是否定的，指示符号具有极强语境依赖性，从上述用例之出现语境看，皆用于社会地位高者对地位低者，因为满足我们先前列出的第二个判断标准，因而，我们不能排除其含有敬称之意，但不可否认，其与仅用于表敬称的"nin"（您/儜）确实尚存在本质区别，因为后者已经固化为一种语法功能。

《老残游记》中的"nin"的用例上存在一定的争议，不够成熟，而与其同时代背景的《孽海花》、《二十年目睹之怪现状》和《负曝闲谈》三部作品中所出现的"nin"（您/儜）的用例，已毫无疑问与现代汉语中的敬称形式"您"无异，完全符合我们提出的两条标准，对此学界亦无争议。换言之，到晚清民国时期，现代汉语人称指示符号"您"表敬称的功能才得以完全固化，实现了由语用层向语法层的转变。稍晚的《三侠剑》中大量出现的"您"（830例）皆表敬称形式，与现代汉语敬称形式"您"没有区别。

从上述用例情况看，现代汉语人称指示系统结构的形成及敬称形式

"您"确定,皆为晚清时期。此外需要指出的是:敬称形式"您"依旧可以用作表复数,换言之,表复数功能并未彻底消失,合音形式"nin"从产生到敬称形式"nin"的演化轨迹,可以表示如下:

合音形式表复数 → 合音形式表复数含敬称意义 "您+数量结构(计人)"
　　　　　　　↘ 合音形式表单数 → 合音形式表单数含敬称意义(语用) → 敬称形式

基于语料考察,从总体上看,我们可以发现指示符号的系统性在人称指示符号的消长问题上,起着决定性作用,除地位稳固的单数形式"wo-ni"外,在近代汉语中,人称指示系统内部可以分作两类势力:一是以表数概念为主的"-men"形式,其形式整齐、明晰,具有极强的类推作用;另一则是以合音形式稍晚出现的"an-nin"(约3:1),其最初以表复数为主,但因其自身形式与功能存在矛盾性,既而逐渐转向以表单数为主,并在使用过程中逐渐产生敬称意义(语用),进而形成现代汉语敬称形式"nin"。在整个人称指示系统中存在竞争,各方因素以区别于其他成分的差异性,取得其系统值进而得以立足。由于"an-nin"最初是作为其相应"-men"缀形式的合音形式出现的,而在用例数量上,元代以前合音形式一直处于绝对优势地位,由于两种形式功能相同,则必然导致二者之间相互竞争,在汉语复音化的大背景下,合音形式并无过多优势,竞争的结果是合音形式在元代出现表单数功能,且在语用层面亦产生变异,且"-men"缀形式在用例数量上超越其相应合音形式占据优势地位,合音形式表单数的必然与原有单数形式"wo-ni"竞争,相对于后者,其无论在形式还是功能上都出于下风,依旧没有优势可言,因而元代之后,合音形式表单数的功能并未得到长足发展,反而用例骤减,由于第一、第二人称形式在人称指示系统中存在地位差异,上述趋势在合音形式内部也呈现出不一致性,第二人称指示之发展尤为明显,到明代其与第一人称指示符号比例由"1:3"变为"1:18",但第二人称合音形式在明代所出现的用例皆以表单数为主,且敬称意义（语用）较之此前更为明显。到了清代合音形式的内部比例又恢复到了近"an"3∶1"ni"，而从用例情况看，方言内部存在差异，北京方言最先形成敬称形式，而其他方言则依旧呈现出明末清初的面貌。值得注意的是：晚清之后，汉语人称指示系统的结构再次发生调整，合音形式"an""nin"内部也再次出现了发展不一致现象，与元明时期情况相反，第二人称合音形式"nin"的用例数量明显增加，而第一人称合音形式"an"用例则明显减少，二者比例由原来的"an"3∶1"nin"，反之变为"nin"3∶1"an"，正如我们基于北大语料库对民国时期文献用例的考察，其结果如表 7-11 所示。

表 7-11　　　　　　　　　　　　　　　　　　　　　　　　　单位：例

时期	wo-men（我们）	ni-men（你们）	an（俺）	nin（您）
民国	6358	3865	1247	3443

上述情况到了现代汉语中表现得更为明显，敬称形式"您"的用例数量是"俺"的 10 倍以上，如表 7-12 所示。这与晚清时期"您"的演化及敬称形式的出现，有着必然联系。而从第一、第二人称合音形式在现代汉语普通话用例情况看，皆已变为表单数为主，表复数的现象仅在一定结构中才表现出来。"-men"缀形式在表复数问题上处于核心地位，甚至转变为表单数为主的第一人称合音形式"an"，明代出现"-men"缀形式。"an-men"在现代汉语中也有一定数量的用例（595例），但主要出现在口语和方言之中，而与之相应同出现于明代的第二人称合音形式加"-men"缀的形式"nin-men"则未有较大发展，对于该形式，学界上存在较大争议，在人们日常使用中也较少适用。上述二者皆是"-men"表复数规则类推之结果，但由于人称指示系统中已有相应且出于绝对优势的表复数形式，所以上述"俺们、您们"在人称指示系统中的存在和发展受到牵制和影响。由于现代汉语普通话和现代汉语方言的人称指示符号系统演化路线和进程并不一致，所以不可避免

会存在"俺们、您们"这样的形式和一定数量的用例。

表7-12   单位：例

时期	wo-men（我们）	ni-men（你们）	an（俺）	nin（您）
现代汉语	397516	70584	3984	49415

7.3.3.5 小结

"-men"缀的产生导致了近代汉语指示系统结构的调整，为合音形式的产生提供了基础，合音形式"nin"从最初表复数到最终演化为敬称形式，导致了现代汉语人称指示结构的再度调整。从前几章我们对指示符号特性之探讨可知，此类符号最为根本的特性是主观性、直指性以及现实语境之依赖性。由此，对汉语史中指示符号的考察，亦充分体现出上述特点。吕先生曾经提到第一人称复数形式"我们"可细分作两种情况：①"我1+我2+我3……"；②"我+别人"。由此推知，与之相匹配的第二人称指示符号复数也同样存在上述情况，即：A."你1+你2+你3……"；B."你+别人"。二者之根本区别在于所指对象的在场性。第一、第二人称指示符号复数形式的前一种情况以所指对象皆在场为前提，而后者则通常适用于所指对象缺场的情况，但缺场者及其背景信息为交际双方所共知。吕先生（1985：62）认为：相对于名词而言，上述两种意义的区分在代词方面不怎么重要。因此，人称指示符号的上述区别在传统代词研究中被视而不见甚至完全忽略。但上述区分对我们研究汉语人称指示符号同样重要。由于在现实交际过程中，说"我们"或"你们"，我们可以从语言形式确定所指对象不止一人，至于所指对象是否皆在场，则须依据具体语境来判断。但是作为二者的合音形式"俺"或"您"，其以单音节形式存在初以表复数为主，我们无法像前者一样通过形式标记"-men"来判断其所指对象是单是复，如若交际双方不具有均等的背景共知信息，则无法揣测。因此，从形式上来看，合音形式在表意明确性问题上并不具有优势，只能甘拜下风。因此，在人称指示问题上，诸多学者以上述合音形式来作为参考项，必然存在难度及不确定性。前文我们提到，合音形式自身形式的单音节性和表复数的功能之间存在矛盾，使之无论在形式上还是功能上，都无法与表单数的单音节"ni"、双音节表复数的"ni-men"相对抗。因此，在其用例中，从一开始便存在主表复数兼表单数的情况，此种情况，我们在语料考察时，唯以上下文具体语境为依据，借助于所指对象的在场性来判断其单复数，而这已经非语言层面的问题了。因此，我们认为，对于人称指示的合音形式问题，其关键不在于表单数还是复数，而是在既定形势下其功能的进一步演化。

此外，在敬词"nin"（您）的问题上，我们认为"ni-lao""ni-na"合音说之做法如出一辙，将敬词"nin"的出现，视为一种孤立现象，就"nin"（您）而论"nin"（您），未能对指示符号及人称指示系统本身及其特性有清晰认识，其对"nin"（您）的考察和解释并非基于人称指示符号系统之整体结构，因而，缺乏系统视角及方法。作为人类语言系统的极端核心范畴，一种语言的人称指示符号不可能凭空消失，而新的成分亦不太可能轻易进入一种语言的人称范畴，即便能进入也必须满足语言系统之差异性、经济性等原则之限制。而源自语言接触过程中的外语借用说更不可信。外来语言的在语音及词汇层面的干扰不可避免，如汉语在元、清朝代与蒙古语、满语接触过程中受干扰而至今在一般词汇层还保留"胡同、可汗、把势、磨蹭、福晋"等，但干扰一般仅停留于一般词汇层或语音表层，此即为何宋代已大量出现的"你们"到了金元时期俗语文献中用例骤减而出现取而代之的是"你每"。从语言接触角度看，一种语言之核心词汇，尤其是封闭性、系统性较强的核心功能词类，很难因为外来语接触或干扰而发生变化，更何况在汉语发展史中，汉语及汉文化在与外来语接触过程中一直处于绝对优势地位，换言之，若用语言接触等外因及观点来解释语言人称指示符号系统的变化，明显过于牵强，难为人所信服。此外，对于汉语人称符号系统，本已有一个处在发展变化中的人称指示符号"nin"（您），为何需从其他语言中借用一个新词？任何语言成分的产生都基于一定的需要和规则，基于语言系统性及经济性原则，语言系统赋予变化中的符号以新功能，远比从其他语言中借用新成分要现实和实惠得多。我们看不出汉语系统本身为何必要弃己而用异、舍简而取繁，而"ni-lao""ni-na"合音说也未能就上述问题给出一个合理且令人信服的解释。

7.4　汉语第一人称指示的"排除—包括"式

第一人称指示符号在整个语言符号系统中有着极为特殊的地位和极端重要性，语言中通常仅有一个第一人称指示符号，而其复数形式也与第二人称指示符号以及名词复数形式有明显不同：第一人称指示符号的复数形式并非表示第一人称指示符号的复合实例，而是指示包含有当前说话者的一组人（Cysouw，2003：Ch.3；Holger Diessel，2012，V3－90：9）。由于第一人称指示符号复数形式具有上述特性，在一些语言中可以区分出两种不同的第一人称指示符号形式，即我们通常所说的包括式（Inclusive）和排除式（Exclusive），前者包括受话者，而后者则将受话者排除在外。Cysouw（2003）通过对这一现象类型学研究发现：包括式和排除式的区分在印欧语系语言中几乎见不到，而在世界其他语言中则较为常见。而表7－1也印证了上述论断，我们所列举的五种主要语言中唯有汉语第一人称代词复数可以作上述区分。这充分体现了，在具体言语过程中，汉语中说"wo"者有着更大的权利、更为特殊的地位，因为说"wo"者可以任意选择两种不同第一人称指示符号复数形式来根据具体情况决定将说话者包括在内还是排除在外。

排除式与包括式是一种相对关系，同时也是一种单向依存关系，从类型学共性蕴含规律来看，排除式蕴含着包括式。现代汉语包括式的产生，与指示符号表意的前提条件——在场性——有着密不可分的联系，也是可以说指示符号主体性的充分体现。在不区分包括式和排除式的语言里，人称指示系统呈现出二分态势："我、我们"分别与"你、你们"相对，而在有包括式的语言里，人称指示系统则呈现二层态势，即交际双方所构成的集合（我、我们＋你、你们）与交际双方之外的集合（第三方），而排除式则是由"我们"（我＋他者）构成的集合与"你或你们"构成的集合之间的对立，二者相通之处在于：集合成员的划定则是由说"我"者（I-sayer）主观所决定。迄今对语言人称系统中排除式和包括式区分的研究，仅限于基本描写，至于其产生原理则少人问津，一方面是因为西方语言，尤其是诸多印欧语系语言不区分上述形式；另一方面，则是我们对上述区分关注不够。相对于印欧语系语言，汉藏语系语言区分包括式和排除式的情况较为普遍，这里我们将以汉语为例，尝试探讨人称指示系统中区分包括式/排除式的深层问题。

汉语中所谓包括式人称指示符号为"zan"（偺/喒/咱），从历时角度看，其产生于近代汉语人称指示系统的第一次调整过程中。从逻辑上讲，其必然产生于汉语复数形式"-men"缀出现之后。从文献角度看，最早记录该词的是明代徐渭的《南词叙录》："喒——咱门二字合呼为喒。"可见，该词在明朝已为大家所接受。基于北京大学 CCL 语料库考察，作为合音形式的"zan"（偺/喒）用例极少。据吕叔湘先生（1985：83）考证，作为合音形式的"zan"（喒/偺/偺）最早见于元代曲剧之中，晚于"an"（俺）、"nin"（您）出现。这一结论符合人称指示系统的演化逻辑顺序，因为指示符号系统中包括式和排除式的区分完全依赖于指示符号之在场性，上述区分不可能在交际对象尚未确立或区分之前出现。在讨论合音形式"zan"的问题时，吕先生（1985：63，83，97）曾就"tsa"（咱）与"tsam"（偺/喒/偺）的关系进行探究，认为前者出现在宋代，由"自家"（意：自己）转变而成，与第一、二人称合音形式"an"（俺）、"nin"（恁/您）几乎同时出现，根据语料考察，"tsa"（咱）与"-men"（们/门/每）缀结合的用例（即 tsa-men）最早

第七章 人称指示系统性与近代汉语人称系统演化　◈　199

出现在元代曲剧、话本等口语文献中，由于"tsa"（咱）与"tsa（咱）-men"的合音形式"tsam"（偺/喒/昝）读音相近，二者混同，"tsam"以"咱"代替"偺/喒/昝"，故而"偺/喒/昝"用例极少，并未被普遍接受。高名凯先生（1986：139）认为吕先生的上述考察可靠，基于语料库考察，我们也认为上述探讨能够反映出宋金元时期处在不稳定状态中的汉语人称指示系统之演变。不过，需要注意的是："tsa"（咱）产生于宋代，源自"自家"，意为"自己"，是说话者称呼自身的另一指示符号，相当于英语反身词缀"-self"，所不同的是：英语中的反身词缀"-self"不能单独使用，而汉语"自家、自己"等可以独立使用（做主语、宾语）。汉语反身代词古已有之，我们这里要追问的是：在指示系统中，同为标记说话者主体，"tsa"（咱）与第一人称指示符号"我"有何区别？高名凯先生（1986：144）曾经指出：早期白话文中的"自家"只能作主语，虽有反身意味但并非纯粹的反身代词，宋代诗词中还有"他家""伊家"，可见宋代的"自家"更是如此。而源于"自家"的"tsa"（咱）情况又如何呢？从语料考察结果看，合音形式"tsa"（咱）在功能上较"自家"有了新的扩展，既可以作主语亦可作宾语，例如：

你若无意向咱行，为甚梦中频相见？（柳永《玉楼春》）
你待更瞒咱，咱也今知晓。（沈瀛《卜算子》）
教惺惺浪儿每都伏咱。（《西厢记诸宫调》）
您儿女就是咱儿女，我怎肯两样三般觑。（《罗李郎大闹相国寺·楔子》）
你不肯遮盖咱，咱须当遮盖你。（曾瑞《哨遍·麈腰》）

由上述语料可见，"tsa"（咱）有了独立发展，且值得注意的是，其已作为第一人称指示符号进入人称指示符号系统。"tsa"（咱）进入人称系统必然与原有第一人称指示符号"我"产生竞争，我们对"tsa"（咱）产生后其在元明时期的用例情况进行了考察，发现："tsa"（咱）在元杂剧中用例最多，从用例情况看，多是说话者自称，相当于"我"，只是在语用层面与后者有不同。而"咱们"的用例在元代也已有为数不少的用例，而以表复数为主的合音形式"tsam"（偺/喒/昝）在此时也已经形成，尤其是在元代后期口语化的文学作品中（如《朴通事》《老乞大》等）更为明显，更值得注意的是，元代后期且在文字层面已记为"咱"字，换言之，"tsam"已经以"咱"代替"偺/喒/昝"，例如：

纳牙说："咱一同将你女子献去。你若先去呵，乱军将你也杀了，女子也乱了。"因留住三日，一同来献与成吉思。（《元朝秘史》）

既说罢，札木合说："咱年小做安答时，不可消化的饮食曾吃，不可忘的言语曾说，因人将咱离间，所以分离了。想起在前说的言语，自羞面，不敢与安答相见。如今安答欲教我做伴当，做伴时不曾做得伴，如今你将众百姓收了，大位子定了，无可做伴。"（《元朝秘史》）

咱几个好朋友们，这八月十五日仲秋节，敛些钱做玩月会，咱就那一日说个重誓，结做好弟兄如何？（《朴通事》）

打甚麼紧那？咱男儿汉做弟兄，那里计较？咱从今已后，争甚麼一母所生亲弟兄，有苦时同受，有乐时同乐，为之妙也。（《朴通事》）

火伴你赶马来。咱好打朵子。等到打完了朵子。他饭也好吃完了。咱们就好行路。（《老乞大新释》）

火伴们，起来！鸡儿叫第三遍了，待天明了也。咱急急的收拾了行李，鞴了马时，天亮了。（《老乞大谚解》）

好歹等你来。咱商量买回去的货物。你是必早来。（《老乞大谚解》）

从表7-13中可见，相对于"我"在人称系统中的绝对稳固地位，"咱"的用例在总量上依旧与前者相去甚远。正如吕先生所言（1985：99）：即便在"tsa"（咱）最盛行时（即元代），也未能完全替代"我"。当然，新出现之形式"tsa"（咱）也不可能取代后者。而对于为何以"tsa"（咱）代"我"，吕先生（1985：99）的解释是为了句子押韵、变韵、调协声调等的声律需要。韵律方面是一个主要因素，但语用需要也是一个极为重要的方面，用"tsa"（咱）相对于直接用"我"，就如同用"俺"代"我"一样，能够起到有效地缓和语气的作用。

表7-13　　　　　　　　　　　　　　　　　　　　　　　　单位：例

朝代	文献	我	我们（每）	咱	咱们（每）
元	《倩女离魂》	92	—	14	—
	《西厢记杂剧》	400	1	53	1
	《三国志评话》	182	—	17	1
	《大宋宣和遗事》	88	—	6	1
	《全元曲—戏文》	2322	84（14+70）	53	1+9
	《全元曲—杂剧》	14042	108（80+28）	2747	3+12
	《南台备要》	16	—	1	3（咱每）
	《元朝秘史》	408	8（我每）	45	1+18
	《朴通事》	284	3	59	17
	《老乞大新释》	117	39	2	56
	《老乞大谚解》	137	4	3	57
明	《三宝太监西洋记》	2157	383	89	17
	《初刻拍案惊奇》	1110	158+14	4	3
	《二刻拍案惊奇》	1299	190+53	15	1
	《今古奇观》	1189	108+9	26	3
	《包公案》	624	10	—	1
	《喻世明言》	951	55	4	3
	《警世通言》	1068	38	10	2
	《醒世恒言》	1342	124	12	—
	《封神演义》	1253	43	1	

续表

朝代	文献	我	我们（每）	咱	咱们（每）
明	《水浒全传》	2284	311	5	2
	《英烈传》	590	77	1	—
	《西游记》	2931	612	1	—
	《醒世姻缘传》	3298	342	610	7
	《金瓶梅》	1453	26+10	176	16+22

如表 7-13 所示，基于语料考察，我们发现吕先生所描述的"tsa"（咱）、"我"混用主要出现在元代，而此时，汉语整个人称指示系统处在不稳定的调整状态中，在类推机制的作用下，"tsam"（偺/喒/昝）作为"tsa"（咱）+"-men"缀的合音形式，也产生于元代，由于后出现的合音形式与"tsa（咱）-men"组合形式在语音上极为相近，二者混用及文字层面进一步合并（即"tsam"以"咱"代替"偺/喒/昝"），与此同时，新形式亦在原有第一人称指示的基础上产生相应功能分化，也使得汉语人称系统中排除式—包括式区分得以产生。文字层面的替代导致"tsa"（咱）和"tsam"（咱）同形。从前文我们对"an"（俺）、"nin"（恁/您）的用例考察，可知原本表复数的合音形式用于功能转化为表单数为主，为作区分，在明代又出现合音形式与"-men"缀结合表示复数的情况，而作为"tsa（咱）-men"合音形式的"tsam"（咱）也同样如此。不过与"俺、您"不同的是：合音形式"tsam"（咱）本以表复数为主，后来亦出现表单数的用例，且由于文字层面的混同，与原本表单数的"tsa"（咱）难以区分。如此叠加，则出现了："tsa"（咱）+"men"表复数及"tsam"（咱）+"men"表复数，而在文字层面则"咱"和"咱们"都可以表复数，因为无标记的"咱"需要借助于语境来判断其是表单数还是表复数，换言之，既可以表单数也可以表复数，而这也正是指示符号的特性。综合先前研究，元明时期出于调整过程中的人称指示系统的全貌及结构可以表 7-14 示之，此后不同时期或不同方言则是在表 7-14 中做出选择。

表 7-14

第一人称		第二人称
排除式	包括式	
Wo	tsa（咱）	Ni
wo-men	tsa-men	ni-men
An（复/单）	tsam（复/单）	Nin（复/单）
An-men	tsam-men	Nin-men

综上所述，与第一、第二人称指示代词合音形式的演变及敬称形式的形成相同，汉语"排除—包括"式的产生皆为汉语指示符号系统调整的结果，而"排除—包括"式的区分，也进一步体现了说"我"者的特权。在指示系统尤其是处于核心地位的人称指示系统中，系统要素处在相互联系之中，彼此制约，任何变化及新要素的产生都要受到语言系统性、经济性等原则的严格制约，因而，人称指示系统乃至整个语言系统任何变化都不是孤立的现象，必须给予系统性视角来考虑。需强调的是，现代汉语中的排除式和包括式之间的相对关系，在现代汉语人称指示系统中单独使用"我们"是否包含交际对象则完全取决于语境，但"咱们"则作为包括式固定下来。"排除—包括"式的区分则是诸多印欧语系语言所没有的。此外，对于汉语人称指示符号而言，数概念的区分主要借助于复数标记"-men"，而单个指示符号本身并不区分数概念，而前文论述中由复数标记"-men"参与构成的合音形式，由表复数为主向表单数为主的转变，由于失掉复数标记，进而本表复数的合音形式再度与"-men"结合表复数的情况，足以证明上述论断。不过，人称指示系统内部存在明显的不对称性，在上述过程中，我们可以明显看到，第一人称指示符号呈现一主多次的状态（我—我们，俺—俺们，咱—咱们），其在指示系统中既稳固，又在一定程度上多变，地位特殊。

7.5 余论

最后,我们所要说的是汉语人称指示符号的"格"问题。通常所说的"格"(Case)是与名词和代词相关的语法范畴,也称语义格,通常表示名词或代词与句中其他词(主要是动词和介词)的关系,所谓的"格变化"是指名词和代词因与句中其他成分间的关系(即语义角色)的变化,而在形态上采取相应的形式。从根本上看,格概念的基础或者说对象是形态变化较为丰富的印欧语系语言,如表7-1中德语的名词和代词都有四个格,而俄语中代词和名词的格更是有六个之多。相对而言,由于缺乏严格意义上的形态变化,语序和虚词成了现代汉语乃至汉藏语系语言最为主要的语法手段。对于汉语是否曾存在格的变化,学界认识不一。王力(1980:262—268)先生认为:上古汉语人称指示符号系统存在变格的情况,到了中古时期,汉语中的格变化情况消失。到了现代汉语,名词或代词的格功能则是通过语序及介词来实现,而这已不属于严格意义上的形态层面的格变化,因此不在我们的关注的范围内。因此,就人称指示符号本身而言,我们可以得出:汉语中的人称指示符号乃至非人称指示符号、名词等,符号本身皆不存在所谓的格变化。

人称指示系统,作为语言系统之核心范畴,整体而言,各语言之间共性大于个性。综上讨论,汉语人称指示系统与印欧语系语言之人称指示系统相比,形态较为丰富的印欧语大多采用异根方式区分单复数形式,而作为典型孤立语的汉语却采用"词根+词缀"的方式来区分单复数,换言之,汉语处于核心地位的一级人称指示符号本身并不区分数概念,其直指特性更为鲜明。此外,相对于印欧语系诸语言而言,不区分性、无格变化但区分"排除—包括"式,都可谓汉语人称指示系统之特点,而传统语法中通称所谓的敬称形式通常由第二人称指示符号

（复）演化而来，这是人称指示系统内部处在彼此关联中的各要素进一步分工细化的结果，一种语言的人称指示处于核心地位，人称指示符号系统性极强，外部要素如欲进入人称指示系统，必须经得起语言系统性（差异、关系）及经济性原则的考验，取得其系统价值，因而，不可能轻易进入，更不可能在短时间内通过借用形成。敬称形式源于第二人称指示符号的情况在有敬称形式的语言中甚为普遍，汉语敬称形式亦同样遵从此演化路线，此反而并非为汉语所独有。

第八章　指示在场性与汉语非人称指示系统

8.0　引言

　　语言学是一门具有双面性的学科,首先,其有科学性的一面,即其具有较为发达、完整且可操作的理论体系和研究方法,研究过程有规律可循、研究结果可为客观标准衡量;其次,其又具有艺术性的一面,即对于语言之研究因为选择视角、方法的不同,以及研究者之专业理论素养、阅历及体悟能力等诸多因素之影响,呈现出很强的主观性、差异性和可创造性。正如裴文(2012:74)所言,与其他学科一样,在语言学研究中观点决定结论,而关键之处则在于观点是否可靠、是否有独特视角和学术效力,是否能够客观而科学地呈现语言之本质存在。对于语言中的指示系统之研究,更应着眼于指示系统之本质,二者也是当前研究最为缺少的地方。传统语法代词研究所关注的代词替代功能,而从本质上讲,替代则仅仅是指示符号的次级延伸功能,换言之,传统代词研究从一开始便将代词处理为名词的附属,这不能也不可能从根本上揭示代词之本质,只能浮于表层。哲学逻辑学对索引词的研究从最初的动机看,并非为揭示此类符号之本质,而是因为该类符号自身所具有的诸多不确定性和多变性,哲学逻辑学研究无法回避进而试图尽可能地消除上述符号所带来的种种弊端。20世纪后半叶,基于莫里斯对皮氏符号学的进一步发展,语用学得以产生并以指示语研究作为其核心领域,然而遗憾的是，指示问题的语用式研究，并未从根本上摆脱哲学逻辑学的眼光，其对言语交际活动所涉及的指示语之探讨主要停留在寻找指示语在具体言语交际中的指涉对象或指示语在使用中所产生的种种所谓语用效力，相对于传统语法对代词的静态研究，语用学将指示符号置于鲜活言语交际中进行研究的做法似乎更能接近指示现象之本质，但这一做法背后的泛符号观则从根本上制约着语用学研究的视角和深度。总体而言，当前已有的研究对于揭示语言指示系统及相关符号之本质状态依旧远远不够。

之所以说指示问题的语用学研究在一定程度上较之传统代词研究更能反映指示现象的本质，是因为与指称问题不同，指示行为及其相关问题的产生的根基是在场性。反言之，脱离在场性则指示不能产生。在指示问题研究过程中，指示系统的构建、指示符号类别的划分、指示符号系统内部关系的确定等诸多方面都必须基于指示的在场性。因而，我们必须给在场性这一要素以足够重要的地位。而这一点也恰恰是现有指示问题研究中不被重视甚至忽略的地方。本章我们主要从指示在场性这一视角出发，对语言中的非人称指示系统进行考察，并就汉语事实对汉语诸多非人称指示符号之间的相互关系、地位及汉语非人称指示系统之特殊性等问题进行分析、探讨，以期构建并厘清语言非人称指示系统，进一步揭示指示符号的存在本质。

8.1 指示系统连续性与"第三人称"问题

第六章我们对语言中指示符号所构成系统的内部层级及关系进行了探讨分析，对于基于指示场或交际场的直指符号而言，其系统性和封闭性毋庸置疑，系统成员虽数量极为有限，却为人类语言所共有，其充分体现语言之共性。就指示场本身而言是一个连续且浑然一体的时空，对指示场的切分，不同语言虽使用的语言符号各不相同，但亦表现出极高共性，体现在语言层面则是均包括人、空、时三个基本方面。在语言指示系统内部,各此类符号之间的界限也并非绝对不可逾越,空、时之间的关系自不必说,即便是人称指示与非人称指示之间,也同样如此。换言之,指示场这一时空连续统在语言指示符号系统中也同样有所体现,这种变现基于历时视角,看得更为清楚。

8.1.1 "第三人称"及其两面性

对于传统语法学界所谓的三身代词中的第三人称代词,历来学界质疑颇多,质疑之根源在于:相对于第一、第二人称代词而言,第三人称代词自身的复杂性和特殊性。对于第一、第二和第三人称之间的差异性,学界早有关注。

法国语言学家 Benveniste(1971:250-251)曾对所谓"第三人称"提出质疑,认为:在代词的形式类别中,所谓的"第三人称"在功能及性质上都与第一("我")和第二("你")人称形式截然不同,其直接将传统所谓的"第三人称"形式排除在人称范畴之外,因为在绝大多数条件下,人称代词内部只有在"我"和"你"的位置上才有人称,而根据第三人称自身结构,其属于动词变化的非人称形式,是唯一使某物通过言说方式被道出的人称。il(他)、le(那个)、cela(这个)等形式,只作为省略的替代成分存在,取代或替换陈述中的某个物质成分,该功能不仅代词具有,其他类别的成分也可以,但这些替代词与人称指示词在功能上毫无共性(Benveniste,1971:289)。换言之,在言语事件中只有第一、第二人称才是真正的参与者,而第三人称则不是。Lyons(1977:638-639)亦明确指出:第一、第二和第三人称之间存在基本的、根深蒂固的区别,这一点怎么强调都不为过,借助于指示代词(Demonstrative Pronouns),第三人称代词显得可有可无。诸多语言没有与英语"he/she/it/they"相匹配的第三人称代词,但没有哪种语言没有第一、第二人称代词。

谢维尔斯卡(2008:5-7)对 Lyons 所谓的第一、第二与第三人称之间的根本区别作为了更为深层的分析，认为：第一、第二人称通常只能用基本的人称标记来规则地表示，而对第三人称的指涉（reference）则可以借助任何词汇表达式来实现。因此，一些语言中只有第一、第二人称而没有第三人称的情况则不足为奇，即便在有三种人称标记的语言中，第一、第二人称标记与第三人称标记之间也有着相当的差异，第一、第二人称与第三人称标记的诸多基本差异的根源在于：第一、第二人称在（先天）本质上是指示表达式（Deictic Expression），即第一、第二人称的解释需要依赖于会话（Utterance）发生的语言以外之语境的特性，而第三人称形式则不同，其仅仅是基本的回指表达式（Anaphoric Expression），对于第三人称的解释则所依赖的不是会话发生的语言之外的语境（Extralinguistic Context），而是会话的语言语境（Linguistic Context）。谢维尔斯卡强调，尽管第一人称总是表示会话中的说话者（Speaker），第二人称总是表示会话中的受话者（Addressee），但第一、第二人称的真实确认则依赖于：谁说出包含着谁"对谁""在哪里""何时"说出了该话语。谢维尔斯卡还认定第一、第二人称属于常被称为"shifters"（Jakobson 1971）的表达类，而第三人称（如 he、she）的所指对象典型地由先行话语确定，虽然第三人称形式亦可做指示性使用（如当某人指着正在微笑的女孩儿说"she is happy"），但回指功能更为基本。上述诸位语言学家基于语法、类型、语义等角度的观察和分析极为细致，揭示出人称内部的本质差异，对我们认识语言人称指示范畴之边界极具启发性。

由于人称标记并非孤立存在而是形成封闭的集合，因而谢维尔斯卡（2008：4）将语言中由人称指示标记构成的封闭集合称为人称模型（Person Paradigms）。汉语作为一种典型孤立语，就人称指示范畴而言，其人称模型与形态丰富的印欧语系屈折语言不同，以英语为例，英语有三种人称模型：I/you/he/she/it/we/you/they，me/you/him/her/it/us/you/them 以及 my/mine/your/his/her/its/our/your/their，汉语只有单一人称模型，如果我们承认汉语存在第三人称，则该模型可表示为：我/你

(您) /TA/我们/你们/TA 们，就词汇本身而言，汉语人称模型内部成员没有性与格的变化。对于汉语人称指示，我们在第七章中已有过较为详细的探讨，此处不再赘述。而我们这里所要关注的是：传统汉语语法中所谓"第三人称"代词的"TA"（他/她/它）。在谈论汉语"TA"问题之前，有一点我们值得注意的是：前述诸家对人称指示范畴中第一、第二与第三人称指示之区别的探讨，所选取的均为共时视角，究其原因，一方面与学界研究传统有关，另一方面则可能是因为缺少或者没有反映语言连续性演化的语料。共时与历时是语言学研究中必不可少的两个基本范畴。共时乃历时演化之结果，共时中必然蕴含着历时，历时之构建始于共时，二者相辅相成，不可孤立，对于汉语诸层面现象之研究，更是如此。

8.1.2 "第三人称"指示两种功能的关系及其存在前提

在语言人称指示系统中，第一、第二人称指示符号的不可或缺性及功能专门性与第三人称指示的非必然性及功能多样性形成鲜明对比。对于第三人称的双重功能（即直指和回指），谢维尔斯卡（2008：6）之分析甚为到位，直指功能是第一、第二人称指示符号最为根本的功能，但并非第三人称之最为根本的功能，因为在现实具体交际中，第一、第二人称才是交际的直接参与者或构成成员，而第三人称只是被提及对象，在交际双方所共知的前提下，其在场与否皆不影响交际，在本质上与第一、第二人称之外的其他对象没有区别。因而，传统语法所谓的"第三人称"从本质上来说，其最为根本的功能是存在于语言世界的回指功能，并非一个真正的人称标记，也因此一些语言中没有第三人称或者第三人称可以为指示代词所替代。与印欧语系诸多屈折语拥有多套人称模型不同，在只有单一人称模型的汉语的人称指示系统中，第一、第二人称指示与所谓"第三人称"指示的区别更为明显。

传统语法所谓的"第三人称"之所以被冠以"人称"的名义，也并非毫无道理,这与指示在场性、语言指示的意指特性及人在世界中的特殊地位有着密切联系。"第三人称"形式的基本功能为回指,亦可用于指示,但用于直指时,必须满足直指表意的基本条件,即指示在场性,这里所谓的"场"指的是现实具体言语活动中的指示场(Deictic Field)或交际场(Communicative Field),所谓的"在场",即所指对象能够为言语交际双方无须借助于符号或意指过程便可直接感知。换言之,只有在所指对象在场时,"第三人称"形式才可能发挥其直指功能。从指示符号的表意特性看,指示在场性是第一、第二人称形式的充分必要条件,但并非"第三人称"形式的充要条件,而仅仅是其表意的充分条件。在言语交际过程中,当所指对象在场,"第三人称"形式用于直指时,其与第一、第二人称指示形式一样涉及语言世界和客观物理世界,不过,此时其亦可用于回指,而当所指对象不在场时,"第三人称"形式所发挥的功能只能是存在于语言层面的回指。这一点与第一、第二人称指示符号以及指示词(Demonstratives)有着本质的区别。"第三人称"形式所表示的是除第一、第二人称所指对象以外的其他对象,这些对象是一个庞大的集合体,包括人和非人对象,从类型学角度看,诸多语言往往会对上述"第三人称"之对象构成集合体做进一步细分,而最为明显的是区分人和非人,以英语为例,表人的为"He/She",表非人的则是"It",且又在表人集合中进一步做了性别的区分,即"男He/女She"(注意:到复数层面人与非人及性别等区分则皆消失,均用"They"表示)。对于英语"第三人称"中的进一步区分,汉语人称指示系统中则没有任何区分,皆以"TA"代之①。从共时角度

---

① 受西方语法人称代词区分"性"的影响,在文字层面,现代汉语"t^{h}a"被记作"他(阳)/她(阴)/它(中)",但在语言层面,三个字所记录的为一个词,正如高名凯先生(1986:142)所批评:此做法是将语言问题和文字问题张冠李戴,语言和文字是两种不同符号系统,不可混淆。在言语活动中,传统语法所说的汉语第三人称"t^{h}a"是一个词,其根本不区分人与非人,更不区分性,这一点必须明确。

看，现代汉语"TA"在言语活动中，既可以指涉人（书面语以汉字"他/她"表示），也可以指涉非人（书面语以汉字"它"表示），既可以指涉阳性（书面语以汉字"他"表示），也可以指涉阴性（书面语以汉字"她"表示）。

对于第三人称形式所具有的双重功能——直指和回指，二者有何种关系呢？学界对该问题探讨并不多，谢维尔斯卡（2008：7）认为：回指是第三人称形式更为基本的功能，从共时层面看，这一论断问题不大。但忽略了历时角度及第三人称表意的首要前提条件——在场性。叶斯柏森（O. Jespersen，[1924] 1988：298）、吕叔湘先生（1985：187）在探讨语言中的代词问题时都曾援引法国语言学家 W. Bang（1893）的观点："初民先有指示的概念，后有三身的概念。第一身往往跟近指代词同源，远指代词又分较近较远两类。前者大多跟第二身相关，后者大多跟第三身相关。"W. Bang 之观点能够反映人类认知发展及语言人称范畴发展的基本规律和趋势。吕叔湘（1985：187）亦明确指出："指示代词跟三身代词在来源上有密切的关系，多种语言里都有或显著或隐微的例证。"徐丹（1989：282-283）亦曾对第三人称代词与指示词之源流关系进行探讨，基于诸多语言的材料事实，更已证明上述结论在语言中具有普遍性，即语言中指示代词之产生先于第三人称形式，后者直接来源于前者，如英语第三人称的复数形式来自指示代词，法语第三人称代词源自拉丁语指示代词，俄语、蒙古语和朝鲜语第三人称代词同样源自指示代词。人类认知遵循着"有形→无形""具象→抽象"等基本规律，就第三人称的双重功能而言，从历时角度看，其直指功能先于其回指，因为直指功能的实现必然涉及物理世界和语言世界，必须基于指示在场性，而回指功能则仅存在于语言世界，指涉对象在场与否无关紧要。此外，第三人称与指示代词之间的关系远远超过其与第一、第二人称的关系的紧密程度，这在人类语言中也具有普遍性，上述情况在汉语中体现得更为明显。吕叔湘先生（1985：187）指出："（汉语）古代多借指示代词为第三代词。"从历时角度看，被传统语法视为"第三人称"的代词，如"夫、彼、之、厥、其、渠、他、伊"等，最初皆为指示代词，持此观点者还有黄盛璋（1963：457—458）、郭锡良（1980：55）、张玉金（2001，2006：61，2007）等学者，在汉语传统语法学界，这已是不争的事实。而我们所要注意的是：在指涉对象在场的情况下，当汉语"第三人称"形式用作指示功能时，其与第一、第二人称形式之用法不同而与指示词"这/那"的情况基本用法相同，往往伴随有肢体动作（如手指、眼神、头部动作等）。因此，从功能上看，其仅在用于直指的情况时，才称得上真正用于直指的指示符号，而当其指涉对象为人时，其才与第一、第二人称指示在功能上具有共性。

总体上而言，当所指对象在场的情况下，汉语所谓的"第三人称"形式在功能上更像是一个指示词（Demonstratives）而非人称标记。与其他语言中的"第三人称"形式一样，相对于直指功能，汉语"第三人称"形式用于回指的情况更为常见。然而需要注意的是：就回指功能而言，指示词也同样具有此功能，在第六章中我们将"第三人称"与指示词一同划入非人称指示范畴，那么同出于非人称指示系统，二者在功能上又有何联系及区别？为何共时层面汉语之"第三人称"形式主要用于回指？为什么其形式上与人称形式出现共性？这些是探索指示系统存在状态及演化轨迹绕不开的问题，而对上述问题的探究，对我们深入认识非人称指示系统有着重要意义。与此同时，我们有必要兼顾历时视角，汉语具有数千年丰富且连续的文献资料，为我们从历时角度认识和探究语言指示系统之结构及发展等诸多问题，提供了极大便利，这也是其他语言（尤其是无文字语言）研究所无法企及的。

8.1.3 汉语"第三人称"形式与指示词的关系

8.1.3.1 "第三人称"形式与指示词的共时比较

第六章我们将非人称指示系统进一步区分为空—时指示和非空—时

指示，而作为非空—时指示的两个基本类："第三人称"指示与指示词，二者关系可谓复杂，传统语法之所以将汉语"TA"称为第三人称，最为主要的原因如下。

第一，汉语"TA"在某些方面与汉语第一、第二人称有着相同的语法功能，如可指代人，可作主语、宾语、定语，可以加"-们"缀表复数；第二，受西方语法体系之影响。《马氏文通》作为借鉴西方传统语法理论进行汉语研究的第一部语法著作，奠定了汉语语法研究的根基和传统，在该书中亦首次提出汉语"代字"这一概念，并界定为"凡实字用以指名者，曰代字"（马建忠，1983：20），正如吕叔湘先生（《汉语语法丛书》，1983：序1）所言：在当时的时代背景下，早期的语法著作大都以印欧语法为蓝本，难以避免，《马氏文通》也因模仿拉丁语法而为后人诟病。由马氏对"代字"的界定可见，受西方经典语法传统之影响，马氏的"代字"从整体上看，并未摆脱将代词视为名字附属类的做法，而该做法问题颇多，并不利于我们从根本上认识代词（尤其是指示类符号）的本质。就汉语"TA"而言，受印欧语法（主要是英语语法）影最为明显的一点是：现代汉语在书面语系统中，将该词用三个汉字记录，即他/她/它，试图像英语"第三人称"（he/she/it）一样，区分人/非人，以及阳/阴性。问题至此，我们不得不回头追问：究竟该如何认识语言系统中的"人称代词"这一概念？该问题如若不明，我们始终无法彻底探明人称代词或人称指示的真实面目。

从传统语法角度看，汉语"TA"与汉语第一、第二人称一样，可指代人，可作主语、宾语、定语，可以加"-们"缀表复数，但值得注意的是，这些语法功能并不能作为评判汉语"TA"是否为第三人称形式的标准。正如我们在8.1.1中已有的对各语言学家观点的探讨，在语言系统中，第一、第二人称形式的功能仅限于表示人称，而各语言中的所谓的"第三人称"则功能复杂，争议颇多。汉语"TA"情况更是如此。"可指代人，可作主语、宾语、定语，可以加'-们'缀表复数"

这些只能说是汉语"TA"与第一、第二人称相同的一面，不同之处倍之。在汉语系统中，能指代的人语言成分远不止于代词，如普通名词、专有名词、社会称谓语等，这些语言成分可作主语、宾语、定语，也同样可以加"-们"缀表示复数，但我们都不会称其为"人称代词"。英语第三人称代词"he/she/it"与英语第一、第二人称形式之间的共性大于其差异，但汉语"TA"功能复杂，就其仅存在于语言世界的基本功能——回指而言，对于前语境中已出现之对象，其几乎可以无所不指，这一点与指示词之功能基本一样，即便仅就现实言语交际中基于在场性的直指功能而言，其亦不仅可以指代人还可指代其他事物，且与指示词之意指功能一样，其意指过程的完成一般需要配以相应的肢体语言（如手指、眼神、摇头或点头等）。整体而言，汉语"TA"与英语第三人称代词"he/she/it"在人称问题上不具有可比性，如果非以后者来定位前者，则明显有削足适履之嫌。

传统语法所谓的"第三人称"形式所具有的回指功能，一直是语言学界（尤其是句法学及篇章语言学等）关注的焦点，文著颇丰，此处我们不再过多探讨，而我们所关注的是其更为根本的直指功能，原因有二：①直指功能是其原初功能，回指功能只是指示功能在纯语言世界的进一步延伸；②指示范畴的建立最为根本的一点是在场性，对于对象缺场的情况，虽与指示问题密不可分，但为利于问题明晰化，暂且不做探讨。但就"第三人称"的直指功能而言，同出于在场对象指示系统的汉语"TA"与指示代词之间在分工上还是略有不同，现代汉语指示代词"这/那"可以指示交际场内在场的所有对象，但而现代汉语"TA"虽在功能上亦可以指示在场所有事物，但通常倾向于指示有生命特征的对象。此外，在语法功能上亦有区别，而现代汉语"TA"单独使用时可以作主语、宾语、定语，且可以加"-们"缀表复数，而"这/那"单独使用时通常主要作主语，亦可在少量句式（如判断句、反问句等）中作宾语，不能加"-们"缀。这一点现代汉语"TA"的功能与第一、第二人称形式更为接近。因此，传统语法界从共时层面将代词系统内部作如下图8-1所示区分：

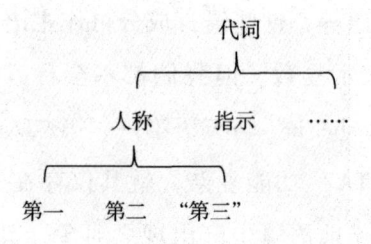

```
                    代词
            ┌────────┴────────┐
          人称      指示    ……
        ┌──┴──┐
       第一  第二  "第三"
```

图8-1 传统语法代词划分

8.1.3.2 "第三人称"形式与指示词的历时比较

对于汉语"第三人称"形式，即便在传统语法的框架下亦受到诸家质疑。从历时来源看，汉语系统演化过程中所出现的被诸位语法学家称为"第三人称"的词，皆与指示代词有密切语源关系，且在功能上亦极为相近，只是在汉语演化过程中所谓"第三人称"多用于指涉人或与人相关的情况。对于"古代汉语是否存在第三人称代词"这一问题，汉语语法学界早有所关注，但争议颇大，主要观点有二：①上古汉语中已有"第三人称"代词，如王力（1989：41—42）"其厥、之"，周法高（1959：86—88）"之、厥、其、伊、渠、他"，黄盛璋（1963：443）"彼、厥、其、之、夫、匪"，张斌和胡裕树（1988：177—183）"彼、夫、其、之"，杨伯峻和何乐士（2001：115—126）"夫、彼、之、厥、其、渠、他、伊"，张玉金（2006：59—66，2007：67—78）"之、彼、其、厥"等；②上古汉语尚无真正的第三人称代词，如王力（1944：14—15）、郭锡良（1980）、吕叔湘（1982：154）、高名凯（1986）、姚振武（2001：30—36）、崔立斌（2004：164—166）、李佐丰（2004）等，持此观点的学者，承认前述上古诸词具有单纯第三身称代的用法，但用法受限，从本质上依旧属于指示词，并非现代意义上或真正的人称代词。对于上古汉语第三人称问题，前人探讨已较为详尽，虽具争议，但所谓"第三人称"诸形式源自指示词，已是不争的事实，这也是诸多语言之共性。因本书重点不在探讨上古汉语指示系统之面貌，因此，此处不再过多展开，但就前述两种观点而言，我们认为第二种观点，更为符合上古指示系统之存在状态及汉语事实，即上古汉语中存在具有类似英语"第三人称"功能的形式，但没有真正意义上的"第三人称"形式。"第三人称"的来源已明，我们这里所要关注的是更为深层的问题，即何为"第三人称"？或者判断一种语言形式是否为"第三人称"的依据或标准是什么？

对于上述问题，我们可以换一个角度来看，即可视为如何区分语言中的指示词和"第三人称"形式，从语言成分演化之连续性的角度看，则是语言中的指示形式演化到何种程度才能称之为"第三人称"形式。对此姚振武（2001）、张玉金（2006）等有过探讨，不过观点迥异。姚振武（2001：30）首先对"范畴"进行了反思，指出："典型的第三身范畴应该是对'我'（第一身）'你'（第二身）之外的第三者（人）的单纯的称代。理论上一种语言可以没有专职的第三身代词，但不可能不会表达第三身范畴。"姚先生回归本体的反思及做法，值得称赞。不过，语言中是否存在"第三身范畴"呢？姚先生并未给予反思，从上述观点可见，其立论前提："第三身范畴"和第一身、第二身人称范畴一样，是人类语言之基本范畴，且姚先生也认识到：典型第三身范畴应为第一身、第二身之外的第三者（人）的单纯的称代，但从各语言事实来看，姚先生的观点前后矛盾，恐难成立，因世界存在没有第三人称形式的语言，即便在有第三人称形式的诸多语言中，第三人称大多形式多样且功能复杂，并非像单纯称代第一身、第二身形式一样形式单一化和功能专门化。现代汉语更是如此，通常被视为"第三人称"的"TA"并非汉语第三者（人）的单纯称代形式，因而"第三身范畴"的提法本身便存在问题，这一点前文提到的 Benveniste（1971：289）、Lyons（1977：638-639）等诸位学者已做过更为深刻的区分和论证，基于现实交际场或指示场,现代汉语没有类似于英语"he/she/it"之区分,现代汉语"TA"更非指涉第一身、第二身之外的第三者(人)的单纯称代形式。基于前述认识,姚先生(2001:30)指出:"指示代词与第三身代词的区别,实质也就是指别兼称代与单纯第三身称代的区别。"姚先生沿用的是吕叔湘(1985,1999)之主张,即将指别词和称代词通称为"指代词",后者"只有称代作用,没有指别作用"(1999:15),且"指别和称代是不同的句法功能"(吕叔湘,1979:43)。换言之,吕叔湘、姚振武两位先生皆认同:指示代词具有指别兼称代双重功能,而第三身代词则与其他人称代词一样,仅具有单纯称代功能。而至于第三身代词只有称代没有指别作用的原因,姚先生则认为:与学术界认识较为一致的第三身代词位置特点[即一般处在承指(即回指)的位置]有关,姚先生(2001:31)最终将上述原因归结为:第三身代词自身所具有的承指性(即回指性),虽然上古汉语已经出现用于单纯第三身称代的形式[如"彼""是(时)""此(斯)"],但只限于在叙述句或描写句中承指的位置上称代上文刚刚出现过的人,脱离此限制条件,则上述形式尚可用于指别,因而上古汉语尚无法从根本上区分指示代词与第三身代词,鉴于此,姚先生(2001:36)将前述诸家所争议的古代汉语"第三身"形式及指示词统称为"古指称词"①,认为:从功能上说,"古指称词"是后来的指示代词和第三人称代词的共同祖先,但它既不是现代意义上的指示代词,也不是现代意义上的第三人称代词。此外,李佐丰(2004:165—175)也有类似的主张,所不同的是:在其代词分类中,无第三人称代词,而是将通常所谓的第三人称代词的"之""诸""其",单列为"他称代词",与人称、指示和无定三类代词并列,并认为他称代词兼有称代和指示的双重功能。

---

① 此处"指称"是指别和称代的缩写,并非前几章中我们所提到的哲学中与"指示"相对的"指称"。

姚先生从历时演化角度来探讨语言中的指示类符号问题，在方法和角度上具有创新性和启发性。正如吕叔湘先生将近现代汉语中的指示词和人称代词统称为"指代词"，姚先生将上古汉语出现的具有指别和称代功能的词语统称为"古指称词"的做法是可取的，也是更符合上古汉语指示系统之实际存在状态。姚先生的研究重在"溯源"，着眼点在"合"，继承和延续的是吕叔湘先生的指代词研究传统。但至于"古指称词"如何分化为指示词和第三身代词中间又经历哪些阶段现代汉语有无真正的或典型的第三身代词等诸问题姚先生并未过多探讨。对于上述问题，张玉金（2006）做了进一步探究，不过，在立场上与姚振武（2001）的观点截然不同，且张玉金之研究着眼于"分"，其（2006：61）认为："西周汉语，包括整个上古汉语，跟文言日语、蒙古语、朝鲜语是一样的，都有真正的第三人称代词（'厥''其''之''彼'），但它们与指示代词同形。"姚、张二位学者的主要分歧点在于：指示代词与第三身称代形式之间孰先孰后以及是否存在转化的问题。姚振武（2001：35）认为：上古汉语中的"古指称词"所具有的"指示代词"用法和"第三人称代词"用法，"都是与生俱来的，都是它们固有功能的一部分，不存在谁先谁后的问题，当然也就不存在谁向谁借（或转化，或兼任）的问题……所谓'借'、'转化'、'兼任'等等，都是指示代词与第三身代词必须两分的观念起作用的结果"。张玉金（2006：60）对此则持否定态度，认为：姚的观点与先前我们提到的吕叔湘（1985）、徐丹（1989）等学者的研究结论不符，更不尽符合实际，有违人类认识发展的一般规律，姚振武（2001）以及李佐丰（2004）的前述观点缺乏根据。因而，与吕叔湘（1985，1999：15）、黄盛璋（1963）、郭锡良（1980）等学者的观点一致，张玉金认为指示代词和第三人称代词之间存在转化问题，其赞同"第三人称代词源自指示代词"的观点，并列出了第三人称代词源自指示代词的语言中，第三人称代词的三种存在状态：①第三人称代词源自指示代词，但指示代词与第三人称代词在形式上已相互区分,如法语"il"和"cil";②存在第三人称代词,但与指示代词完全同形,仅在用法上有分工,如文言日语、蒙古语、朝鲜语;③有些指示代词虽已开始向第三人称代词转化,但转化尚未完成,如西周时代的"彼"。基于汉语事实,张玉金排除上述情况①,认为就汉语而言,第三人称代词与指示代词的关系问题之实质,在于区分上述②和③两种情况。

对于第三人称代词和指示代词之间的区别,张玉金(2006:60,65)同样赞同吕叔湘(1999:15)、姚振武(2001:31)的提法:第三人称代词和指示代词的区别在于远指代词既有指别性又有称代性,而第三人称代词则只有称代性。但其强调一点:并不是处在回指位置上的就都是第三人称代词,只有出于回指位置上只有称代作用的才是第三人称代词,且认为:西周时代确实存在如同"He"(他)那样的处在回指位置上仅起称代作用的真正的第三人称代词(如"之""彼"等)(张玉金2006:61)。张先生进一步提出判断第三人称代词是否形成的依据:"如果指代'第三身'的代词,并没有远指的作用,那么它就只有'称代'作用了,就是真正的第三身代词了。"基于上述认识及对文献中用例情况的考察,张玉金(2006:61—63)认定:西周时期的"其""之""厥""彼"皆已失去"远指"功能而仅有"称代"功能,因而已是真正的第三身代词。张文之研究着眼点在于"分",认为上古汉语、文言日语、蒙古语、朝鲜语相同,都有真正的第三人称代词,但它们与指示代词同形,批评姚振武(2001)仅仅因"同形"便合而为一且用同一术语称之的做法不妥,其(2006:64—65)以现代汉语"他"做类比,认为现代汉语中的"他"是典型的第三人称代词,其源自旁指代词,已为大家公认,"他"虽已发展成真正的第三人称代词,但其旁指代词用法仍存在且常用,对于现代汉语,"他"通常采取一分为二:表第三身的是人称代词,表旁指的是指示代词,而并不合二而一,把它称为"什么"代词,因而张文极力主张:对古代汉语中同形的

"厥、其、之"做类似处理，即一分为二对待。基于此，其还进一步根据指别性和称代性的有无以及明显与否，勾勒出从指示代词到第三人称代词的演变过程：

①只有远指性→②称代性和远指性都明显→③称代性明显而远指性不明显→④只有称代性（"伊"在西周时代只有指示性，这说明指示代词最初可能只有指示性而无称代性）

其中①为指示代词，④为第三身代词，中间的②、③则被张文称为准第三人称代词，并归入第三人称代词一类。此外，张文还反对指示代词仅有指示作用的观点，对远指代词的情况做了进一步区分，认为其明显可分成两种情况：其一，仅有指示作用；其二，兼有指示和称代作用。以现代汉语"那"为例：首先，指示较远的人、事物、时间、处所的；其次，指示和称代较远的人、事物、时间、处所的。

对张玉金的上述做法，我们认为有可取亦有不妥之处，其强调"指示和称代功能有先后"及"指示代词具有指示兼称代双重功能"的做法值得肯定。不过，主张"分"固然能够凸显"第三人称"代词与指示代词之差异性，但却忽略了二者共性，即所谓"第三人称"代词与真正人称代词（第一、第二人称代词）之间的本质区别，真正的人称范畴形式，形式单一、功能专一，相对而言，"第三人称"形式似乎难以比拟，且区分后将具有不同功能的同一个形式，却处理为不同的词语，这亦不符合语言之简明性及经济性之基本原则，而为了凸显同一形式的某种功能，而人为主观限制或剥离该形式之其他用法，也是不可取的。我们认为吕、姚等学者主张"合"的做法更为接近汉语指示范畴之本质及汉语指示符号之存在状态，张玉金所构拟的由指示代词向"第三人称"代词历时转化的过程，从本质上看，更像是兼有指示和称代的汉语对象指示符号共时状态下的语义地图，而不同功能之间的关系不是"转化"而应是"转换",因为同一形式的其他功能依然存在,并未彻底消失。此外,以形式单纯、功能专一的现代汉语人称指示系统之情况比照上古汉语人称指示之复杂系统的做法,亦有不妥,现代汉语"TA"是否是一个可以与第一、第二人称形式完全匹配的真正人称代词还尚无定论,更何况传统语法对现代汉语人称指示系统之处理自身也存在严重问题。

综上所述,继吕叔湘([1940]1984)首开近代汉语指代词研究先河之后,黄盛璋(1963)、王力(1980)、高名凯(1986)、徐丹(1989)、姚振武(2001)、张玉金(2006)等学者对汉语(人称/非人称)指代系统探讨和研究,有着重要的推进和贡献。尤其是姚振武(2001)、张玉金(2006)等学者更是对"第三称范畴"及汉语中相关形式之功能问题进行了更为深刻的反思,这无疑对揭示语言指示系统的存在状态及演化过程有着重要意义。相对上古汉语之多套指示系统模型而言,现代汉语只有一套指示系统,相对较为简单,第一、第二人称形式均由上古的多组演化为一对,被传统语法所谓的"第三人称"类争议形式也同样由多组演化为一个"TA"。前文对上古汉语"第三身"形式与指示代词间之关系的探讨,贵在从历时视角更为清晰地揭示语言,尤其是作为典型孤立语的汉语指示系统内部人称指示与非人称指示的存在状态。对于姚振武(2001)、张玉金(2006)的上述诸观点,我们皆不能全然赞同,但指示代词与"第三人称"形式的源流关系已明,且已基本成为共识。

8.1.3.3 汉语非人称指示系统内部演化

基于上述我们从共时和历时两个角度对"第三人称"与指示词之间关系的分析,我们可以明确察觉:汉语非人称指示系统内部各符号要素之间的功能分工存在明显演化或者再分工的过程。

语言指示系统具有极强封闭性、系统性,其各成员处在一个彼此关联、彼此制约的网络之中,各成分以彼此差异而取得其在系统中的地位和价值,任何一个充分的变化,都必然导致整个系统的调整。我们认为:"第三人称"之功能演变,即由非人称指示向人称指示靠拢转化,并非孤立现象,而是人称指示系统内部各要素相互制约而重新调整的结果。对于第一、第二人称及指示代词的确立及功能,学界争议较少,而对于"第三人称"的称法无论是国外语言学界,还是汉语学界都存在较大的争议。而从8.1.3.2中我们基于历时视角对"第三人称"所做的分析可见,汉语"TA"有类似于人称指示的功能,在共时层面似乎介于上述两个确定极端之间,如图8－2所示。

```
人称指示   非人称指示
人称代词 ← TA   指示词
         (中性)
```

图 8－2

但从根本上而言,传统语法所谓的"第三人称"是否成立,争议颇多,尚未得到充分论证。况且,汉语"TA"与印欧语系所谓"第三人称"符号(如英语"HE/SHE/IT"),无论在形式上还是功能上都相去甚远,故而,对于汉语现代汉语"TA"而言,虽然其在功能上有与人称代词相类似的表现,但将之定性为"人称"范畴明显不妥。

由于研究方法及研究视角等方面的局限,传统语法框架对全面深入认识语言指示范畴及相应指示符号系统具有明显弊端,且单纯基于文献的做法更是有以偏概全、断章取义之嫌。因此,基于新的视角和方法,对传统语法框架下的已有认识进行深入探究,显得尤为重要。

8.1.4 对传统语法框架下"第三人称"研究的质疑

在8.1.3中,我们之所以关注上古汉语是否存在"第三身"代词问题,是因为现代汉语中所谓的"第三称"形式"TA"(它、他)也同样源自"指示代词"①，其原初用法指人指物皆可，且为不具针对性的无定指。正如高名凯（1986：129）所言，"TA"之原始意"其他"至今尚存。不仅如此，从指涉对象情况看，现代汉语"TA"所能指涉的对象范围远不限于人，由此，吕叔湘先生（1985：23）曾得出："天地间的事物除'你'跟'我'之外都是第三身，所以第三身代词的用法天然要比第一、第二身丰富。"对于"第三人称"或"第三身"问题，我们所要反思的是：语言中所谓的"第三人称"是否成立？汉语中是否存在类似于印欧语系语言中专职表示"第三人称"的形式（如英语的 He/She/It）？语言指示符号所体现出"指示"和"称代"两种基本功能的关系究竟如何？诸多问题需要进一步深入探究，而正如叶姆斯列夫语符学思想之精髓所提倡的，探索之前提是尽量摆脱已有研究程式的束缚，摒弃先入为主的传统观念，以求尽可能地详细描写和揭示语言现象之本质。

　　就语言指示问题而言，对于前述诸家对汉语人称代词及指示代词问题的探讨及观点，之所以迷惑和问题重重，得不到实质性的解决，我们认为其最为根本的原因是未能抓住指示现象及指示符号的真正本质，未能分清指示问题中的可变因素与不变因素，未能分清指示现象赖以存在或指示表意得以实现的根本条件（即在场性），以及不同语境背景下指示问题所发生的变异等。这些问题的出现与现有传统语法之研究方法和研究视角有着必然的联系。就传统语法所谓的"第三人称"指示而言，我们认为：所谓的"第三人称"究竟是否属于人称范畴，这一问题有待进一步探讨，但可以而确定的是，无论从共时角度看还是从历时角度看，所谓的"第三人称"形式都不可与第一、第二人称范畴的相关符

---

　　① 对于"他"的原初词性，王力（1980：270—271）认为是"无定代词"，作为"第三身"起源于唐代，意为"其他、别的"；吕叔湘（1985：5）认为是"指示词"，"他"字起于汉魏，意为"其他"，近代汉语发展为"第三身"代词；高名凯（1986：129）认为："他"原为"甄别代词"（Pronouns of Discrimination），相当于英语"another, other"，意为"其他"，用作"第三身"始于汉代之后，至今尚保留此性质及词义；张玉金（2006：61）认为是"旁指代词"。

号相提并论。作为典型孤立语的汉语不存在类似于第一、第二人称的"第三人称"形式。一个符号具有表示第三人称的功能,并不能说明该符号就是第三人称形式,换言之,真正的人称指示符号,如第一、第二人称,其指涉对象一定是人,且只能是人,而具有指涉人之功能的语言形式却不一定是人称形式。换言之,指涉人称是人称形式的充要条件,但却只是所谓"第三人称"形式的充分条件。这个逻辑关系,必须搞清楚。

　　就传统语法之研究视角及方法而言,其存在明显局限性,传统语法之研究视角未对指示符号(即代词)的使用环境进行考察和区分,前人研究,主要基于死的文献语言,所关注的只是文本语境,并未考虑现实语境因素,在文本语境中指示符号主要发挥的是称代功能,而现实言语交际语境则与之明显有别,存在指别和称代两种功能。从根本而言,文本语境并非基于现实在场性,而基于在场性的现实语境,第三称最先发挥的是指别功能,当所指对象不在场时,其功能才可以基于先行指称的前提下,由指别转为称代,虽然学界一致认为"称代"是第三人称形式的基本功能,但从指示现象根本上而言,"指别"是"第三称"最为原始的功能。与其他语言一样,汉语有人称范畴,但仅限于第一、第二人称,传统语法所谓汉语"第三人称"形式并非真正的人称形式,从语用、语法功能角度看,其本质更接近于指示词,兼有"指别""称代"两种功能,因而,依旧属于非人称形式。

　　在场性因素是指示符号表意得以实现的必要前提条件。基于指示在场性,在区分两种语境的前提下,我们不能单纯认为:第一、第二人称形式只具有称代性而不具有指别性,这种观点站明显不住脚,尤其是在语言世界或语言文本中,"我"和"你"的出现,同样需要有先行词,不然,我们无从得知其具体指涉对象,此时第一、第二人称形式所发挥的依旧是称代作用,而非指别作用。以"指别"与"称代"两种功能的有无作为判断所谓"第三人称"形式成立与否的依据,并未从根本上把握指示现象的本质特点,因而这一做法不具有区分度。而欲明晰此问题,我们必须考察指示现象出现的环境,包括现实环境和语言环境,必须兼顾符号所指对象的在场与缺场情况。因此,我们有必要突破传统语法研究的局限,对指别和称代的关系作以重新认识、分析。

8.2 基于在场性的"指示"与"指代"关系之重新认识

对于"在场(Presence)—缺场(Absence)"问题,近些年来,哲学界、现象学界、西方历史哲学界、语言哲学界、符号学界及文艺理论界等诸多领域渐趋关注,并将之提至前所未有的高度,试图基于上述问题构建适用于各自领域的理论模型。值得注意的是:同为"在场(Presence)—缺场(Absence)"问题,因关注视角、研究方法及研究对象诸因素不同,上述各领域对"在场"的理解也不尽相同,因而产生了诸多不同理论模型。这里我们的关注点并非探讨或比较上述各领域学者基于"在场(Presence)—缺场(Absence)"问题所构建的不同理论模型,故而不再过多展开。

8.2.1 指示在场性及汉语学界已有认识

上述诸领域对"在场"概念之总体认识不尽相同,但基本认识却同大于异,正如美国学者 Hans Ulrich Gumbrecht(2004:Ⅻ)之观点:"'在场(Presence)'一词并非指(至少非主要指)与世界及其所含客体(Objects)的时间(Temporal)关系,而是指空间(Spatial)关系。说某物是在场的(Present)时,是指该事物可为人们触手可及,这意味着,反之该事物对人们的身体有着直接影响。"在语言哲学、符号学及文艺理论学界,"在场"(Presence)概念与"意义""符号"及"符号过程"等一系列概念密不可分。在 Hans Ulrich Gumbrecht(2004:ⅩⅣ,ⅩⅤ)所提出的"在场"理论中,"意义"(Meaning)是"在场"的对立范畴,如果我们把某种意义赋予某个在场事物,亦即我们对与我们有关的该事物形成某种观念（Idea），则我们似乎不可避免地将削弱该事物对我们身体或意识的影响或冲击，Gumbrecht 所主张的是一种摇摆于在场效果（Presence Effects）和意义效果（Meaning Effects）之间的与世界事物的关系。赵毅衡（2012：107）更是认为"在场与不在场"是符号表意过程的基本动力。赵毅衡对"在场—不在场"问题的探讨基于更为抽象的层面，在其看来，意义不在场，才需要符号，任何意义传达过程的诸多构成成分中必有某些成分不在场，或尚未充分在场。符号表意之所以有必要，是因为解释意义缺场，解释意义不在场是符号过程的前提。与赵毅衡（2012）所谓的"在场"不同，指示问题所涉及的在场问题，更接近于 Gumbrecht（2004）的观点，指示问题所涉及的"在场"是更为初级或者更为具象的在场，此处的"场"，如前所言，是具体言语活动中的指示场（Deictic Field），即一个由人、空、时三要素构成的以"I-here-now"为原点的主观坐标系统（Karl Bühler，1990［1934］：117），指示词语意义的实现及界定能且只能在指示场内完成，因此，交际双方、符号、所指对象等要素皆须在场。脱离上述条件，指示问题则无从谈起，而符号表意过程的实现也与在场因素有着必然的联系。

对于在场性问题，传统语法学界虽未明确区分或提及，但由于在场因素直接制约着符号意指活动，因而在探讨词语表意问题，尤其是指代类词语的意指过程时，必然要涉及在场问题。以中国第一部语法著作《马氏文通》为例，其虽基于西方经典拉丁语法框架研究汉语，但马氏（1983：20）在界定汉语"代字"（代词）时，亦不得不明确区分两种情况，即在场和缺场（不在场）：

事物有在当前者，不必名也，以"爾""我""彼""此"诸字指之。其不在当前而其名称已称之于前者，以后可以"其""之""是""此"诸字指之，以免重复……故有"之""是""其""此"诸字以指前文，前文可不必重言，盖有所以代之矣。故曰代字。代字之异于名者，名因事物而各殊，代字则指异而为字则一。先儒或以代字列诸虚字，或谓为死字，而无有与名为比者。盖未知夫凡代者必与所代者同其体用耳。故代字者，不变其名也，用与名同。

然而遗憾的是，由于传统研究视角和研究方法等方面存在局限，马氏对代词使用情况的上述区分并未引起后来学者的足够重视。尽管如此，各家在传统语法框架下探讨代词之意义及功能问题时，依然绕不开区分"在场—缺场"两种情况，也正是未能在思想层面有足够认识，才使得代词问题在传统语法框架下之探讨困难重重，诸多问题难以明晰。语言指示问题与在场性问题密切相关，但就语言指示符号系统而言，由于在第一、第二人称指示表意的情况中指示诸要素必然在场，因此与"在场—缺场"之区分联系最为直接、最为突出的便是非人称指示问题，尤其是所谓的"第三人称"指示。吕叔湘先生在探讨汉语指代词问题时并未严格区分"指示"与"指称"两种情况，但吕叔湘亦察觉二者的明显不同，继而在指代词内部区分出"指别"和"称代"两种功能，即"指别和称代是不同的句法功能"（吕叔湘，1979：43）。在吕叔湘看来，人称代词"只有称代作用，没有指别作用"（1999：15），并以此作为区分人称代词与其他指代词的依据。吕先生上述观点为后来诸多学者所沿承，并以此来鉴定古代汉语中的指示词是否已演化为"第三人称"形式，这一问题我们在 8.1.3 中已详细探讨过，不再赘述。在探讨"第三人称"代词问题时，我们提到，姚振武（2001：31）将造成第三身代词只有称代没有指别作用的原因归结为第三身代词自身所具有的承指性（即回指性），即其"一般处在承指（或曰回指）的位置"。对于"承指"，吕先生（1982：165）曾给予界定："上文已说，或说的人和听的人了然于何所指，谓之承指。"由此上述界定可知，吕、姚二位先生对"第三身"形式之回指（或承指）问题的探讨，主要限于文本语境（亦即语言世界）中。不过，鉴于指示问题的特殊性，对于汉语所谓"第三人称"形式"TA"的用法，吕先生（1985：23）也不得不做更为细致的区分：

  "他"字主要是个回指性的代词。第一次提起一个人，或是说"有一个人"，或是称名道姓，反正不能凭空来一个"他"：在这一点上"他"跟"你""我"有着本质的区别……要是人在面前，有时候就直接说"他"，这就跟"你"、"我"的用法相同……但是第一次指点给别人的时候还得用指示代词，然后才能说"他"……总之，必须要说的听的双方脑子里有了默契，知道他指谁，然后才能说"他"。

  从吕先生的上述论点可知：与马氏之"代字"定义相同，吕先生也未明确区分两种情况，即在场—缺场，当所指对象在场时，汉语指示形式"TA"与"我—你"以及"这—那"等指示符号的功能相同，即皆为指示功能，而当所指对象不在场时，"TA"和"这—那"等形式与人称指示符号"我—你"的功能则截然不同，前者必须有先行词作为前提，否则无法完成意指过程，后者则无此限制。对于所谓"第三人称"形式之回指功能，在诸多语言中具有共性，美国语言学家布龙菲尔德（Bloomfield，2002：262）亦明确指出："替代词 he 意味着，在其他事物中，被 he 所替代的是刚刚才说过的单数阳性的实词表达式（Substantive Expression）。而暗含单数阳性实体表达式的替代词是回指的或依附的替代词（Anaphoric or Dependent Substitute），而刚已说过的被替代形式，叫作先行词（Antecedent）。"换言之，这类形式的使用前提是必须有先行词，而替代词仅仅是先行词的索引形式。与 Bloomfield 之提法类似，王力（1954：5）则主张："人称代词可细分为两类，第一类是'我'和'你'是用不着'先词'（Antecedents）的；第二类是'他'，是往往用的着'先词'的。"在形态丰富的屈折语中，第一、第二人称代词与所谓"第三人称"在句法层面主谓一致（动词形态）问题上有着明显差异，而值得注意的是，"第三人称"却与普通名词在句法层面谓语动词形态变化上保持完全一致，这一点值得注意。

从根本上说，Bloomfield 对替代现象的探讨，依旧基于传统语法的框架之认识，关注的是纯语言语境中的该类词语的使用情况。需要注意的一点是：其并未避免对指示类词语出现语境的区分，① 在讨论语言学中的替代问题之前，首先选择了从非语言学立场来考察此类现象，其也注意到，指示形式与客观物理世界之间有别于普通语言形式的特殊关系：

> 从整体上看，替代类型构成了话语言说环境之基本特征。这些特征如此简单，以至绝大部分能够用手势表示：I, you, this, that, none, one, two, all 等等。尤其是"这"和"那"类型的替代词在其意义上接近非语言的反应形式……由于除类义以外，替代类型还代表一个替代词的整体意义，故而我们可以确切地说：替代词的意义一方面更为概括和抽象，而另一方面，较之普通语言形式之意义更为简单和稳定。就类义而言，代词较之普通形式距离现实世界更远一步，因为替代词所指明的并非现实事物而是语法形类；替代词可谓是第二级的语言形式。此外，就替代类型而言，替代词比普通语言形式更为原始，因为替代词指明的是言说过程之直接环境的简单特征。

从 Bloomfield 以上论述中，我们可以明显看出，其实质上已经区分替代形式使用的两种不同环境，即索绪尔经典区分之一：语言环境—言

---

① ［美］布龙菲尔德（L. Bloomfield）：《语言论（Language）》，袁家骅等译，外语教学与研究出版社 2002 年版。

语环境，前者是静态的语言—心理二元世界，而后者则是动态的多元世界，且后者更为根本，对于替代或指示问题而言，言语过程中指示符号功能的实现，必然涉及三个世界：语言世界、现实物理世界、心理世界。此外，张玉金（2001：64）在探讨上古汉语指示符号问题时，较前人研究首次意识到，需要对指示现象出现语境进行区分：指示代词的指示参照点主要有两种，一是存在于语言之外的语境中，二是存在于语篇的言语之中。两种语境的区分对我们进一步认识语言指示现现象有着重要作用。因为两种语言环境的区分皆是以在场性为前提，而不同的语境又可以有不同层面的"在场"，这与进一步区分指示符号两种核心功能密不可分。

8.2.2 "指示"与"指代"关系重新分析

正如语言世界与物理世界的关系一样，语言世界中的指示现象是现实物理世界指示现象在人类语言系统中的投射。基于这一认识，我们可以根据现实言语交际过程中指示对象是否在场区分出，在场（Presence）和缺场（Absence）两种有着本质区别的情况。所谓"在场"即指示符号之指涉对象在指示符号意指活动所发生的客观世界中与指示主体存在空间（Spatial）关系，亦即该事物可为人们所直观感知，此时指示活动涉及物理、语言及心理三个世界，基于在场性的指示符号，所发挥的根本功能为指示，即对在场对象指而示之，因为指涉对象在场，故而无须对其形成概念，便可以通过指而示之更为经济、快捷地完成意指过程。而所谓"缺场"则指示的是指示符号之指涉对象在指示意指活动所发生的客观世界中与指示主体之间存在的是时间（Temporal）关系而非空间（Spatial）关系，亦即该事物不能为人们所直观感知，此种情况下，指示活动则仅涉及语言和心理两个世界，而指示符号之使用必须基于已为交际双方所共知的先行成分或信息。此种情况下，指示符号之基本功能是指代，即对先行成分或信息指而代之，因所指对象不在场，故而需要符号取而代之。上述两种情况的根本分歧点在于符号指涉对象是否在场。对于后一种情况，我们需要特殊交代的是：正如 Gumbrecht（2004：XIV）所言，如果我们把某种意义赋予某个在场事物，则不可避免地将削弱该事物对我们身体或意识的影响或冲击，换言之，如果我们对某一在场事物形成概念，则我们对在场事物本身的依赖性便会必然减弱，相应的情况是对该事物之概念的依赖便会增强。而上述后一种情况中指示符号意指过程的实现所以依赖的正是交际双方对事物形成观念，这种观念如若进一步细分，可能出现两种情况：第一，仅仅是对指涉对象有一个基本的印象（Expression），并未形成固定概念（Concept）；第二，借助于语言系统中已有概念指称词（以名词 noun 为主）来获取反映该指涉对象之本质特征的概念。传统语法正是着眼于语言层面的后一种情况，将指示类符号定义为名词的附属类，即"代名词"（Pronoun）。

前面我们分析指示对象在场和缺场两种典型情况下指示意指过程的实现问题，并重新认识了传统语法学界所谓代词之"指别"和"称代"两种功能的关系。对于上述两个因素情况，我们可以图 8-3 示之：

```
                指示符号
               ↙      ↘
        指示(Deixis)   指代(Pronoun)
            ↓              ↓
      客观对象(Object)  先行成分(Antecedents)
          (在场)          (对象缺场)
```

图 8-3　"指别"和"称代"之关系

在具体言语交际过程中，从逻辑上讲，同一指示符号可能存在四种情况：①示而不代；②亦示亦代；③代而不示；④不示不代。很明显第四种情况与我们要探讨的指示问题无关，可以排除，而剩下的三种情况，则是我们探讨之重点。由前文分析可知，指示表意的基本前提要素是对象在场，因此，上述①—③种情况同样可基于在场性因素进一步区分为两类，即①、②为一类，该类情况因为对对象指而示之，故而必须基于在场性，而③单独为一类，因其对指涉对象仅为替代而不示之，其可借助于指称途径或已有概念实现，故而指涉对象在场与否皆能实现，且现实言语交际中，多为指涉对象不在场。对第一类情况内部两个次类，我们可以做进一步探究：情况①是可称为最为原始或是最为典型的指示现象，此类现象从范围上看，不局限于语言世界，或者说不借助语言，如借助于手指、肢体动作、路标等非语言的物理存在，同样可以实现，但不同语言中均或多或少地保留有示而不代的情况，其中以指示词最为典型，又如：吴语中的指别词"辩［gəʔ²］—解/矮［kɔ⁵¹/ɔ⁵¹］"（刘丹青，1999：109）；与情况①不同，情况②之实现必然基于在场性因素，且其情况更为复杂，因为情况②必然涉及语言世界，对于指涉对象，既然"示之"则必然对象在场，而"代之"则必然指代对象出现在先，故而，"示之"是"代之"之前提条件，或者说因为所指对象已经通过"示之"，引起交际参与者的注意或交际双方已经明确所指对象，进而才可以异质的（语言）符号"代之"。

对于上述示而不代、亦示亦代、代而不示的情况，我们需要明确的一点是：只有情况①中相关现象所呈现的才是最为典型、最为原始的指示功能，如最为典型的以手指示物，在现实言语交际活动中，语言世界亦存在类似的符号，如"我—你""这—那"等，以第一人称"我"为例，说我者（I-Sayer）借助于物理现象及生理功能说出"我"时，便以之来指示说话者本人。但此类功能极为受限，或者说本身便存在功能缺陷，因为该功能实现要求指涉对象真实在场，甚至在很大程度上依赖于视觉，这也决定了单纯指示功能如欲发挥更为丰富的功能必然调动其他相关因素。情况②、③，在一定程度上便是对单纯指示功能的扩展，在情况②中，"代之"功能的加入，使得符号性增强，同时对在场性之依赖性减弱，既已示之，交际参与者已明确所指对象，固然可以便捷但又不失准确地以相关符号代之，与此同时亦向语言世界更为迈进，信息获取渠道由单纯指示功能的视觉扩展为视觉和听觉等，但与情况①相同的一点是,由于所指对象在场,符号表意可直接完成,无须形成亦无须借助于反映指涉对象本质特征的概念。情况③则主要存在于语言世界的现象,在情况②中虽然在"代之"环节上可适度摆脱对在场性的依赖,但依旧必须基于"示之"前提,而情况③则更迈进一步,在第一章中,我们指出符号表意的两种基本途径:指示—指称,"代而不示"的情况主要基于的是与指示相对的指称现象,由于在指称表意中,符号之所指为反映事物抽象本质特征的概念,而借助于交际参与者共有的概念信息,便可以在指涉对象不在场的情况下,指代所指对象,因此基本推脱了对"对象在场"这一条件的依赖,在情况③中,相关指示符号则发挥的是"代而不示"功能的进一步延伸功能。因此,指示符号之指代的功能必然后于其指示功能,或者说,指代是指示的次级延伸功能。由上述分析,我们可明确发现三种情况之间的关系,即由物理世界到语言世界,三种情况构成一个连续统,在该连续统中,随着对"对象在场"这一条件的逐渐摆脱,指示符号之指示性亦在逐渐减弱,如图8-4所示。

```
非语言世界           →           语言世界
①示而不代  →  ②亦示亦代  →  ③代而不示
  指示           →           指代
```

图8-4

鉴于上述分析,我们需要注意的一点是:在现实物理世界中,"在场—缺场"之间为非此即彼的对立关系,但基于此产生的指示符号之"指示—指代"两种功能之关系却并非一定为非此即彼关系。此外,指示符号的指示功能的实现,以现实在场性为前提,而其指代功能的实现则是以先行词的出现为前提(换言之,我们也可以将之视为另一种在场性,即语言世界的在场性),二者并不冲突,因此,在言语交际过程中,指示符号很可能兼有"指示"和"指代"两种功能,换言之,两种功能可以共存于同一符号,尤其是在上述情况②中,而此类情况在现实言语交际过程中亦更为常见，指示符号兼有"指示 + 指代"的功能情况，我们可以图 8–5 示之。

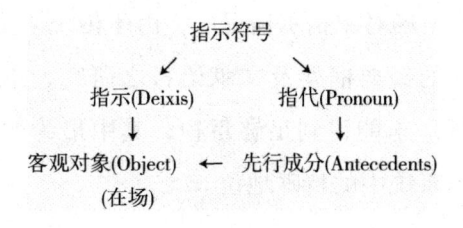

```
                指示符号
              ↙        ↘
        指示(Deixis)   指代(Pronoun)
            ↓              ↓
      客观对象(Object) ← 先行成分(Antecedents)
          (在场)
```

图 8–5

换言之，此种情况下，典型指示符号（如"我—你""这—那""TA"等）"指示""指代"两种功能兼而有之，甚至无须区分。此外，一种特殊的情况是，在文献文本所构建的语境中，虽然，也同样存在"兼而有之"的情形，但情况则更为复杂，因为由基于视觉系统的文字构成文本本身也是物理世界的客观存在（Being），因而亦可作为直接指涉对象。这与指示现象的原始性或非纯语言性，以及语言（听觉）和文字（视觉）之间的区别密切相关，文字系统属于第二性的辅助视觉符号系统，鉴于其自身之特殊性及文本指示之复杂性，与我们所要重点探讨语言指示问题联系相对疏远，故而此处不再予以展开。

8.3 指示词在非人称指示符号系统中的核心地位

在 6.3 节中，我们对指示范畴及指示符号系统内部的层级及相互关系进行分析梳理，在第一层级中，我们区分出人称指示和非人称指示，后者亦被称作"在场对象指示"，而在非人称指示中，我们又进一步区分出空—时指示和非空—时指示，即对除言语活动直接参与双方之外的其他对象的指示。在 8.1 节、8.2 节中，我们从历时和共时两个角度对人称指示、"第三人称"及指示词之间的关系进行深入考察，并认为：传统语法所谓"第三人称"实为非人称，汉语指示系统中的所谓"第三人称"符号源自指示词,且共时层面其本质上依旧更趋向于指示词。从总体上而言,对"第三人称"与指示词之关系的分析及探讨仅局限于非人称指示中的在场对象指示情况中,由于传统语法研究囿于西方中世纪拉丁语法研究的经典框架及文献语言之研究,指示问题(尤其是汉语指示诸多问题)未能得到足够重视,其中最为明显的便是"这—那"在非人称指示系统中的特殊地位。

8.3.1 指示词的核心功能及特性

在斯瓦迪士第 100 核心词表中,指示词(this/that)位于第四和第五,在人类语言中具有极大普遍性。尽管所有的语言都有指示词,但不同语言中指示词的形式、意义及用法在世界语言中千差万别(Diessel,1999：1；Dixon,2003 等),但与指示词相关的指示指点(Deictic pointing)在所有语言文化中皆被作为确立共同关注(Joint Attention)的交际装置(Kita,2003)。不过,就当前而言,与"第三人称"形式类似,对于指示词而言,语言学界关注最多的是其回指(Anaphoric)功能,尤其是在篇章语法中的指代功能,文著颇丰。不过,相对于该类符号的直指(Deictic)功能而言,其回指功能并非首要或原始功能,而是直指功能在篇章中的进一步拓展或延伸。因此,与篇章语法关注点不同,我们这里所要关注的是指示词最为根本的功能,即现实言语交际活动中的直指功能。

在语用学家 Herman Parret(1980：96,1991：323)的指示模型中,其一度明确将指示语(Deixis)归入指示代词(Demonstratives)范畴,换言之,指示代词较之指示语更接近指示之本质。Parret 之做法不无道理,且更为切中指示代词之核心本质,因为自 Pierce 提出指示问题到后来哲学界、逻辑学界及语言学界等领域对指示类符号深入探讨,指示代词自始至终都占据着核心地位,可以说,指示代词意指实现过程所呈现的正是指示之最初原型,其中所涉及的问题,是整个指示问题的核心及典型问题，诚然，也是重点和难点所在，而持此观点的学者亦不在少数。Holger Diessel（1999，2012：2417）明确指出：对象指示，即非人称指示，其内部存在层次性或者不对称性，而处所方位指示更为基础，方位指示语之核心构成一小类表达式——指示词（demonstratives），如英语的 this/that、here/there，该小类表达式对指示系统组织（Organization of the deictic system）有着极端重要性（Himmelmann，1997；Diessel，1999；Dixon，2003；Diessel，2012；等等）。对于作为孤立型语言的汉语而言，上述情况更是如此。不过，正如 Holger Diessel 之批评：在文学研究中，指示词通常被描述为处所指示的一类，所发挥的是类似于代词（Pronouns）、限定词（Determiners）及副词（Adverbs）的语法功能，不过这一分析并未充分描写出指示词的功能和在语言系统中的地位（Diessel，2006a，2012）。基于文学作品的篇章，语法学界之指示词研究则是上述做法之典型代表。对于汉语而言，上述舍主求次的做法在汉语研究中更是有过之而无不及。

与人称指示主要用于引起交际参与对方之注意不同，指示词最为根本的功能是使言语交际参与者的注意力聚焦于周边环境中的具体实体对象，换言之，使交际参与者确立共同关注（Joint Attention），Diessel（2006a，2012：2417）强调：这正是人类交际最为基础的功能之一，并且上述过程为言语交流组织、话语结构化及语法的历时演变等提供了基础。言语交际是一个三元的行为，换言之，最为典型的言语交际活动从根上必然包含三个方面：交际参与者双方及谈论对象，在面对面的实时言语交际中，说话者可以充分利用肢体动作（如食指指示、眼神、嘴唇、点头或摇头等）以及语言来确立一个共同的关注焦点（Bruner，1983；Carpenter 等，1998；Tomasello，1999；Eilan，2005；Diessel，1999，2006a，2012；等等）。尽管存在众多确立共同关注的语言学手段，但在言语活动中，能够提供最为基本的操纵交际参与者之注意力的语言装置却是指示词（Clark，1996；Diessel，2012：2417 - 2418）。

综上所述，在第六章6.4节中，我们列出指示词之三个主要意指特性：①指向姿势伴随性；②语言分布的最大普遍性；③原始性。指示词意指之特性及上文所述情况，我们都是基于人类语言共性角度进行分析，正如先前所言，尽管指示词在世界语言中普遍存在，但其形式、功能及用法在不同语言中则相去甚远，因此我们有必要基于上述共性认识对汉语指示词作进一步分析，以期更为准确地把握其意指特征。

8.3.2 指示词与空间指示

在言语交际过程中，指示词在意指过程中所呈现的语义特征，从总体上而言，可以分为两个基本类：指示特征和非指示特征，前者表示相对于指示中所指对象所处位置，而后者则描述所指对象之类型特点（Fillmore, 1982; Rauh, 1983; Hanks, 1990; Diessel, 1999: Ch. 3, 2012, V3-90: 12）。指示词之诸指示特征通常由空间术语来描述，而这些空间术语则是基于其相对于指示中心的关系。例如：

这本书是我的，那本才是你的。
（这里）这个苹果比（那里）那个大得多。

对于汉语而言，如果指示词"这"与指示词"那"相对比使用，则"这"通常表示的是较之"那"之所指对象，与指示中心或者指示主体较为接近的所指对象。换言之，当指示词"这—那"在言语交际过程中对比使用时，指示词"这—那"内部承载着基于空间距离的相对邻近性信息，在语义上"这"永远指涉相对距离指示中心较近的所指对象，而"那"则指涉相对距离指示中心较远的所指对象（Levinson, 2004; Diessel, 2012, V3-90: 12），不过，若汉语"这—那"用于非对比情形中时，则通常可以互换，换言之，此种情况中其不再承载空间距离特征，如：

就剩一个箱子了,把这/那箱子送给我吧。

对这/那种人而言,无论怎么努力都是这/那回事。

  从指示符号系统本身而言,指示符号的核心功能是指示功能,典型的指示符号皆以相互区别的"指示对"(Deictic Pair)形式出现,如"我—你""这—那"等,任何指示符号最为根本的功能是指示或直指,其次才是角色、远近等方面的进一步区分,对于以单个出现的指示符号而言,如果没有相应的对比形式出现,即对比的语境消失,则其所发挥的是作为指示符号最为根本的指示功能,如在指示场内,言语交际双方之间只有一个指涉对象在场,此时单用"这"或"那"进行指示皆可,此时的"这"或"那"单独使用时与"这—那"对比使用时情况不同,"距离区分"减弱甚至消失,其体现的是指示主体较强的主观性。指示符号这一重要表意特点,在传统语法框架下,多为学界所忽视。

  此外,需要注意的是:指示词内部的情况并不相同,且存在明显差异。正如Levinson(2004)之强调,英语"this"永远表示邻近意义,但"that"却只有当与"this"作鲜明对比时,才被解释为远距离术语,因此,"that"在语义上是无距离标记的,但借助于格赖斯的言语交际"适量原则"(Be as informative as circumstances permit),其通过语用对比被解释为远距离术语,由此可见,"that"与"this"之间存在着单向的依从关系,二者中"this"的地位更为基础。与英语"this-that"的关系一样,汉语指示词"这—那"的情况同样如此。不过,依据空间特征对指示词所做传统分析(例如:近距离—远距离分析)并非总能充分描述指示词的意义和用法特征(Enfield,2002;Levinson,2004;Diessel,2012:2418)。陈玉洁(2010:76)更是批评上述结论是在没有区分对象范畴的情况下得出的,其认为:指示词表达距离远近对立是人类语言之共性,但该对立并不能覆盖所有的对象范畴,因而其强调:

"探索指示词的语义层级,必须注意区分不同的对象范畴。"不过,我们认为:陈玉洁(2010)之批判虽确实指出传统指示词研究中的漏洞所在,但对象本身之范畴,与指示词之核心功能(直指)关系不大,指示符号作为一个典型且封闭功能符号类,正如前文我们之探讨,在言语交际过程中,基于指示在场性,其提供的是一种关系网络定位,无须反映所指对象的本质特征及所属范畴。因此,我们并不完全认同陈之以对象所属范畴为切入口来反驳上述传统做法并以之来探索指示词之语义特征。

对于语言中的中指现象研究,上述传统分析法便明显存在局限性。因为指示词并非总表示近距离和远距离所指对象之间的对比,正如 Diessel(2012:2419)之观点,语言中的指示词经常被组织在一个对比形式模型(Paradigms of Contrastive Forms)中,从类型学角度看,英语和汉语普通话都是二元指示系统,即对比近处和远处的所指对象。但是,在人类语言中,许多语言使用多于二元的指示术语(Anderson & Keenan, 1985; Diessel, 1999, 2005, 2012:2419 – 2420),例如 Irish 语(Bammesberger, 1983:60 – 61)、日语及汉语(如钟祥方言)(赵元任 1939)等在空间距离方面都有三个指示词表示三种不同的位置:近指、中指、远指。指示代词系统二分和三分的现象在跨语言研究中十分普遍,甚至有些语言指示词系统多于三个指示项目。Diessel(2005:170 – 173)基于对世界范围内的 234 种语言样本之研究发现,其中 127 种语言具有两个指示项,88 种语言具有三个指示项,12 种语言具有多于三个的指示项。就汉语而言,汉语普通话中指示词为二分,而在汉语一些方言中则存在三分现象甚至多分现象,如福建闽南话指示代词系统四分(李如龙,1999:278)、江西境内赣方言指示代词系统四分及五分(陈敏燕、孙宜志、陈昌仪,2003:496)等。最早明确注意及描写汉语方言指示三分问题的著作是赵元任先生的《钟祥方言记》(1939:18, 119),之后,王力在其《中国语法理论(下)》([1945] 1954:46)

中探讨汉语指示代词问题时亦注意到该类符号系统中的"二分法和三分法"的问题：

> 有些语言里，指示代词分为近指和远指两种，例如中国古语里的"此"和"彼"，现代官话的"这"和"那"。另有些语言里，除了近指和远指之外，还有第三种指示代词，就是非远非近，指示的是某一定的人物。例如现代苏州话，近指用"该"，远指用"规"，普通非远非近用"格"。

对于汉语一些方言中的指示代词系统"三分"问题，汉语方言学界历来争议颇大。就目前学界对汉语方言指示三分问题的探讨情况看，所涉及的方言主要有北方、吴、客家、闽、赣等，例如日本学者小川环树（1981：287）认为，吴方言苏州话中存在于日语"中称"相当的指示符号，即吴语中表示非远非近的泛指词语（近指—中指—远指："该 kE^{44}—格 gɤʔ^{23}—归 kuE^{44}"）。又如，闽西清流客家方言指示词"近指—中指—远指"三分："这 ti^{24}—扁 paiŋ^{24}—解 ka^{24}"（项梦冰 1999：207），山西太原方言指示词"近指—中指—远指"："这 tsəʔ^{4}—那 nəʔ^{4}—兀 vəʔ^{4}"（张维佳 2005：460）等。指示词系统三分且布局为"近—中—远"的语言最为典型的即为日语（"これ—それ—あれ"），在日语中，指示词将靠近说话者的实体、靠近听话者的实体以及远离说话者和听话者的实体区分开来，而中指指示往往用于指涉距离听话者较近的实体。Diessel（2012：2419-2420）与二元指示词系统相同，日语三元指示词系统之中指指示依旧体现出指示主体的自我中心性。从类型学上看，指示词三分的语言中"近—中—远"的格局占据绝对优势，不过，也并非所有指示词三分的语言都是按照"近—中—远"划分，如江西赣方言三分指示词系统中便存在"近指—更近指—远指"（乐安、峡江、高安等方言）及"近指—远指—更远指"（余干、黎川、丰城等方言）的划分情况（陈敏燕、孙宜志、陈昌仪，2003：496），又如安徽黄梅方言、湖北麻城方言指示代词系统则三分为近指—中远指—远指（汪化云，2000：88—89）等，就目前而言，语言指示词系统存在三分现象，已为学界共识，但是对于指示词系统二分与三分之关系以及三分指示词系统内部的关系及层次，学界则分歧颇大，至今尚无定论。因本书旨非描写或比较分析汉语诸方言中的指示词及指示词系统之间的异同，因而，我们这里主要从指示理论视角对汉语方言中指示词问题作以探讨。

8.3.3　指示词三分与汉语"第三人称"

对于指示词系统三分问题，虽然各家都承认三分现象的存在，且从语言类型角度看，指示词系统三分在世界语言中并不少见，但三分情况下指示词系统究竟如何，学界则认识不一，争议不断。Diessel（1999：2）基于对不同语言指示词系统的考察，得出：在指示功能上所有语言至少具有一对相互对比的指示词：指涉距离指示中心（Deictic Center）较近之实体的近指指示词与指涉与指示中心有一定距离之所指对象的远指指示词。Diessel 还进一步指出：除了上述两种指示词，在一些语言中还存在距离中性指示词（Distance-neutral Demonstratives），该类指示词与距离标记指示词（Distance-marked Demonstratives）一样，通常被用于在周边情境引导受话者，且如果有必要区分两个或更多所指对象，其亦总是能够为有距离标记的指示词来补充。由 Diessel 的上述观点，我们可以做如下推理：在现实言语交际过程中，语言指示词意指功能的实现以空间距离为基础，指示词二分是语言中最为普遍的现象。

8.3.3.1　指示词系统三分现象及其核心问题

对于语言指示代词系统三分情况，学界较为关注的是三分指示词系统的内部分布，即三个指示词之间的关系如何，在功能上又是如何进一步分工的，再就是三分指示词系统与二分指示词系统之间的关系又存在何种联系。在探讨上述问题之前，我们首先来回顾一下学界对三分指示词系统中各指示词之称法，就目前而言，最为常见的是"近指指示词—中指指示词—远指指示词"，这一称法始于小川环树（1981：287—288），其认为：汉语吴方言苏州话之指示词系统为三分，并将之与日语典型的"近—中—远"三分指示词系统作对比，认为上述方言中存在类似日语"それ"的"中称指示词"[①]。其发现赵元任《现代吴语的研究》（1928：98）第五表词汇中有"葛葛"一词（即"格个"），注云"泛指"，认为"泛指"即所谓"中称"。对于三分指示词系统而言，学界对近、远指之外的第三种指示词一直颇具争议，尚无共识可言。值得注意的是，正如吕叔湘先生（1990：401）所强调，王力先生（1945）最初关注及讨论指示词二分和三分问题时，对于近指、远指之外的第三种指示词，并未使用"中指"抑或"更近、更远"等名称，而是"非远非近"。该称法与 Diessel（1999：2）所谓的"距离中性指示词"（Distance-neutral Demonstratives）颇有像似之处，换言之，在空间距离方面，该类指示词与近指、远指指示词有着明显的差异，其似乎并不直接或明确表明距离信息。

小川环树（1981：288）基于对汉语诸方言中存在的指示词三分现象之分析，提出如下假设：远古汉语指示代词本为三分，或因受到阿尔泰语系（蒙古语和满语指示词为近—远二分）语言之影响，后汉语北方话大多已失掉三分转为"二分"。吕叔湘先生对此则提出质疑并予以反驳，其在《指示代词的二分法和三分法》（1990：404）中对"中指"指示代词的性质做了分析，并指出："中指"指示代词不但是一个不论远近的中性指示代词，而且是一个弱化的指示代词，是由近指指示代词

[①] 对此，李小凡（1984）、石汝杰（1999）均予以否认。李小凡（1984：101—102）认为：小川环树所谓苏州话"中称指示词"并非与近指及远指指示词并列的中指，而是有时用于近指，有时用于远指的兼指。因此，其将苏州话三分指示系统分析为近指—远指—兼指三分。而石汝杰（1999：91）亦认为：小川环树所谓苏州话"中称指示词"的指示作用不明确，可用于指近亦可用于指远，其称之为"特指词"。

或远指指示代词弱化而成的。吕先生还进一步认为：从已知的指示代词三分法的方言的例子看，"中指"指示代词的声母或与近指指示代词相同，或与远指指示代词相同，并据此推测，如果上述结论成立，则指示代词的二分法应是更早期形式，则"先有二分法，后有三分法，而不是先有三分法，后有二分法，更谈不上受到突厥语系语言的影响"（吕叔湘，1990：404）。不过，对于吕先生将汉语不同方言指示代词系统中的二分与三分两种情况在功能上进行对比，以证明汉语方言中存在的三分指示代词系统之源流问题的做法，洪波（1991a：192—194）并不赞同，与此同时，其对吕先生从功能对应上看系统源流的做法，提出两点质疑，即：①两个结构不同的指示代词系统在功能上能否对应？②能否以功能上的对应作为推断历史源流的依据？洪波（1991a：192）从系统理论高度对指示代词系统之系统特征进行了反思：

> 作为一个自足的系统，共每一个要素的价值（可定义为要素在系统中的功能取值）是由它与本系统中其他要素的关系决定的，因此，一个系统里的要素与另一个系统里的要素在价值上是不可比较、不可对应的。指示代词就是这样一个自足的系统，在这个系统里每一个成员的价值都充分地依赖于与本系统其他成员的关系。

基于索绪尔现代语言学理论中的"系统价值"理论，洪波最终指出：三分系统里每一个成员的价值与二分系统里每个成员的价值是不相同的，在价值上两者是不可对比的，亦即不同系统结构的指示代词在功能上不具有可比性。之后，吕叔湘先生又在《未晚斋语文漫谈·指示代词二分法和三分法能不能比较？》（1992：60—64）中对洪波之上述质疑及观点做出了回应，吕先生（1992：61—62）并不认为洪波对其家乡话庐江方言指示代词三分无法同指示代词二分的普通话相互对应的描写及探讨，可以作为两种不同的指示代词系统不能比较的理论依据，并进一步指出：关键指出在于如何理解"比较"之意义，所谓"比较"既要比出相异点也要比出相同点，且比较须在同类事物之间进行，而异类事物之间不能比较。不过，就语言指示代词系统而言，指示代词二分法和三分法是否有过互转的历史，若有，是前者转后者，还是后者转前者？对此问题，吕、洪二人的观点基本一致：汉语方言指示代词系统极为复杂，上述问题难以探索，就其原因则是缺少相关文献，且很多前提性工作（如古代汉语指示代词系统之结构问题、现代汉语诸方言指示代词之间的比较研究、现汉与古汉指示代词系统之间的联系等）尚未做好，因此寸步难行。我们赞同吕先生的观点，即指示代词系统二分与三分两种情况可比。不过，就目前而言，对指示代词系统二分法和三分法之很多探讨尚停留在推测抑或假设阶段，要做的工作甚多，只有待古代汉语不同时期之指示代词系统及现代汉语各方言之代词系统都研究得较为充分时，我们才能更为深入地充分探讨指示代词二分法和三分法历史关系问题，而现阶段，我们只能尽快地基于语言事实，来探讨汉语诸方言指示代词系统中存在的三分问题。

汪化云（2002：8—12）基于从共时视角对汉语方言指示代词系统三分现象的分析，认为：各地方言三分现象在指示代词对举使用中，于近指、远指之间确乎存在"中指"的现象，但这些三分一般不是真正的三分，"中指代词"的存在很值得怀疑。其以汉语方言指示代词"三分"现象中的"第三个指示代词"之性质为依据，将三分现象归为三个主要的类型：①远指代词在使用中的特殊变化形式，并不是另一个指示代词，如甘肃临夏、山西临汾等地方言；②定指词，与近指、远指代词不在同一个平面，如苏州方言、上海方言等；③共同语远指代词在方言中的叠置，是一种词汇历时更替现象，如湖北黄冈方言、山东阳城方言等。汪化云（2002：8）并由此得出：一般所谓三分并不是真正的三分。至于少数不能归入上述三类的三分现象，可能有其特殊成因，尚待进一步研究。此外，刘丹青、刘海燕（2005：107）基于对上海崇明方言指示词系统的探讨，认为：

> 特定方言的指示词系统假如存在超过二分的复杂现象，其各词间的语义语用分工和整个系统的格局存在着很多可能性，需要根据具体方言的实际情况进行分析，目前还很难简化为有限几种多分类型来覆盖所有方言的情况……超过二分的复杂现象，系统内部可能还存在着层级性，大系统内可能有子系统，远近之类意义对立首先也发生在构成紧密聚合关系的子系统内部。

刘丹青、刘海燕（2005）的上述观点将"系统""层次""格局""分工"等概念或视角纳入指示词研究中，极富有启发性，在一定程度上将学界对代词系统的认识又往前推进一步。不过，至此亦有一个问题在探讨指示三分中变得愈加凸显，即在三分系统中"近—远"（距离特征）指示代词之外的另一指示代词，究竟该如何认识？若按学界通常称法"中指"，则此"中指"究竟指的是什么？与距离特征及"近—远"指示代词又是何种关系？对于上述问题的探索，有助于我们更为系统、全面、深刻地认清三分现象的本质。

8.3.3.2 中间指示与中性指示

从现有学界之探讨看，对于汉语指示三分方言中"近—远"指示代词之外的第三种指示代词，学界称法不一："中称"代词（"近—中—远"三分，小川环树，1981：287），"泛指代词"（赵元任，1928：98），"非远非近"代词（王力，[1945] 1954：46），"中性指示代词"（吕叔湘，1990：404），"中指代词"（洪波，1991a：193；刘丹青，1999：110），"距离中性指示词"（Distance-neutral Demonstratives）（Diessel，1999：2），"定指语素"（刘丹青，1999：111），"特指词"（石汝杰，1999：91），"第三个指示代词"（汪化云，2002：8），"兼指代词"（李小凡，1984：100；洪波，1991b：35；刘丹青、刘海燕，2005：98），"中性指示词"（陈玉洁，2010：

77），等等，而从诸家对第三种指示代词的认识中，我们可以明显看出指示三分现象中问题的关键所在，即所谓的"中指"或"中性"究竟该如何认识？对于指示代词二分情况分析，我们所依据的重要标准是：空间距离特征，那么三分指示系统的划分依据又是什么？储泽祥、邓云华（2003：300）对指示代词系统之依据有过分析，其批判性地指出，就汉语指示代词系统而言，学界常见的划分依据有二：其一，代词内部相互对立的类别数量（若X、Y对立，则为二分；若X、Y、Z……对立则为多分）；其二，看指别人和物的代词或通用指示代词的类别情况，并认为后一依据存在局限。储文之概括能够折射出当前指示代词系统划分问题上现有认识之混乱和肤浅。我们认为，既然同为指示代词系统，我们不妨参照二分系统作以类推处理，即仍以距离特征为重要参考，来审视一下指示代词三分系统内部成员的关系，尤其是三分系统中除去与二分系统中"近指—远指"区分功能类似指示词后所剩下的指示词。

从上述诸家对三分系统中近指和远指之外的指示词的命名及分析，我们可以明显看出：空间距离特征在上述命名及分析中的作用及地位并不相同，小川环树（1981：287）对所谓的"中称"代词认识，基于日语指示代词三分系统，正如前文所言，日语指示词系统为三分且布局为"近指—中指—远指"（"これ—それ—あれ"），指示词将靠近说话者的实体、靠近听话者的实体以及远离说话者和听话者的实体区分开来，日语中指指示词（"それ"）则用于指涉距离听话者较近的实体（Diessel，2012，Vol.3-90：13），从系统层级角度看，其与近指、远指指示代词处于同层次平等地位。由此可知，日语中指指示词以及小川环树（1981：287）对所谓的"中称"代词依旧基于空间距离特征所做的相对区分，其在使用过程中指明空间距离特征，换言之，这里所谓的"中指"，实质是相对于近指和远指而言，表明空间距离特征的"中间"指示词，与日语及小川环树（1981：287）所谓的"中指代词"相类似的认识是洪波（1991a：193）、刘丹青（1999：109）所谓的"中指代词",而相应的汉语方言,如前面提到的安徽庐江方言的"ne^{24}/le^{24}(乃)"(洪波,1991a:193),闽西清流客家方言指示词三分中的"扁 paiŋ^{24}"(项梦冰,1999:207)以及山西太原方言的"那 nəʔ^4"(张维佳,2005:460)等。不过,与上述认识明显不同且更为突出或者更为普遍的情况是:不指明空间距离特征的指示词,即"距离中性指示词"(Distance-neutral Demonstratives)或者"无距离标记指示词(Distance-unmarked Demonstratives)"(Diessel,1999:2),与之类似的称法,则有:"泛指代词"(赵元任,1928:98)、"非远非近"代词(王力,[1945]1954:46)、"中性指示代词"(吕叔湘,1990:404)、"兼指代词"(李小凡,1984:100;洪波,1991b:35;刘丹青、刘海燕,2005:98)、"特指词"(石汝杰,1999:91)、"中性指示词"(陈玉洁,2010:77)等,洪波(1991b:35)对"兼指代词"做过如下界定:"兼指代词是根据指代词指代远近的语义功能来分类的,是既可以指近又可以指远的一套指代词。"此外,吕叔湘先生(1990:404)亦曾强调:"'中指'指示代词不但是一个不论远近的中性指示代词,而且是一个弱化的指示代词,是由近指指示代词或远指指示代词弱化而成。"对"不论远近"或者"远近兼可指示"的中性指示词而言,诸家的共同认识是不指明或不具有空间距离特征。换个角度,从系统层级角度看,其与近指、远指指示代词并非处于同(层次)平等地位,换言之,这里所谓的"中指",实质是与近指和远指无关,不表明空间距离特征的"中性"指示词,如汪化云(2002:8)质疑前述"中指代词"的称法,且认为一般所谓三分,并不是真正的三分的主要原因之一。

综上可知,表面上同为"中指"符号,实则一个是"中间"指示词,一个是"中性"指示词,一字之差,性质截然不同,最根本的区别是:在指示代词系统内,与近指、远指指示代词是否三者对立,或者说处于同层次平等地位,是否具有空间距离特征。另外,Diessel(1999:2)对"距离中性指示词"定性为指示词所给出的两个理由对我们进一步区分上述两种指示词具启发性：

> First like distance-marked demonstratives, distance-neutral demonstratives are commonly used to orient the hearer in the surrounding situation, and second they can always be reinforced by demonstratives that are marked for distance if it is necessary to differentiate between two or more referents.

上述第一条理由是中性指示词表示空间距离特征的指示词的共性，而第二条理由，即如果有必要区分两个或更多所指对象，其亦总是能够为具有距离标记的指示词来补充，则是二者的相互关系，换言之，以三分指示词系统为例，如果近指—远指指示词之外的指示词三者之间是同层次的相互对立，则近指—远指指示词之外的指示词不能进一步被具有距离标记的指示词来补充，因为其本身就是一个与具有空间距离标记的指示词（近指—远指）相对立且同样具有空间距离特征的指示符号，正如洪波（1991a：192）所强调：指示代词是自足的系统，其每一个成员的价值都充分地依赖于与本系统其他成员的关系。在同一种语言的指示代词系统中，各成员之间因为差异而相互对立并在系统关系网络中取得相应系统值，故而，不允许成员之间相互补充，更不允许相互替代，如同一种语言指示代词系统中，严格对立的近指—远指代词之间绝不会允许相互补充或替代，否则整个系统则不复存在。由此我们也可以将指示代词系统中各成分要素之间是否可相互替代或补充作为区分"中间"指示和"中性"指示的根本标准，前者不可，而后者则存在替代现象，如德语指示词系统中的"dies"（这/那）（Diessel，1999：2），苏州方言中的"辩[gʔ²]"（李小凡，1984：101—102）及上海崇明方言中的"葛[kəʔ⁵⁵]"，可以兼作近指—远指（刘丹青、刘海燕，2005：97）等。此外，上述"异级替代"检验方法也可以用于确定同一语言指示系统或其子指示系统内部各成分之间层级关系，替代功能越强，表明该符号的指示性越强，换言之，越是最为典型的指示符号，如指示词"这"几乎可以替代所有指涉对象，包括指示符号系统的其他符号，因此是最为典型的指示符号。

综上，基于上述对指示系统三分情况中的"中间"指示和"中性"指示之本质区别及区分方法的分析，我们可以将二者示以图8-6。

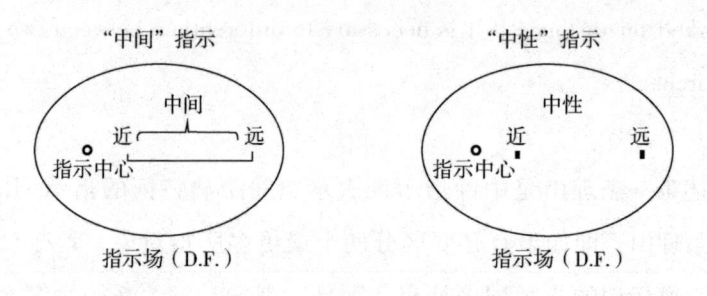

图 8-6 "中间"指示与"中性"指示

总体而言，中间指示是相对近指和远指且介于近—远指之间的一种具有空间距离特征的指示，其存在依赖于近指和远指，三者相互对立、相互依存，而中性指示则是一种不具有空间距离特征、游离于近指和远指之外的指示，其存在与近指或远指无关，但中性指示与近指或远指之间允许相互补充或替换，同样亦可以与中间指示相互补充或替换，因此从指示系统层级视角看，空间距离指示词"近指—中指—远指"系统和二分空间指示词（"近指—远指"）与中性指示（亦可看作"非空间距离指示"）构成的指示词系统，在表面上看都是三分系统，但中性指示与空间指示（"近指—远指"或"近指—中指—远指"等）根本不在同一层级之上［空间距离指示三分："近指—中指—远指"；中性指示与空间距离指示构成的三分系统："空间距离指示（近指—远指）—非空间距离指示（中性指示）。"］这一点在现阶段学界对语言指示代词系统的研究中往往被忽略或混沌处理，但从根本上而言，区分上述情况对指示代词系统三分问题之研究至关重要，不可忽视。

对于前面提到的学界尚存的"指示代词二分法和三分法是否有过

互转的历史，若有，是前者转后者，抑或后者转前者"等问题，正如吕叔湘（1990，1992）、洪波（1991a）等学者之言，由于汉语方言指示代词系统极为复杂，而对于上述问题的认识必须基于大量充分且全面的语言事实描写、分析，但现阶段由于无论共时研究还是历时研究，都缺少相关文献，很多前提性工作尚未得到完善，而仅基于假设或推测进行探讨，意义不大，且前人已有，因此，语言指示系统二分和三分的关系，现阶段我们还不得而知，又因其与本书之核心问题稍有偏离，因此，这里我们不再做深入探讨。相对于"中间"指示，中性指示的情况更为复杂，亦更为棘手。从符号意指本质看，中性指代词所发挥的是指示符号最为根本的功能——指示功能或直指功能。而与该功能相对应的指示性或直指性则同为语言指示符号系统各子系统及各要素所具有的最为根本的属性，而"相对性"、"人称与非人称"以及"空间距离与非空间"等的进一步区分都是基于上述直指功能或直指性，这一点我们在6.3.1.1节中已做相应探讨，且前文8.3.2我们亦提到传统语法学界经常忽视的一点，即指示符号系统内典型指示符号皆以相互区别的"指示对"（Deictic Pair）形式出现，如"我—你""这—那"等，其最为根本的功能是指示或直指，其次才是角色、距离远近等方面的进一步区分。陈玉洁（2010：76）曾主张将仅实现指示功能，不附加任何语义特征的指示称为"中性指示"，而语言中专门实现"中性指示"的指示词则称为"中性指示词"，这一做法是可取的，但我们认为"中性指示词"的界定过于狭窄，因为现实中数量极为有限，指示符号往往附加多种语义特征、具备多种功能（除了基本的直指，又如常见的回指、甄别、替代等），中性指示是指示系统内所有符号的最为根本的意指特性，对于以单个出现的指示符号而言，其所发挥的是作为指示符号最为根本的指示功能或直指功能，因此"中性指示"是具有层次性的语用层面概念，这一点亦需要明确，此处不再赘述。

8.3.3.3 中性指示"TA"与现汉指示词系统三分

弄清指示代词系统三分的不同情况，下面我们再回头看看现代汉语普通话中的指示代词系统，传统语法认为现代汉语是典型的二分指示系统，即近指"这"—远指"那"，事实是否真的如此？我们不妨从指示范畴及指示符号系统视角，对这一问题作以重新审视。

前文 8.1 节中我们对汉语源于指示代词的所谓"第三人称"形式之意指特性、与指示词之间关系等问题进行了探讨，经过分析最终认为：无论形式还是功能，一直颇具争议的传统语法所谓"第三人称"形式与真正的人称形式有着本质的区别，其实为非人称形式。但对于第三人称的真实面目，我们当时只是将之与指示词一同归入非人称指示范畴，并未对汉语非人称指示系统的内部层级，尤其是其与指示代词系统的关系进行深入探究，基于上述对指示代词系统三分及中性指示代词的探讨，我们对这一问题作以重点分析。现代汉语所谓第三人称形式"TA"与汉语指示代词（"这"—"那"）最为本质的区别是前者不具有空间距离特征，换言之，在言语交际过程中，现实在场的所有对象，无论远近，都可以用"TA"来指示，与指示代词一样，其在具体言语交际中通常被用于引导受话者关注周边情境的所指对象，且如果有必要区分两个或更多所指对象，其亦总是能够被有距离标记的指示词补充。很明显，汉语非人称指示符号"TA"完全符合我们前述对"中性指示词"的界定及功能描述，而由汉语"TA"与指示代词"这—那"之间的可以补充甚至可以替代情况可见，在非人称指示系统中，二者并非出于同一层级，由此，我们可以进一步确定：汉语"TA"为中性指示词，与指示代词"这—那"一同构成了汉语三分指示系统。

此外，有一点值得一提，对于汉语代词"TA"，学界探讨最多的是其在篇章语法中的回指功能，与其情况极为类似，在汉语中苏州方言的"㑚［kəʔ²³］"亦具有回指或照应功能，由于其通常不能单独使用，刘丹青先生（1999：111）将之定性为"定指语素"，所谓的"定指"，是指照应作用大于指示作用，主要用来表示上文已提过或双方都明白的有定对象，无须分远近指。在其看来，正由于定指不分远近，所以常可代替近指远指代词。从前文我们对汉语"TA"的使用情况之分析可知，刘先生的分析有不妥之处，因为指示符回指功能实现的前提，是确定对象已经出现或提及，基于指示符号表意的基本前提条件，即指示在场性，回指功能从本质上而言，是指示功能或直指功能的次级延伸功能，因此从类型学蕴含共性角度看，回指功能蕴含着直指功能，因此刘先生的上述分析略有本末倒置之嫌，因为从根本上而言，并非定指不分远近所以可代替近指远指代词，而是与现代汉语"TA"类似，"聻［kəʔ²³］"本身就是一个不具有空间距离特征的指示成分，且与苏州方言指示成分系统中具有空间距离特征的指示成分"该/哀（kE⁴⁴/E⁴⁴）"（近指）——"归/畏（kuE⁴⁴/uE⁴⁴）"（远指）处在不同层次上，因而其可以替代远指代词。

最后，需要提及的是指示词的非指示特征。对于指示词的非指示特征，通常而言，频率最高的便是所指对象的类型本体指示，以印欧语系中的英语为例，英语"here-there"通常用于指涉方位，而"this-that"则用于指涉其他类型的实体（最为常见的形式是，在言语过程中，以"指示词+类称词"的形式来直指或回指所指对象），值得注意的是，英语"here-there"及"this-that"的语义对比与其句法功能相对应，即"here-there"通常被用作副词，而"this-that"通常被用作代词或限定词（Diessel，1999：47-52；2012：2422）。与英语上述情况类似，在汉语日常言语交际活动中，表示方位处所的最为典型或首要的指示词为："tʂɤ⁵¹（这儿）—tʂɤ⁵¹（那儿）"①，而汉语"这—那"则是典型的

---

① 对于英语方位指示词"here-there"，在翻译时通常以汉语中"这里—那里"与之匹配，如孙蕾（2002a：19）等，但从根本上而言，二者并非严格对应，汉语"这里—那里"皆为组合形式，即其由典型指示词"这"和方位"里"结合而成，相对而言，汉语中的"tʂɤ⁵¹（这儿）—tʂɤ⁵¹（那儿）"更为合适，因此，这里我们选择采用"tʂɤ⁵¹（这儿）—tʂɤ⁵¹（那儿）"与英语"here-there"对应。

用于指涉其他类型之实体的指示词，二者在语义上的区别同样与其句法功能相对应，但与英语上述情况稍有不同的是，在汉语词类系统中"这—那"及"tsɤ⁵¹（这儿）—tsɤ⁵¹（那儿）"通常均被视为指示代词，且在句法功能上二者存在诸多共性，如均可作主语、宾语，但在指示代词系统内部存在的细微差别是，"tsɤ⁵¹（这儿）—tsɤ⁵¹（那儿）"在语义上更接近于方所名词，因此以作宾语为主，兼作定语，而"这—那"最为常见的情况是作主语，通常不能作定语。从汉语"这—那"及"tsɤ⁵¹（这儿）—tsɤ⁵¹（那儿）"二者的渊源关系上看，很明显后者源于前者，亦即二者之间存在单向依存关系，后者是对空间方位中说话者所在方位的更进一步指示或标记，这是与英语上述情况明显不同之处。

8.4 汉语非人称指示符号系统中的"空—时"隐喻

对于语言系统中空间指示与时间指示之间的关系，在第六章6.3.2.2节中已有过探讨，针对前述问题，语言学界已有的基本共识为：时间指示存在的基础是"空间—时间"隐喻（Time-as-space Metaphor），Lakoff（1993：218）明确指出：在视觉系统中，我们具有移动探觉器、客体对象/方位探觉器，但我们没有时间探觉器，因此使得"时间应依据事物和移动来理解"具有很好的生物学意义。"空—时"在整个人类世界中的重要地位自不必说，反映在语言系统中同样如此，先贤时人已对语言中的空—时及二者关系等一些问题有过大量的探讨，文著颇丰，这里我们不过多展开，仅基于汉语之实际就汉语时—空隐喻研究几个核心点作以探讨。

相对于空间而言，由于时间并不直接受经验（Experience）影响，因此时间是一个更为抽象且难捉摸的概念，但在语言中，时间概念通常借助于空间概念的时间隐喻结构而被对象化（Lakoff & Johnson，1980；Lakoff，1993；Alverson，1994；YU Ning，1998；Evans，2004；Radden，

2004；Diessel，2012：2424），空间和时间之间的概念关系通常反映在从空间术语到时间表达式的频繁发展中，以英语时间副词和时间附置词（Adpositions）为例（Diessel，2012：2424），时间副词如"then"演化自具有空间意义的指示词根（可比较 there、this、that 等），因此其基于空间指示，而时间附置词如"in"或"before"则通常源自身体部位术语（Heine，Claudi & Hünnemeyer 1993），相比较而言，汉语时间指示的情况同样如此，即源自空间概念或空间位移，如"现在""后来"、"目前""上午"等。而语言中的时间概念或时间意义通常会涉及"过去、现在、将来"等有指示表达性或索引表达性（Deicticor Indexical Expression）的具体时间（戴耀晶，1997：5）。

探讨空—时及二者关系问题，首先，我们必须对"空—时"本身所具有的基本特征及差异给予足够重视，其中最为基本的一点是，空间方位包含三个维度（Three-Dimensions），即前—后、上—下、左—右，但时间的空间解释皆仅为一维（Uni-Dimension），在任何语言中时间通常是被概念化为向某个虚拟观察者提供概念基础的一个直线（Diessel，2012：2424），这是时间概念或时间指示自身之特殊处，与时间之一维像似，日常交际时的语流也是线性一维的，这是语言与时间契合之处。以时间指示为例，其实质是过去、现在、将来三分系统，不过时间指示三分与前述空间指示三分（近—中—远）或二分（近—远）系统难以契合或照应，因为时间指示三分系统中的"过去""将来"相对于"现在"而言，若从空间概念角度解释则都属于远指，而"过去""将来"则没有近远之分（刘丹青，1999：112）。人类学家 Alverson（1994）从跨语言、跨文化视角对四种语言（英语、汉语普通话、Hindi 语及 Sesotho 语）之"空—时"隐喻情况进行比较研究，并构建出英语三分时空指示模型，其通过对汉语普通话及英语中的时、空指示现象的对比，认为：在英语中，说话者或经历者无论是静止还是移动，总是面向未来，而在汉语中说话者或经历者总是静止地面对过去（Alverson，1994：

104)。对此结论，Yu Ning（1998：92，99）基于汉语大量例证，认为：Alverson 的上述对汉语普通的结论不复存在，与英语情况相同，汉语说话者或经历者无论是静止还是移动，同样面向未来。从根本上而言，汉语中的时—空关系、时—空隐喻及指示关系，更符合 Lakoff（1993）所基于英语构建的时—空模型。根据 Lakoff（1993）、Boroditsky（2002）对"空—时"隐喻之研究，在人类语言系统中，"空间—时间"隐喻存在两种不同的变体，即"自我—移动隐喻"（Ego-moving Metaphor）和"时间—移动隐喻"（Time-moving Metaphor）。在前种情况中，观察者沿着时间线移动至未来（如"我们正在走向天安门广场"；在词汇层面，如"过去、历年、历来"等），而在后一种情况中则是时间线上处在运动状态中的事件经过一个静态的观察者（如"新春佳节正在一天天地邻近"；在词汇层面，如"来年、往日、将来"等）。需要注意的是：由于移动通常定指前方，时间线的概念化一般基于三维空间方位的"前—后"这一维度，但也可能包括"上—下"这一垂直维度（Radden 2004），不过，"前—后"维度在世界语言中最为普遍。与印欧语系语言略有不同，就汉语时间概念及时间指示系统而言，情况更为复杂，空间方位指示的三个维度皆有所涉及，例如"前—后"维度："前天—今天—后天""去年—今年—来年""往年、过去、以往、前程"等；"上—下"维度："上午—下午""上半月—下半月"等；"左—右"维度："三天左右""十分钟左右"等，相对而言，最为常见的是"前—后""上—下"两种维度，"左—右"维度则必须二者结合出现，且使用受到一定限制。与英语等语言不同，汉语词汇中时间的空间概念化较之英语词汇更为直接、更为明显（Yu Ning，1998：94）。

在人类语言中，时间线通常三分为：现在、过去和未来。其中"现在"通常被概念化为"指示中心"（Deictic Centre），例如英语中由"now"，汉语中则由"现在"表示指示中心，与空间指示中心类似，时间指示中心随言语情形的概念化而改变，这与时间的一维永恒连续性密不可分，正如哲学家赫拉克利特（Heraclitus）之名言"人不能两次踏进同一条河流"，时间是运动的，运动是绝对的，而空间和时间中的静止则是相对的。在言说过程中，虽然汉语"现在"或英语"now"被约定俗成用于指涉言语事件当前的时刻，但每次说出上述词语的时间皆不相同。需要注意的是："现在、今天、当前"等词语除上述指涉功能外，也可指涉一个包含当前言语事件之时间的更大时间周期（例如，我们今天已经走过10年的岁月历程）。此外，汉语中存在诸多专门标注或指示说话者当前所在时间的词语，基本上皆来自空间指示（包括身体部位），如"现在、当前、目前、眼下、手下、马上"等，即便汉语中最为典型的时间词语，从根源上看最初亦来自空间方位指示词语，如：据黄盛璋（1983：137—138）考证，甲骨文中的"今"以太阳正中跟人正立之足垂直方位来表示时间；而甲骨文中"时"与指示词"是"相通，二者皆为会意字，"时"：从"之"从"日"，"是"：从"日"从"正"，表太阳正中，人（脚趾）正立时正在其上相值，即正午，与"今"同理，又如"此刻、这时、今天、立刻、当即"等。时间指示经常和诸如"天、周、月、年"等时间周期的度量单位交互使用（Levinson, 1983：73-76）。汉语同样如此，不过在汉语中，时间指示另一种最为常见的方式是：指示词（或序列形容词）和上述时间周期度量单位词组合成的复杂名词短语（如这时/那时、这周、那天、那年、上周/下周等）共同表达"指示"和"时间度量"两个概念，与英语等印欧语系语言类似，现代汉语中亦存在时间或空间指示和时间度量单位词汇化的现象，在英语中时间副词"today、yesterday、tomorrow"等皆为英语时间指示和时间单位词汇化之结果（Diessel, 2012：2424），汉语中的"昨天、今天、明天"等这些词语共同的特点是，既指涉一个与时间中心相关的时间点，亦表示一个时间单位，即一天。

从类型学角度看，世界语言中时间概念或时间指示存在多种来源或表示途径。就汉语而言，由于时间通常被概念化为空间移动，因此空间指示可以起到"定位"相对于言语事件时刻（指示中心）一个事件在时间线上的位置的作用。这也可以解释为什么时间指示表达式经常由空间术语，尤其是历史上能进入时间指示类的指示词来实现。如前所证，汉语时间指示类词语有着更为明显的空间痕迹，汉语时间指示符号系统更多是由空间指示符号参与构成，但空间指示本身所具有的空间距离特征在进入时间指示领域过程中，逐渐转化为更为抽象的时间距离指示，如"上—下""前—后"等，正如 Diessel（2012）指出：尽管时间指示符号通常用空间术语来概念化，但是它始终是一个抽象概念，当指示词被引入时间领域时，其通常会失掉一些指示力。

8.5　余论

奥地利心理语言学家 K. Bühler（1934）提出了指示场理论（Deictic Field Theory），该理论在指示现象研究中具有举足轻重的地位，对后来的指示符号研究有着深远的指导意义。该理论之核心理念是：指示符号意义的实现及界定能且只能在指示场内完成，而语言中只有一个指示场，即以"I-here-now"为原点构成的主观坐标系，而该原点"I-here-now"则被学界称为指示中心（Deictic Center）。该指示中心由三个核心成分构成，即"人（I）—空（here）—时（now）"，语言系统中与之相对应的则是人称—空间—时间三个次范畴［严格地说是人称—非人称（空间—时间）］，在语言类型学上具有最高的普遍性。指示符号的存在及指示场内各要素意指过程的实现，皆需要基于上述指示场及其在场性。由上述分析可知，相对而言，汉语的指示中心应为："我—这儿—现在"，较之英语，汉语的指示中心更能体现出指示词在指示系统中的核心地位，及空间与时间指示二者之间的"空—时"隐喻关系，也进一步印证了 Fillmore（1971）、Lyons（1977）及 Diessel（1999，2012）等空间主义者的观点。

语言是一个复杂的符号系统，其内部元素因差异和彼此关系而存在于语言层级系统之中，形成一个相互关联的网络，在语言系统内部，我们可依据不同标准分出次级符号系统，如我们通常根据语言之构成要素将之分为语音系统、语法系统、语义系统、词汇系统等，相对于其他系统而言，词汇系统通常在学界被认为其具有开放性和变动性而使得其系统性表现较弱。但若进入词汇系统内部作进一步区分，我们便会发现词汇系统中的某些功能符号类，如副、介、连、助、叹等，则具有相对封闭性和极强稳固性，其反而呈现较强的系统性，指示类符号便是其中最为典型一类。就汉语指示范畴及指示符号系统而言，汉语符号内部"人—空—时"三个次范畴及相应次级符号系统的进一步划分，亦呈现出一定的规律性，如人称内部二分（"我—你""我们—你们"等），空间内部三维三分（"左—中—右""前—中—后""上—中—下"等），时间内部一维三分（"过去—现在—将来""上午—中午—下午""昨天—今天—明天"等），对于指示范畴下的"人—空—时"三个次级范畴及内部符号要素之间的复杂关系，尚待进一步深入研究。

第九章 人称指示系统稳定性与中牟方言人称指示系统问题

9.0 引言

第七章我们从人称指示系统性角度对近代汉语人称指示系统的演化及现代汉语人称指示系统的形成进行了考察和分析,并构拟出现代汉语敬称第二人称形式"您"的演化路径。从整体上而言,第七章对人称指示系统的研究只是汉语人称指示系统演化的一种路径或者说一种可能,从现代汉语各方言系统中人称指示符号的存在状态看,近代汉语人称指示系统的演化并非只有上述情况,还存在多种路径和可能。中国传统语法对汉语代词的研究滥觞于《马氏文通》,由于指示符号本身的一系列特殊性,传统语法所谓的"代词"一直被视为一个特殊而又复杂的词类(介于实词与虚词之间),加之传统语法框架的研究视野及方法本身存在局限性,在此框架下的代词研究一直困惑重重,甚至停滞不前,距离解释该类符号的存在状态及本质渐行渐远。近些年来,语法学界逐渐将视野转向对汉语方言代词系统的存在状态及演化路线进行描写和分析,尤其是语言类型学视角的介入,在一定程度上弥补了代词研究传统做法的不足。研究视角和方法的转换在南方汉语人称代词问题研究中体现得最为明显,进入 21 世纪,曾相继出版了中国汉语南方方言人称代词的研究专著,例如:《中国东南部方言比较研究(第四辑)·代词》

(李如龙、张双庆主编，1999)、《汉语方言代词研究》（张惠英，2001）、《湘南土话代词研究》（卢小群，2004）、《汉语方言代词论略》（汪化云，2008）、《湖南方言的代词》（伍云姬主编，2009）等，而描写和分析方言代词的文章则更多。在传统语法框架下，每谈及一种语言或方言的语法或词汇系统时都会或多或少地谈及代词这一词类，这一研究情形与汉语南方方言存在状态之复杂性和极大差异性有着必然联系，相对而言，汉语北方方言彼此之间由于具有较高的一致性，并未引起学人过多的关注，因而较之汉语南方方言之代词研究，其研究较为滞后，成果较少。

本章我们将以较少为人关注的北方方言为研究对象，通过比较、分析北方方言中使用人数最多、影响范围最广的中原官话的人称指示系统，来描写和揭示现代汉语人称指示系统的另一种存在状态及历时演化路径，在本章中，我们所选取的方言点则是地处中原具有代表性的中牟话。从系统状态上看，中牟话人称指示系统与现代汉语普通话截然不同，诸多不同在中原官话中普遍存在，但却为学人所忽略，因此，揭示这一差异的现存状态及历时根源，对我们更为全面地认识汉语人称指示符号系统有着重要意义和价值。

9.1 中原官话中牟话的背景信息

处于黄河中下游的中原大地曾先后孕育多个政治、经济、文化中心。洛阳自夏朝先后九朝为都，其特殊历史地位，使得早在秦汉时期便已形成以洛阳方言为中心的"雅言"（或称"通语"），即后人所谓"中原官话"（又称中州话、河洛话），通用甚广。古代汉民族共同语语音系统由洛阳系统转变为北京音系，大约元末明初才最终完成。开封，先后七朝为都，尤其在北宋时期对全国在语言、文化、政治、经济等诸方面影响重大。直至 1954 年，开封仍旧为河南省的政治、经济、文化中心。唐以后，河南方言逐渐向开封话靠拢，其逐渐成了河南方言的代表（张启焕、陈天福、程仪，1993：59—60）。中华人民共和国成立后，河南省会于1954年由开封迁至郑州，至今已五十余载，此间河南方言再度向郑州话集中，如今郑州话已逐渐成为河南方言的代表，影响日趋增大，因上述诸城皆位于黄河流域，地处平原，相距不远，从语言层面上看，各地方言内部一致性较高，方言之间通话无碍。

中牟县地处中州腹地，河南省中部，黄河之滨，隶属省会郑州市，地理坐标为：北纬 34°26′—34°56′，东经 113°46′—114°12′。东接古都开封，西邻省会郑州，恰居郑汴之间。中牟因牟山而得名，古称圃田，在西周时属管国封地，周元王元年（公元前476年）置中牟邑，西汉初始置县，属河南郡。汉高祖十二年（公元前195年），单父圣封中牟共侯，为侯国。武帝元鼎五年（公元前112年）废侯国为中牟县。东汉、曹魏因之，三国时属魏国司州。西晋（公元265—317年）中牟属司州荥阳郡。怀帝永嘉四年（公元310年）后，沦于十六国中的前后赵等国。南朝属宋国司州荥阳郡，北朝北魏属北豫州荥阳郡。东魏天平初（公元534年）为广武郡治所。北齐天保七年（公元556年），复属荥阳郡。北周武帝保定五年（公元565年）迁县治于圃田。隋开皇元年（公元581年）为避文帝父讳，改中牟为内牟，开皇三年，属郑州，开皇十八年（公元598年）改内牟为圃田。大业二年（公元606年）移圃田治于中牟城，大业三年，属荥阳郡。唐武德元年（公元618年）改圃田为中牟，武德三年（公元620年）为牟州治所，属荥阳郡，武德四年，属管州。贞观元年（公元627年）废管州，撤清池县，入中牟，中牟改属汴州。龙朔二年（公元662年）改属荥阳郡。后梁割中牟属开封府。后唐同光三年（公元925年）还中牟于郑州。后晋中牟又属东京汴州。北宋属京畿开封府。金属南京路开封府。元属河南行省汴梁路。明清仍属河南省开封府。1913年属河南省豫东道。1928年直属河南省。1932年属河南省第一行政督察区。1948年7月属中共豫皖苏第五行政区，1949年属河南省陈留专区。1952年6月，郑州、陈留专区合并称郑州专区，中牟属之。是年，郑州专区改称开封专区。1970年属开封地区（中牟县地方志编纂委员会，2006：1）。

中牟县于1983年7月由原省会开封划归新省会郑州管辖，至今也已近30年。中牟县南北长约55公里，东西宽约39公里，土地总面积1396.83平方公里，约占全省总面积的0.84%，现总人口709268人（2011年末）。中华人民共和国成立之后，中牟话被归入于北方方言中原官话区郑开片即方言片。中牟县地理位置之特殊性加上政治、经济、文化中心等因素，中牟话能够从整体上反映中原官话之面貌及特点。

9.2 中原官话的人称指示系统概貌

与现代汉语普通话相比，中牟方言第一人称和第二人称单数形式同为"我—你"，所不同的是：在中牟话中不存在"-们"缀形式，也就说，在人们日常口语中，不说"我们—你们"等人称指示词语，取而代之的是使用第一、第二人称指示符号的合音形式，即"俺—恁"。在中牟话中，第一、第二人称指示符号合音形式首要功能为指示或直指，"俺—恁"是典型的指示符号，具体表单数还是表复数则需要根据具体语境来判断，符号本身并无明显区分功能，换言之，单独使用时既可以表单数亦可以表复数。

中原官话中牟话的人称指示系统中，最值得注意的一点是，在指示符号表数概念问题上，中牟话中有着自己相对特殊的复数标记，即"tou^{42}"（都）缀，中牟话中的复数标记"tou^{42}"（都）与现代汉语普通话复数标记"-们"的功能基本相同，即现代汉语普通话中凡是用"们"缀的地方，中牟话中皆用"tou^{42}"（都），不过从适用情况看，中牟话复数标记"tou^{42}"（都）比现代汉语复数标记"们"的使用范围更为广泛。在现代汉语中，复数标记"-们"一般只用于人称指示符号或表人的名词，而在中牟话中几乎所有的名词可以加"tou[42]"（都）进而表示复数。

总体而言，中牟方言中的"俺（咱）—恁"无论在结构上还是在功能上都基本保持着宋元时期汉语人称指示系统合音形式占据主导地位的面貌。[①] "我—你""俺—恁""俺都—恁都"三组之间的区别和功能分工以及中牟话与现代汉语普通话的人称指示系统之间的结构差异，可以下表9–1示之。

表9–1

		单数	复数	谦称	敬称	包括	排除
普通话	第一	wo（我）	wo-men（我们）	—		zan-men（咱们）	wo-men（我们）
	第二	ni（你）	ni-men（你们）		nin（您）	—	
中牟话	第一	wo（我）	an-dou（俺都）	an（俺）	—	zan-dou（咱都）	an-dou（俺都）
			an（俺）				
	第二	ni（你）	nen-dou（恁都）	—	nen（恁）		
			nen（恁）				

9.3 中牟话中的合音构词法及人称指示系统合音词

中牟话人称指示系统所呈现的状态与汉语普通话乃至其他北方方言截然不同：中牟话中没有任何"-们"缀形式，取而代之的是相应合音形式及复数形式。基于共时层面的现象推测，在宋元时期合音形式产生之后，便占据了相应的合音地位，而与此同时，"-们"缀形式似乎逐渐退出了中牟方言的系统。诚然，这只是种大胆假设，有待进一步考证。合音形式在中原官话中极为普遍，合音构词甚至成为中原官话的一种主要构词手段，出于语言系统核心位置的人称指示系统则更是如此。这一

[①] 吕叔湘先生（1985：85）也曾指出在河北、河南、山东、山西境内的诸多方言无"-们"缀结构，只用"俺"（an、ŋan、nan）、"您"（nen）、"咱"（tsan），并认为此结构完全继承了元代传统。

节我们先从合音形式入手，基于共时和历时两个角度，对中牟话人称指示系统中的合音形式做分析。

9.3.1 中原官话中的合音构词法

所谓的合音构词，指的是常一并使用的两个单音节，往往合为一个音节构成一个新的词语，而新词之意与被合之词有密切联系，由此方法构成的词，即为合音词（任学良，1981：257—258）。合音词是语流音变的产物，汉语合音构词现象古已有之，在语言发展过程中较为普遍，北宋沈括在《梦溪笔谈·艺文二》中就曾提到："古语已有二声合为一字者，如不可为叵，何不为盍，如是为尔，而已为耳，之乎为诸之类。"现代汉语亦不乏其例，如"甭"为"不用"的合音、"冇"为"没有"的合音、"啥"为"什么"的合音等。

合音现象在现代中原官话中依旧极为普遍，以中牟话为例，经常一并使用的两个音节，在语流中常常发生合音变化，有些词的读音便是由双音节词中的前一个音节的声母和后一个音节的韵母合并而成。而从词汇本身来看，发生合音现象的双音节词大多在日常口语中使用频率极高。

中牟话中常见的合音方式主要存在以下六种：

①前一个音节的声母和后一个音节的韵母构成合音，例如"底下 [ti]⁴² [ɕiA]⁵³"合读为 [tia]⁵³，"弄啥 [nuŋ]⁴² [ʂA]⁵³"合读为 [nuA]⁵³等；

②由前一个音节的声母和后一个音节的韵母变体构成合音，例如"怎么 [tsən]²⁴ [mɤ]⁴²"合读为 [tsA]¹³，"这个 [tɕɛ]⁴² [kɤ]"合读为 [tɕɔ]³¹等；

③由前面一个音节的声母、主要元音或介音和后一个音节的韵母构成合音，例如"一个 [i]²⁴ [kɤ]⁵³"合读为 [iuo]⁵³，"十个 [ʂɻ]²⁴ [kɤ]⁵³"合读为 [ʂɔ]²⁴等；

④由一个音节的声母、主要元音的韵母变体构成合音，例如"媳

妇［si］²⁴［fu］²⁴"合音读为［siəu］³¹，"起来［tɕʰi］²⁴［lai］²⁴"合音为［tɕʰiɛ］⁵³等；

⑤由前一个音节的声母、韵母或变体和后一个音节的声母变体构成合音，例如"这么［tɕ］³¹［mɤ］"合读为［tʂən］³¹，"那么［nA］³¹［mɤ］"合读为［nən］³¹等；

⑥由前一个音节失掉韵尾构成合音，例如"两个［liaŋ］²⁴［kɤ］⁵³"合读为［liA］²⁴，"三个［san］²⁴［kɤ］⁵³"合读为［sA］²⁴等；

综上可推知，发生合音现象的两个音节，不一定为双音节词，可以是任何两个经常使用的音节，但必须满足一个基本条件，即极高的使用频率。在人称指示系统中之所以在"-men"（们/门/每）缀产生后，会出现一系列的合音形式，与人称指示符号在语言系统尤其是口语中的核心地位及极高使用频率有着必然联系。

9.3.2 宋元时期的汉语人称指示系统中的合音词

我们在第七章探讨现代汉语普通话敬称形式"您"的演化问题时，对人称指示系统中的合音形式"an-nin"做过一定探讨。不过，值得注意的是，在现代汉语普通话中，合音形式的原初地位已被相应带标记"-men"缀形式取代，整体而言，合音形式在现代汉语普通话人称指示系统中地位并不凸显。相比而言，在中牟方言中，情况却恰恰相反，合音形式在整个人称指示系统中仍处于核心地位，这一点与现代汉语普通话形成鲜明对比。由于现代汉语普通话中没有相应的第一人称合音形式，而"an"（俺）在现代汉语普通话中较少使用，一直被视为方言词，且现代中原官话中牟话中的"俺"与宋元时期的"俺"的功能差异较小，因而，不具可比性及典型性，这里我们主要以第二人称合音形式为焦点对象，借以探讨中牟方言的人称指示系统之特殊性。

吕叔湘先生（1985：81）在探讨近代汉语指代词时曾指出："您"是一个地道的俗字，不见于元以前的字书。第二人称合音形式最初在金

元时期出现时常借用"恁"字,且其用例远远超过"您",在《董解元西厢记》中二者比例为17∶4,对此,吕先生给出解释是:

"恁"字谐"你们"的合音是很合适的,但是"恁"又作"那么"讲,在当时的口语里是一个常用的字,不能尽着借用,因而又在"你"字底下加个"心"表示"-m"收声(比较"怎")。虽然有了这个新造的字,有时候还是不免要混写。

基于语料考察及吕先生之考证,我们推断在宋金时期第二人称合音形式最初记作"恁",当然,"恁"字此处仅假借以表音,吕先生认为第二人称合音形式语音演化路线为 ni + men→nim→nin,换言之,第二人称指示合音形式在产生之初的语音应为"nim",我们不妨与"恁"字本音作以比较,《说文》:"恁,下齎也。从心任声。如甚切。"为此,我们查阅了各家对该字的语音构拟情况,诸家皆认为"恁"反切上字"如"为"日"母字,反切下字为"侵"韵,不过,声调有两个:平声为"如林切",上声为"如甚切"。具体构拟情况如下[①]:高本汉拟为"ȵi̯u̯ˇm"(平/上),王力拟为"ȵiuəm"(平/上),李方桂拟为"njəm"(平)和"njəmx"(上),白一平拟为"njum"(平)和"njumʔ"(上),郑张尚芳拟为"njɯm"(侵1部)(平)和"njɯmʔ"(侵1部)(上),潘悟云拟为"njum"(侵3部)(平)和"njumʔ"(侵3部)(上)。此外,我们又进一步查阅了各家对该字的中古音构拟情况,与上古情况类似,中古时期"恁"同为日母、"侵"韵、"深"摄三等,且同为两个声调,即平声为"如林切",上声为"如甚切",各家具体构拟情况如下:

---

① 此处诸语言学家相关古音构拟情况主要查询及参考上海高校比较语言学 E-研究院主办的东方语言学网站(http://www.eastling.org/)所提供的"上古音查询系统"(http://www.eastling.org/oc/oldage.aspx)及"中古音查询系统"(http://www.eastling.org/tdfweb/midage.aspx),在此谨致谢忱,并已对相关信息予以核实。

高本汉拟为"ȵzzĭəm",王力拟为"ȵzĭəm",董同和拟为"ȵjem",周法高拟为"ȵiɪm",李荣拟为"ȵiəm",邵荣芬拟为"ȵziem",蒲力本拟为"jim",郑张尚芳拟为"ȵziɪm",潘悟云拟为"ȵim"。在成书于唐代的《唐韵》清晰记载"恁"为两个声调,如《唐韵》"如甚切",《集韵》"忍甚切",苁音饪(上声),又如《广韵》《集韵》苁如林切,音壬(平声),而在成书于宋代的《集韵》中则记载"恁"有"平、上、去"三个声调,即除了上述《广韵》中的两种情况,还有"如鸩切,音任(去声)。义同"和"尼心切,音红(niəm,平声)。义同"。而从语法方面看,作为指示词语的"恁",一般为上声,作为人称指示合音形式的"恁"为平声,而作为连词形式的"恁"则为去声(如恁凭),读音和意义皆同"任"。

从上述各家对"恁"字的上古及中古构拟情况看,现代汉语普通话的"nin^{35}"和中原官话中的"nən^{24}"都在其中,所谓的区别仅为韵母中的主元音不同(i和ə),这一细微区别可能与方言不同有关。借鉴各家之构拟,我们可以做出如下推测:"恁"在宋元时期读音可能更接近李荣先生的构拟,即"ȵiəm",且在声调上明确区分为平声和上声。换言之,"恁"在宋元时期是一个典型的多音字,其记录的是两个词:一个是指示词"ȵiəm"(上声),意思为"那",且值得注意的是,"恁"之本意为"念也",即思念的意思,与指示符号毫无关系,换言之,表"那"的"恁"在这里同为表音的假借字,而出现时间上最早见于唐代,稍早于出现在宋代作为人称代词的"恁";另一个是第二人称指示合音形式"ȵiəm"(平声),"恁"在这里同为典型的假借字,用以记录第二人称指示合音形式"ȵiəm",意为"你们",最初表示复数。"ȵiəm"在之后的语音演化过程中,由于方言的不同,随后产生了两种不同的演化路线:① "ȵiəm" → "ȵəm" → "nən"(如中牟话等);② "ȵiəm" → "ȵim" → "nin"(如北京话等)。值得注意的是,无论是指示代词"ȵiəm"(上声)还是人称代词"ȵiəm"(平声)都是典型的指示符号。

基于上文我们对宋元时期"恁"字的探讨，我们不妨再看一看现代中原官话中牟话中与之相关的情况。在现代中原官话中牟话中，没有普通话的"nin"（您），第二人称指示符号合音形式"恁"仍读"nən²⁴"（阴平），其与指示代词"恁"之间的区别仅为声调不同，后者为上声（53），即"nən⁵³"，换言之，在中牟话中"恁"所记录的是两个词。这一点与吕先生构拟的情况明显不同，但值得我们需要注意的是，此格局与宋元时期"恁"字的情况整齐对应且保持高度一致，由此，亦可窥见指示符号系统，尤其是人称指示系统在整个语言系统中的核心及稳固地位。此外，明代徐渭的《南词叙录》依旧明确记载："'你每'二字，合呼为恁"，由此我们推测，"nən（恁）"曾为第二人称指示合音情况最初亦是主要的形式，由于其与指示符号"恁"同形且混用，二者都为常用符号，在使用中不便区分，在元代，才出现了俗字"您"，随以之记录"nim"并于元明时期逐步发展为第二人称主要合音形式，进而替代"恁"。换言之，第二人称合音形式在元时期，"您""恁"新旧两种情况并存，这一推断与第七章中我们对元代语料用例情况考察的结果相符，明代语料中，"恁"有部分用例，但占据主导地位的已为"您"。

综上所述，现代中原官话中牟话第二人称指示符号"恁"读"nən²⁴"并未沿吕先生所构拟的语音演化路线发展，中牟方言中的第二人称合音形式，无论在语音形式还是在语义及语法功能上，所保留的仍是宋元时期人称指示合音形式形成之初的基本面貌。我们认为，这与人称指示符号在语言系统中的核心稳固地位有着必然联系。

9.3.3 小结

综上而言，我们主要对中牟方言中的合音构词现象及人称指示系统中的合音形式问题进行了探讨，选取的角度有两个：①共时层面——中牟话与现代汉语的人称指示系统对比分析；②历时层面——中牟话与宋元时期的汉语指示系统面貌进行对比。总体而言，中原官话中牟话的人称指示系统与现代汉语普通话有着较大的差异，而与宋元时期的汉语指示系统面貌保持着高度一致。不过，从共时层面来看，中牟方言人称指示系统的特殊之处远不止于此，由于语言人称指示有着极强的系统性，系统要素之间彼此紧密关联，任何一种现象都不是也不可能孤立存在，因而对一种语言或方言的人称指示问题研究，我们必须基于系统性从多角度进行分析，只有这样才有可能更为真实地反映指示系统的真实状态及指示符号的深层本质。

9.4　中牟话复数标记"tou^{42}"（都）

王力先生（1980：272）在《汉语史稿》中曾经指出：近代汉语人称代词的主要发展是形尾"们"的产生。由第七章我们对近代汉语人称指示系统的演化研究可知，因为"-们"缀的产生，近代汉语人称指示系统发生了一系列调整，如合音形式的产生及功能变异、合音形式与"-们"形式之间的竞争、敬称形式的产生等。然而值得注意的是，这些变化在现代中原官话中牟话中并未明显体现，尤其是"-们"缀形式，现在中原官话中牟话中找不到任何影子，人们口中几乎不说。取而代之的是中牟方言自身的复数标记"tou^{42}"（都），但中牟话的复数标记"tou^{42}"（都）远比现代汉语复数标记"-们"的适用范围广泛得多。

在前几章的探讨中，我们提到指示符号的首级功能为指示，其次才是其他功能的区分，由于指示的基本前提是在场性，指示符号都有着极强的语境依赖性，第一、第二人称指示合音形式更是如此。第七章中，我们在对合音形式的产生和发展进行探讨时，曾指出：人称指示系统中的合音形式从产生之初，其本身便处在矛盾（无标记形式和复数功能）之中，因而在表数概念之问题上，人称指示合音形式并无优势可言，这也是其之后发展为兼表"单/复数"或者说丧失区分数概念的原因所在。然而，由此我们引出一系列问题，在第七章中，我们基于北京大学CCL语料对宋元时期的汉语人称指示系统各符号的用例情况进行了考察，发现：宋元时期，尤其是元代，相对于"-们"缀形式而言，合音形式在人称指示系统中占据绝对优势地位，但元代之后，则是"-们"缀形式占据主流地位，合音形式逐渐衰退。

那么，为什么在中原官话中牟话中至今合音形式依旧有着重要地位？诚然，在中牟方言中，由于合音形式的自身矛盾，也产生了有别于"-们"缀的独特复数标记"tou^{42}"（都），"tou^{42}"（都）源于何处？何时产生？又为什么会产生？"tou^{42}"（都）与现代汉语普通话"-们"缀形式究竟有何区别？等等一系列汉语人称指示系统之本质探索过程中绕不开的问题，有待进一步探究考证。

9.4.1 对副词"tou^{24}"（都）的认识与复数标记"tou^{42}"（都）

自20世纪50年代以来，方言研究迎来了一个繁荣的时期。中原官话的研究虽然也取得了一定的发展，但相对于汉语南方及其他方言研究而言，却显得较为滞后。究其原因，一方面是因为中原官话作为现代汉语普通话之基础方言——北方方言的主体，与现代汉语普通话有着较高的一致性；另一方面则是中原官话研究并未受到应有的重视，关注学者及研究人员缺乏。上述情况在中原官话语法研究方面表现尤甚。除了为数不多的单篇论文，系统研究中原官话语法的书目（如辛永芬，2006）更是凤毛麟角，屈指可数。在上述背景下，中原官话之语法特点自然不可能得到充分的挖掘，更不必说深入研究。近几年来，整体情况虽有所改进，但在系统化、全面深入研究的道路上还有很长的路要走。

在当前汉语研究中，探讨近代汉语及现代汉语普通话中副词"都"的文著不在少数，可以说已经较为全面、系统。不过，由于汉语副词"都"功能复杂，位置灵活，至今学界在"都"的问题上依旧存在诸多争议。从语法功能角度看，目前学界较为一致的认识是，汉语"都"

大致存在三种情况：①范围副词或者全称副词，表示总括或全称，相当于"全部"；②语气副词，表示强调，相当于"甚至"；③时间副词，表示过去式，相当于"已经"（丁声树，1961；吕叔湘，1980；张谊生，2000等）。上述三种情况，在中原官话中也同样存在，用法与现代汉语普通话基本相同，对于中原官话与普通话"都"的相同之处，并非本书之关注点，因而不必赘述。而此处，我们所要重点关注的是，中原官话中牟方言中复数标记的"都"。在中牟话中，"都"除了上述与普通话相同的三种情况，还有一种更为独特且非常重要的用法，即作为复数标记，其功能大体相当于现代汉语普通话中的"-们"，但比"-们"的使用范围广泛得多，我们将在本章下节进一步探讨。

从汉语历时及共时两个角度看，近现代汉语在表复数问题上，最为主要的标记是"-mən（门/们/没/满/瞞）"。李蓝（2008）曾基于类型学视野对中国境内的 443 种汉语方言及 44 种民族语言中的人称复数表示法及复数标记做了系统而全面的归纳分析，发现前者更为复杂，李文将汉语方言中的人称复数表示法归纳为 4 类 24 种，而就复数标记而言，从其搜集的样本可见，除了最为主要的"-mən（门/们/每/满/瞞）"，还有"家""俫""哩""咄""队"等 62 种之多。值得注意的是，"都"也在其中，且还有一个与之像似的标记"teu^{44}"（兜）①，就所在方言来看，"tou$^{31/33}$"（都）出现在山西南部地区，如山西平顺方言、山西长子方言、山西闻喜方言等，而这些方言共性是同属于中原官话汾河片（具体而言，汾河片区内主要是靠近河南的解州小片及绛州小片靠近运城的方言中复数标记用"都"），后者则是广东东莞清溪方言、广西蒙山西河方言以及香港客家方言，而上述方言之共性是皆属于客家话。

从李蓝（2008）对 44 种民族语言中的人称复数标记的归纳看，民

---

① 对于客家话中的复数标记，李如龙和张双庆（1992：420）、黄伯荣（1996：434）等田野调查中以汉字"兜"记音，我们认为，从语音和功能上看，实为"都"。

第九章 人称指示系统稳定性与中牟方言人称指示系统问题 ◇ 273

族语言中与汉语方言的人称指示复数表示法在类型上虽有像似之处，但是具体的复数标记差异巨大，没有与汉语客家话人称指示复数标记"teu^{44}"（兜）相类似的情况，对于语言中最为核心、最为稳固且一直存活在人们日常口语中的人称指示范畴而言，人称指示系统中的复数标记我们基本可以排除语言接触的结果。而从人类学及汉族迁徙史角度看，客家人是中原地区汉人由于政治、人口、战乱、经商等诸历史因素而南迁所形成的独特且稳定的一支，传统的观点认为，客家人源自河洛地区，即黄河中游、洛河流域这一广阔区域，从今天的区域划分看，主要是河南及山西南部地区。从语言层面看，客家话与中原官话有着一定的历史渊源，是不争的事实。中原官话中牟话中的复数标记"tou^{42}"（都）与中原官话汾河片上述诸方言的复数标记"tou$^{31/33}$"（都）及汉语客家话人称指示复数标记"兜 teu^{44}"读音甚为相近，三者之间是否存在一定深层次的联系呢？虽民间至今尚有汉族"迁出山西""迁出河南"等传说，且不乏文献记载，但仅从上述一个角度，我们尚不得而知。不过，共时层面语音和语法上一致性，可以为我们进一步研究，提供一个有力的线索和证据。

对于复数标记"都"，贺巍（1989：263）在《获嘉方言研究》中最先有过描写。其次，在《河南省志（第十一卷）方言志》（邵文杰总纂，1995：245）中亦曾描写如下：

都 dou［tou］有的县市用"都"表示人称代词复数"们"。读轻声，如"俺都"即"我们"，"您都"即你们，"他都"即"他们"。

此外，黄伯荣（1996：433—435）主编的《汉语方言语法类编》在探讨方言人称代词系统时对复数标记"都"的描述如下：

魏县方言里不存在表示复数的"们"。不用"们"表示复数的方言不仅是魏县一处,但在别的不用"们"的方言里,数都有别的物质形式来表示。如河南获嘉方言、河北邯郸方言等用后加轻音"都"表示代词复数,山西临琦方言用变调区别单复数。

河南多数县市,第一人称代词用"俺",第二人称代词用 nen 有的人写成"恁"),以上两种又单数复数同形。第三人称的复数一般县市也不用词尾"们"字,有的第三人称的复数一般县市也不用词尾"们"字,有的在单数后面加"都",例如:"他都去了,我没有去。""都"实际上是河南某些县市第三人称复数的词尾。

除了上面提到的获嘉、邯郸方言,还有武安、安阳等地方言都是如此。黄先生的描写基本符合事实,不过,据我们调查发现,在有复数标记"都"的河南方言,"都"不仅仅是第三人称复数标记,亦是第一、第二人称复数标记。不过,总体而言,"都"做复数标记的情况,至今尚未为学界所重视。从语音层面看,在中牟话语言系统中,用作复数标记的"tou^{42}"(都)(或轻声)与副词"tou^{24}"(都)之间的区别在于声调不同。

从现有文献来看,《河南方言研究》(张启焕等著,1993)、《河南省志(第十一卷)方言志》(邵文杰总纂,1995)、《洛阳市地方史志办公室·洛阳方言志》(1987)、《洛阳方言研究》(贺巍,1993)、《郑州方言志》(卢甲文编著,1992)、《开封方言记略》(刘冬冰,1997)等文著皆对所研究方言中的人称指示问题有所探讨,上述研究表明:洛阳方言人称指示系统表复数的标记以"-们"为主兼用"家",如"我们/你们、俺们/咱们、俺们/你家,你家们"等,而在开封及郑州方言中没有复数标记。在开封、郑州方言中第一人称指示符号"俺"及第二人称指示符号"恁",是典型的指示符号,既可以表单数也可以表复数,具体是单数还是复数则需要依据具体语境来确定,或者直接在上述符号后面加上数词或数量短语表示,如俺仨、恁俩、恁十一个。我们曾就上述现象及问题专门进行方言调查，发现上述文献所述情况与现实人们口语中活的语言事实相符。不过，需要注意的是，在上述方言中，"俺—恁"的使用频率明显高过"我—你"，这一点与吕叔湘先生（1985：34）所提到的中国社会尊卑等级传统下语用礼貌原则之需要相一致。即便受普通话影响，较新的开封话和郑州话慢慢出现的复数标记"-们"，在言语交际中，只有在强调"复数或全部"时才在人称指示符号"我—你"后面加"-们"，而"俺—恁"则通常不与"-们"缀搭配使用。

中原官话内部一致性较高，各次级方言之间直接通话几乎无碍。然而，在方言的核心范畴层，同为中原官话，郑开片、汾河片等方言人称指示复数标记与毗邻其他方言在人称指示系统上存在差异，即复数标记的不同。据我们田野调查发现，复数标记"tou^{42}"（都）即便在方言片内部，也不完全一致，以郑开片为例，根据贺巍（2005）对中原官话的片区划分，此片区24个县市，郑州市区及其以西地区，开封市区及其以东地区，基本不说复数标记"-都"，但夹在郑州市区和开封市区之间的中牟县方言的复数标记却是用"都"无"-们"。综上，我们不得不承认语言核心范畴的极强系统性和稳固性，以及中原官话中牟话复数标记"-都"的特殊性。不过，遗憾的是，对于复数标记"都"的问题，现有文献大多旨在描写语言或方言中的复数表示法及相应标记，因而至今尚停留在简单描写和归纳的初步层面，这一特殊现象亟待深入挖掘和探讨。

9.4.2 复数标记"tou^{42}"（都）的特点及评判标准

对于作为复数标记的"tou^{42}"（都），一方面，因鲜有人关注，因而学界目前的探讨几乎为零；而另一方面，则是因为"tou^{42}"（都）作为复数标记的方言并不多，基于北京大学CCL语料库，从历时角度看，汉语发展过程中，几乎找不到相应的语料，这也为研究复数标记"tou^{42}"（都）增加了困难。为了从更深层次弄清楚复数标记"tou^{42}"（都）的特点及评判标准，我们这里尝试从共时角度进行对比研究：我们将把复数标记"tou^{42}"（都）与现代汉语人称指示复数标记"-们"、中原官话汾河片上述诸方言的复数标记"tou$^{31/33}$"（都）、汉语客家话人称指示复数标记"teu^{44}"（兜），以及英语复数标记"-s"从语法功能、适用范围等方面进行共时比较。明确其语法功能和适用范围后，我们再进一步在此基础上归纳出"tou^{42}"（都）作为复数标记的判断标准。

复数标记"-mən"（门/们/每/满/瞒）的出现是近代汉语演化的一个重要标记，也是汉语人称指示系统结构调整的根本动因之一。我们在第七章已对"-mən"（门/们/每/满/瞒）的形成和发展已有探讨，不再赘述，这里我们将进一步把关注点集中于"-mən"（门/们/每/满/瞒）的语法功能和适用范围两个方面。从"-mən"（门/们/每/满/瞒）最初出现的情况看，"-mən（门/们/每/满/瞒）"作为复数标记主要用于与人称指示系统及与人相关的称呼、名词等搭配使用。现代汉语中亦有用于表非人的情况，如第七章我们提到的个别将"mən"（们）用于非表人的情况，比如 TA（它）-mən、它们猫儿-men、小兔儿-mən、柳树-mən 等，正如此前所言，这些特殊现象的出现是"-mən"（们）复数标记功能泛化或类推作用的结果，属于语用修辞层面的扩展。对于汉语唯一的形缀"-们"问题，学界历来分歧较大。传统语法研究通常认为"-们"是汉语复数形缀或标记，李艳惠和石毓智（2000：27）从类型学角度对汉语"-们"问题做了重新审视，认为量词系统和复数标记的分布密切相关。复数标记"-们"的发展受到量词系统建立的制约。因而，现代汉语通常只允许复数标记"-们"出现于定词而非名词位置，并且主张复数标记"-们"源自表"家庭""一组""学派"的"门"，"门"语法化为复数后，因其只限于表人，且语音形式有变（声调丢失以及鼻音韵尾弱化），为示区别，后加"亻"。源"门"说最早由日本学者太田辰夫（[1958] 2003：316）提出，除李艳惠和石毓智二人外，持此观点的还有俞敏（1989）、张惠英（1995，1997）等。对于汉语"-们"

缀的来源，各家历来争议颇大，尚无定论，因"-们"的来源问题当前研究众多，且非本书之关注范围，此处不再展开。

"数"观念是人类语言之共性，但表示数的方法，各种语言则不尽相同，印欧语系语言借助于形态变化示之，如英语复数形缀"-s/-es"。作为典型孤立语的汉语由于缺乏形态变化，没有相应复数标记，但汉语中有表示数概念的数量结构，李艳惠和石毓智（2000：27）认为：现代汉语的名词数量观念不是用单复数表示，而是用量词表示。我们基本赞同李和石从类型学及系统观视角对汉语发展事实及存在状态的描述和推测。从语言类型学角度来看，汉藏语诸语言多为量词型语言，以汉语最为典型，而汉语的量词最为基本的功能有两个：①计量（Quantifier），最为典型的是"个"；②分类（Classifier），最为典型便是"们"（门）；普通的量词则是兼而有之或者介于二者之间。从吕军伟（2010a，2010b）对汉语名量结构问题的研究结果看，在汉语中源自名词的量词，经过中古时期的发展，到了近代汉语，尤其是宋元时期，数量明显增多，语法化程度加深，由名词和量词构成的名量结构出现诸多词汇化情况，如辞章、马匹、船只等，而在这些已词汇化的名量结构中，量词所充当的角色主要是分类，而非计量。值得注意的是，正如李艳惠和石毓智（2000）之观点，"-men"（门/们/满）的出现、名量结构词汇化都与量词系统的发展密切相关。宋元时期，名量式合成词数量增加，在名量式合成词中量词后置于名词充当类标记表总称或集合概念，"-men"（门/们/满）的作用与名量式合成词的量词的功能基本相同。所不同的是，"-men"（门/们/满）在语法化道路上走得更前，已经虚化为复数或类称标记，但仅限于与表人的语言成分（代词或表人名词）搭配使用。对于"-们"的来源虽各家多有分歧，尚无定论，但"-们"表复数或类称（人）的功能则是不争之事实，也是各家之共识。

此处之所以提及汉语"-们"缀的来源问题，主要是为了能够更为清楚地认识其本质，进而，与我们所要探讨的汉语方言中的另一个复数标记"-都"相比较。从共时层面看，与现代汉语普通话"-们"截然不同，中原官话中牟话"-都"更像是一个复数标记，但又不同于英语复数形缀"-s/-es"。中牟话中的"都"，不仅可以用于人称指示符号系统，还可以用于一般的名词成分，如：

我们→俺 tou^{42}（都），你们→恁 tou^{42}（都）；孩儿们→孩儿 tou^{42}（都）；狗（≥2 只，相当于 dogs）→狗 tou^{42}（都）；地（≥2 块或片等）→地 tou^{42}（都）；水（≥2 桶/池等）→水 tou^{42}（都）；路（≥2 条/段等）→路 tou^{42}（都）……

俺 tou^{42}（都）累嘞走不动了，恁 tou^{42}（都）去吧。

一群羊 tou^{42}（都）把街头的麦苗啃光了。

花儿 tou^{42}（都）/开了，真中看！（花儿们都开了，真好看）

花儿/tou^{24}（都）开了，真中看！（花儿全部开了，真好看）

{ A：啥把俺种嘞花儿吃了？（什么把我种的花儿吃了？）
{ B：猪 tou^{42}（都）（猪≥2 只）。（猪们）

{ A：谁打算去赶绳儿？（谁打算去赶集儿？）
{ B：俺 tou^{42}（都）。（我们）

对于现代汉语中的名量式合成词而言，由于表示类称或总称，故而不能再接受个体量词修饰，但是可以接受集合量词修饰，与之不同，现代汉语"-们"缀结构，既不能接受个体量词修饰，也不能接受集合量词修饰，中牟话中的由复数标记"都"参与构成的结构同样如此，由于本身表示总称或复数概念，自然不能再接受个体量词修饰，也不能接受集合量词修饰，例如不能说"*三个孩子都""*一群学生都"等，这一点截然有别于英语复数形缀"-s/-es"［英语中没有量词，数词可以直接与名词（可数）组合，当数词≥2 时，必须加形缀，如 three books、four boxes 等］。另外，值得注意的是，在中原官话中牟话中，尤其是在日常口语中，"-都"使用频率最高的情况是与人称指示符号结合使用。

相对于现代汉语普通话而言，中原官话中牟话的"tou^{42}"（都）在共时层面存在四种情况：①范围副词；②语气副词；③时间副词；④复数标记。这在日常交际中，会造成歧义现象，例如：

老师都说小明是好学生。
①范围副词：所有的老师说小明是好学生
②语气副词：老师都（加强语气，类似于"总是"）说小明是好学生
③时间副词：老师已经说小明是好学生
④复数标记：老师们说小明是好学生

那么，在日常口语交际中，如何判断出现的"都"是复数标记？对于缺乏形态变化及形态标记的孤立型语言——汉语而言，对"都"的上述前三种功能（副词）的判断，我们主要参考的是语义标准，换言之，没用明显的形式标准，词义的发展具有连续性和模糊性，因而，会出现争议的情况。与印欧语系语言不同，因缺乏形态变化，与普通话一般名词相同，在日常口语中，中牟话中的"俺—恁"、"TA"及一般名词等都既可以表示单数也可以表示复数，具体情况要依据实际语境来判断。这种情况为日常交际带来了一定的麻烦，有时候难免会产生歧义，例如A伙人中的一个对A伙人之外的B伙人中的一个阐述情况：

若A采用方式1："俺走三天三夜啦，太累了，恁去吧"，因"俺"既可表单数亦可表复数，则会产生歧义。此时如果预设不充分，则B很可能会反问："是你走三天三夜啦，还是恁都都走三天三夜啦了？"

若 A 采用方式 2："俺都走三天三夜啦，太累了，恁去吧"，由于复数标记"tou^{42}"（都）与副词"tou^{24}"（都）声调不同，此时，则可以从声调上区分。

但在语流中，往往会受到前后音节（主要是后一音节）的影响，声调上的区分可能并不十分明显，故而，导致第三种方式的出现：

俺 təu^{31}（都）təu^{24}（都）走三天三夜啦，太累了，恁去吧。

综上可知，在中牟话中，"都"的第四种功能与前三种功能的判断有所不同，即对于最后一种功能，我们除了从语义上去把握，还可以从形式去分辨，而形式分辨主要体现在两个方面：①声调差异；②通过加副词"都"来分辨，凡是作为复数标记的"都"，其后面皆可以再加一个副词"都"（表范围、语气、时间皆可），如果是副词"都"则不允许其后再加一个副词"都"。此外，复数标记"都"与副词"都"连用的情况，在中牟话口语中也较为常见，例如：

恁 təu^{31}（都）təu^{24}（都）不下地，俺 təu^{31}（都）为啥要去干活？
鞋 təu^{31}（都）təu^{24}（都）破了，恁给俺修修呗。
人 təu^{31}（都）təu^{24}（都）走了，恁还 gɤ^{42}（搁）这儿愣啥嘞？
猪 təu^{31}（都）təu^{24}（都）生病了，赶快叫兽医来。
孩儿 təu^{31}（都）təu^{24}（都）回来了，好好过年吧。

前面我们主要将中原官话中牟话中的复数标记"都"与普通话复数或类称标记"-们"及英语形缀"-s/es"进行了比较，下面我们则主要从共时角度对方言中同作为复数标记的"都"的使用情况，作以横向比较，进一步揭示其特点。

第九章 人称指示系统稳定性与中牟方言人称指示系统问题 ◇ 281

黄伯荣主编的《汉语方言语法类编》(1996：434，456)在探讨安阳方言及客家话人称代词系统时对复数标记"都"(兜)的描述如下：

安阳方言："兜"只能用在代词后边，而不能用在名词后边。如不能说"人兜、同志兜、老乡兜"。

客家方言：客家话的"兜"，当它放在人称代词后面时，其作用相当于普通话的"们"，表示多数。但它不能放在指人的名词后边表复数，如"同志兜、老乡兜"之类。客家话的"兜"，还能放在不同词类后面，这时它的意义和作用各不相同。"兜"同普通话的"们"有许多不相同的地方，它的其他用法与本文所讨论的人称代词没有什么关系，所以这里略而不论。

从以上描述可知，上述方言中复数标记"都"(兜)在核心功能上基本相同，即可用于人称指示系统，而分歧则在于，是否用于一般名词，根据我们的调查发现，在中牟话中，明确区分文读和白读两种情况，对于上述例子中的"同志"一词，属于文读词汇，一般不加"都"（但加"都"亦可以理解），但对于"人，老乡"两个词，则可以加"都"，如：

人 tou^{42}（都）tou^{24}（都）来了，啥都别说了。（人们全部来了，什么也别说了）

老乡 tou^{42}（都），好好想想，还是家里好。（老乡们，好好想一想，还是家里好）

同学 tou^{42}（都）tou^{24}（都）买了新文具盒，我也要买一个。（同学们都买了新文具盒，我也要买一个）

我们认为，对于"-都"缀是否能用于一般名词，不能拿外来词或必须文读的词语来检验，因为这些词语通常并非该方言所固有，因而方言固有的结构应用到上述词语身上，需要有适应过程。此外，共时层面"-都"缀的功能与其历时来源有着必然的联系，这一点我们也不能忽略。

9.4.3 中原官话复数标记"tou^{42}"（都）的来源及成因

对于复数标记"-都"的来源问题，黄伯荣（1996：433）主编的《汉语方言语法类编》曾提到："武安方言表示复数意义的语尾'都'的来源尚不能断定，疑心是由古代汉语的'等'字发展来的。"这是我们目前仅能查到的对方言中复数标记"都"来源情况的推测。总体而言，目前学界对于复数标记"-都"只有基本的描写，深层关注并不多。那么，复数标记"-都"到底来源于何处？本节我们将尝试就此作以探究。

"等"的《说文》解释是："齐简也。从竹从寺。寺，官曹之等平也。多肯切。"为"端"母、"登"韵"曾"摄一等开口上声字。"都"的《说文》解释是："有先君之旧宗庙曰都。从邑者声。周礼：距国五百里为都。当孤切。"为"端"母、"模"韵"遇"摄一等合口平声字，虽然古代汉语中亦有用"等"表示复数的先例，但从语音层面看，"等"和"都"虽反切上字相同，但所属韵母相差甚远，且从汉语语音演化规律来看，"都"来源于"等"的假设，不符合汉语语音演化规律，恐难站得住脚。

对于复数标记"都"的来源问题的探究，主要存在两方面的困难：①由于其存在于方言中，不为众人所关注；②从历时角度我们基于语料库找不到相应的演化轨迹，这给我们的进一步研究增加困难。这也使得我们不得不将眼光转之共时层面。从共时层面看，我们认为："tou"（都/兜）最有可能的情况是由使用频率极高的范围副词"都"演化而来。

对于汉语副词"都"的产生与发展，太田辰夫（[1987] 2003：264）、陈宝勤（1998）、高育花和祖生利（1999）、李宗江（1999：179—195）、

第九章　人称指示系统稳定性与中牟方言人称指示系统问题　◈　283

武振玉（2001）等都曾撰文予以探究，各家的观点基本一致，认为：副词"都"源于表"聚集"义的动词"都"，由后者语义引申出"聚集、总集、总括"等义，并进一步演化其副词，而动词"都"则来源于名词"都"（tu），《说文》中"都"的本意是："有先君之旧宗庙曰都。"副词"都"产生于东汉，形成之初表示"总括或全称"之意（即范围副词），经过中古时期的发展，成熟于宋朝（主要是南宋），元明时期已普遍使用，且在语法、语义等方面与现代汉语已基本一致[①]。武振玉（2001：271）认为：动词"都"用在另一动词前作状语是其发展的关键，最初仅修饰该动词表方式，进而将语义指向这一动词的前后成分，转为副词，从语法功能及语义层面看，副词"都"用于总括动词前主语所指对象的范围这一用法，自其产生至今都是其最为主要的用法。我们赞成上述各家对副词"都"之来源和发展研究所得的结论。需要注意的是，副词"都"的成熟期与汉语人称系统的调整期以及汉语量词系统数量增长期，皆为宋元时期，诸多因素所体现出来的信息告诉我们这并非语言系统中孤立因素的偶然。不过，明确了汉语副词"都"的来源，我们依旧不能由此确认复数标记"都"来源，因为从历时语料中我们找不到相关用例，我们需要做进一步的分析。

　　回到共时层面，我们不妨从如下问题进行探究：为什么复数标记"都"只存在于部分方言而其他方言没有？这些方言的人称指示系统有何特点？如果复数标记"都"来源于范围副词"都"，需要满足哪些条件？与英语的复数形缀"-s/es"不同，中原官话中牟话中的表总括或全程"-都"是一个更为彻底的标记，因为"-s/es"主要作用是加合构成复数，即通过加"-s/es"使原来的非复数变为复数，而从其搭配对象看，上述其所加载的对象本身是单数或非复数（不可数对象）。但

[①] 现代汉语普通话"都"为两读：名词[du]^{55}和副词[tou]^{55}，对于"都"的语音演化及二音之关系，非本书关注之焦点，故此处不再展开，可参看李宗江（1999：192）之探讨。

全称标记"-都"则并非如此，虽由标记"-都"参与构成的语言成分最终亦表复数或全称但所借助的途径则是分化构成复数，即通过增加"-都"缀使原来单复不分的对象得以区分为复数。上述两种情况最大区别在于加载对象本身，全称或总括标记"-都"的加载对象必须是表示集合概念的人或事物（集合内部成员数量必须≥2），不能是单数①。"-都"之所以出现上述使用条件限制，其根源在于：①汉语作为较为典型的孤立语，缺乏形态变化，汉语光杆名词大多既可以表单数亦可以表复数，无标记形式；②与标记"-都"的来源密切相关，"-都"缀表复数时对加载对象的限制条件，与表全称或总括的范围副词"-都"的使用条件完全吻合，而上述条件自范围副词"-都"初现之时（东汉）便已产生。由此，我们推断中原官话中牟话中的复数标记"-都"来源于表全称或总括的范围副词"-都"，至于出现时间，由于缺乏历时语料证明，我们推测最早与表复数的人称指示符号合音形式"俺—您"同时，即在宋元时候萌芽。

　　源于量词的现代汉语"-们"则介于上述两种情况之间，换言之，"-们"既可以通过加合表示复数或总称，如汉语表单数的人称指示符号"我—你"便是通过加载"-们"缀构成复数，又可以通过分化途径表示复数或类别总称，如"-们"缀的扩展用法，及与汉语普通光杆名词的组合表复数或类称。复数标记"都"源于副词"都"的观点，可以很好地解释，为什么由"-都"缀构成的语言成分不能再接受个体量词的修饰。由量词构成的名量式合成词，虽然不能受个体量词修饰，但由于量语素在其中表示的是名词成分所在类的总称，因而可以受集合量词修饰，与之类似，由于"-都"缀表示对象所属集合的总括或全称，即一个集合内部的全部成员而非集合中的个体或部分，我们最终得到的是一个周延的解，所以，不允许再受个体量词，但可受集合量词修饰，如

---

① 在语句中，当加载对象为单数时，其后面若出现"都"，可以肯定非复数标记"都"。

"一些孩儿都、一班学生都、一群羊都"等。与普通话"-们"明显不同，在中原官话中牟话中表示单数的第一、第二人称指示符号"我—你"不存在加复数标记"-都"表复数的情况，源于副词"都"的观点能够很好地解释上述现象的原因所在。

前文提到，在现代中原官话中牟话中，不存在"-们"缀形式，而第一、第二人称指示符号"俺—恁"为典型的指示符号，既可以表单数也可以表复数，具体情况的判断具有极强的语境依赖性，在日常言语交际中，不可避免地会造成一定的歧义，进而给言语交际带来一定的障碍，而这则为复数标记"-都"的产生提供了可能性和必要性，由此，我们可以推测，范围副词"都"在日常言语中由于极高的使用频率，且最为主要的用法是用于总括动词前主语所指对象的范围，与一般副词附着于动词不同，由于表全称的范围副词在语义层面直接指向的是句子主语，因而与主语更为接近。如前文提到的哲学逻辑学家巴尔·希勒尔（Bar-Hillel，1954：366）曾指出：人们在一生所生成的陈述句—标记中，超过90%实际上是索引句（即指示类词语参与构成的句子）而不是陈述句。由此可见，指示类符号在人们日常口语中占有极端重要的地位，而近现代汉语中副词"都"则是一个使用频率极高的符号，上述诸因素的结合，都为复数标记"都"的产生提供了有利基础。

综上可知，在汉语诸次方言的人称指示符号系统与现代汉语普通话完全不同，与数概念的表达有着密切的联系。"-们"缀是现代汉语普通话中唯一的复数标记，其产生是近代汉语人称指示系统发生变化的动因和标志，"-们"缀的产生促使宋元时期合音形式产生和发展，由于合音形式与"-们"缀结构有着相同的功能，因而后期合音形式必然与"-们"缀形式之间的竞争，从现代汉语普通话角度看，"-们"缀形式最终占据了主要地位，而合音形式则逐渐淡出，但从共时层面的方言角度看，则情况并非如此，近现代汉语人称指示系统究竟发生了何种演化，探明这一问题有助于我们更为深入全面地认识汉语人称指示系统的面貌、演化过程及相关问题。

9.5 中牟话人称指示结构的发展与谦/敬称形式的产生

与现代汉语普通话人称指示系统相比，中原官话中牟话人称指示系统的不同或独特之处主要体现在两个方面。①共时层面：没有"们"缀及其相关形式，合音形式占据主要地位；②历时层面：宋金之后呈现的是与第七章我们所探讨的现代汉语普通话完全不同的演化路径。本节我们将重点探讨由中原官话中牟话人称指示系统所体现出来近代汉语的另一条演化路径，及现代中原官话中的谦—敬称形式问题。

9.5.1 宋元时期占据绝对优势地位的合音形式"an-nən"

第七章我们在讨论近代汉语人称指示系统时，曾从历时角度对汉语人称指示系统的演化过程中的各要素之用例情况进行过考察。根据我们对宋元时期各人称指示符号的用例情况可知，这一时期自合音形式"an-nən"出现其便一直占据绝对优势地位，而相应"-们"缀形式即"我们—你们"与合音形式的用例数量差距悬殊（详见表7-5及表7-6）。但值得注意的是，汉语人称指示系统中处在竞争状态的上述两类人称指示符号，到了明代地位发生转变，"-们"缀形式占据主要地位（详见表7-7），而到了清代地位则完全倒转，"-们"缀形式处于绝对优势地位，合音形式明显处于劣势及次要地位，而在现代汉语中，第一人称指示合音形式"俺"仅存在于方言之中，而第二人称合音形式"您"因功能变异才在现代汉语人称指示系统中得以保留。这一发展路线，是我们立足于现代汉语普通话人称指示系统之形成得出的结论。但这一路线并不适用于所有现代汉语方言，中原官话诸多方言的演化路线与之截然不同，这也正是本节我们所要关注的焦点。

合音形式"an-nən"最初出现时，主要功能是表复数，几乎取代原来表复数的相应"-们"缀形式（我们—你们）），根据第七章我们对上述两种形式在不同时期的存在状态可知，宋元时期，尤其是元代，合音形式已经发展为兼表单/复数，而对于具体情况的区分，需要借助于具体的语言环境，换言之，合音形式表单/复数具有极强语境依赖性，这一点与现代中原官话诸方言中的"俺—恁"的语法功能及单复数评判标准完全一致。总体而言，在汉语人称指示系统演化过程中，宋元时期由于占据绝对主导地位的是合音形式，且第一人称指示已经区分出排除式—包括式，这一时期的人称指示系统之结构，我们可以表示如下：

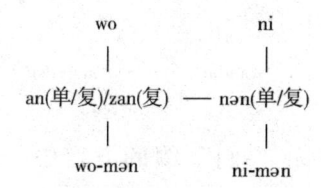

$$
\begin{array}{cc}
\text{wo} & \text{ni} \\
| & | \\
\text{an(单/复)/zan(复)} \text{ —— } \text{nən(单/复)} \\
| & | \\
\text{wo-mən} & \text{ni-mən}
\end{array}
$$

9.5.2　完全不同的人称指示系统演化路线

现代汉语中原官话的诸方言中的"俺—恁"在功能上与宋元时期的"俺—恁"完全一致，或者说，基本保持的是宋元时期的面貌和功能，不过，多对共时层面中原官话诸次方言的人称指示系统进行进一步细致比较，有助于我们发现汉语人称指示系统演化的深层信息及不同路径。因为各次方言在共时层面的差异或反映出现的多样性，恰恰为我们认识汉语人称指示系统的历时演化路线提供有力的证据，进而帮助我们更为全面地揭示复数标记"-tou[42]"（都）问题及现代汉语敬称形式"您"的问题。

中原官话中无"-们"缀的诸次方言根据有无复数标记"-都"可以清晰地分出两种情况：一种是无复数标记的次方言，如开封方言、河北魏县方言等，在该类次方言中，"俺—恁"既可以表单数亦可表复数，具体情况完全视使用语境而定。其人称指示系统结构，我们可以表示为：

```
         wo    —    ni
         │          │
an(单/复)/zan(复) — nən(单/复)
```

第二种情况是无"-们"缀方言，但有复数标记"都"的次方言，如中牟方言、获嘉方言、邯郸方言及安阳方言等，以"-都"缀为复数标记的次方言的人称指示系统结构，我们可以表示为：

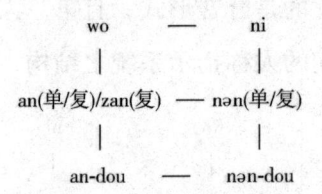

```
         wo    —    ni
         │          │
an(单/复)/zan(复) — nən(单/复)
         │          │
       an-dou  —  nən-dou
```

需要注意的是上述无"-们"缀的方言中，还有一个明显的特点，即以人称指示符号"俺—咱"所表示的排除式和包括式的区分十分明确，不存在像普通话"我们"的模糊情况，即只有当与"咱们"相对使用时，才明确用作排除式，而一般则不区分包括式或排除式。为了更为全面或更便于比较，我们不妨将现代汉语普通话的人称指示系统之结构也一并列出：

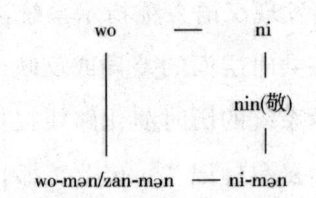

```
        wo      —      ni
        │              │
                     nin(敬)
        │              │
   wo-mən/zan-mən — ni-mən
```

基于历时和共时两个角度，我们通过对上述四种结构进行深入比较，可以发现以下三点：第一，合音构词及合音形式作为一种语言现象，具有强大的生命力，即便与近代汉语复音化发展趋势相悖，也依然具有能产性，这一点在中原官话诸次方言中表现得尤为明显。近代俗语文学（如话本、曲剧、小说、笔记等）的兴盛以及语用层面词汇使用的高频性是合音词形式的两个重要前提条件，而正是合音构词导致了近代汉语人称指示系统的一系列调整。第二，虽然时隔千年，但在中原官话无"-们"缀的次方言之人称指示系统基本保留的是宋元时期人称指示符号系统之结构及功能面貌，与现代汉语普通话不同，"-们"在中原官话无复数标记的方言中并未得以保留，合音形式的出现后便一直处于绝对优势地位，由于语言人称指示范畴具有极强的系统性经济性，由复数标记"-们"构成的形式逐渐退出上述次方言系统。第三，中原官话中的人称指示合音形式虽然处于绝对优势地位，但正如第七章所言，其自身依旧存在矛盾，即以单数形式身兼表单/复数两种功能，相对于带形式标记的"-们"缀，在日常使用及表意问题上并不具有优势，表意的不明确性或极强语境依赖性不可避免地给言语交际带来一定的麻烦，这是中原官话中牟、获嘉、安阳等方言产生总括或复数标记"-都"的根本原因所在。

总之，现代汉语普通话、现代中原官话无复数标记方言及有复数标记方言之人称指示系统、共时层面展现出来的多样性，是宋元时期汉语人称指示系统沿不同演化路线发展的结果。而通过宋元时期与现代汉语中原官话诸方言人称指示系统的比较，有力证明了我们的推测：语言系统中的核心范畴具有极强的稳定性。语言某一共时存在状态仅仅是该语言历时发展所呈现的诸多可能之一，语言或方言共时层面所存在的种种差异，能够为我们探究语言系统之共时全面及历时演化途径提供极为宝贵的信息。

9.5.3 中原官话"nən^{55}"（恁）与现汉敬称形式"nin^{35}"（您）

在第七章中，我们曾对现代汉语敬称形式"您"的形成做过探讨，对于现代汉语普通话的这个特殊且颇具争议的形式，我们曾得出的观点是源于宋元时期"ni-mən"合音形式。对于其演化路线，第七章中我们主要是从历时角度进行论证分析，语言、时间和空间三者密不可分，三要素共存于语言系统的整体构建之中，时间和空间的结合点便是语言的存在状态（裴文，2012：66—70），因而对于语言演化之研究，时间和空间两个维度不可偏颇，空间的结构是时间结构的轨迹，语言在空间上的差异能够反映其时间的连续，我们有必要从语言特征共时层面的空间分布，来探索语言系统的存在状态及其演化轨迹。对于现代汉语普通话中的敬称形式"您"，我们不妨从共时方言差异作以探究。

宋元时期，汉语人称指示系统合音形式形成后处于绝对优势地位，从中原官话各次方言的人称指示系统看，开封、中牟、郑州、获嘉、闻喜、魏县、邯郸等地方言中都没有复数形式"-们"缀，所保留的是宋元时期以合音形式为主的结构，换言之，在这些方言的人称指示系统中合音形式产生之后，"-们"缀形式便逐渐被取代，由于合音形式自身的矛盾性及不明确性，在中牟、获嘉、邯郸等方言中又进一步发展出基于合音形式的复数标记"-都"。那么，在没有经历合音形式与相应"-们"缀形式竞争演化的方言中，或者说在合音形式一直居于绝对优势地位的方言中，是否存在敬称形式？其第一、第二人称指示合音形式"an-nin"又是如何发展的呢？

对于上述问题，先贤时人的文著关注的甚少。黄伯荣主编的《汉语方言语法类编》（1996：433—434）曾对无"-们"缀的河南安阳、河北魏县方言中的第二人称指示符号"恁/您"的用法略有提及，但明确认为：上述方言中的"您/恁"从来不是"敬称"形式，而只是第二人称指示复数形式（即相当于普通话"你们"）。换言之，从历时角度看，呈现的是宋代合音形式"恁"的功能面貌。当前学界默认的情况是：无"-们"缀方言的人称指示系统中，不存在类似于现代汉语普通话"您"的敬称形式。那么，情况是否真的如此？我们认为这一问题有待进一步深入研究。在第七章中我们曾经对近代汉语人称指示系统中各符号之间的关系及相互竞争态势做过分析，认为：表复数与表敬称并不矛盾，合音形式表数概念发生在语法层面而非语用层面，而表敬称则恰恰相反，在未固化之前则发生在语用层面而非语法层面。前述诸方言中合音形式"俺—恁/您"兼表单复数的用法，在宋代合音形式出现之初便已经出现，元代已基本成熟。我们需要注意的是：中原官话诸方言人称指示系统内部结构在"-们"消失后不得不做出相应调整，正如第七章我们的推测：原本合音形式"an-nin"转而与原有单数形式"wo-ni"竞争，既而人称指示系统内部竞争结构由"an—wo-mən""nin—ni-mən"转变为"wo-an""ni-nin"，且从共时前述诸方言的情况看，以中牟话为例，"俺—恁/您"的使用频率与第一、第二人称指示单数形式"我—你"相当，甚至在一些结构中必须使用合音形式"俺—恁"，如领属结构，"X（人称指示符号）+数量短语（数≥2）"等，以领属结构最为明显。此亦证明谢俊英（1993）从"您+亲属词"结构着手探究普通话敬称"您"的形成并非没有道理。此外，合音形式表敬称与否，并非单单取决于其自身，尤其是在竞争态势发生转变后，所谓的"敬称"是相对于非敬称形式而言的，这一点是语言符号系统性的明显体现，但在以前研究中却被忽略。

在第七章中，我们提出判断"您"是否含有敬称之意的两个条件：①系统内部，第二人称指示表单数的"您"与表单数"你"严格对立，二者不可互换，"您"之功能专门化；②系统外部，即社会等级或地位，表单数的"您"在言语交际过程中仅用于社会地位较低者对较高者之指代，或者处于交际需要地位平等者之间一方出于语用目的为自谦而有意自降地位以示尊敬。我们不妨以此为判断标准，来检测无"-们"方言中的第二人称指示合音形式"恁"是否具有敬称意义。以中牟话为例，"你"和"恁"的之间产生对立，但不如普通话"你—您"严格，"恁"既可以表复数也可以表单数，就使用范围而言，其明显宽于"你"，例如上述结构及表复数的情况。此外，在日常言语活动中，用"你"带有一定的强调、警醒、严厉甚至挑衅的色彩，所以"你"的使用并非随意，尤其是在与长辈、尊者、客人等社会关系中居于高位者或陌生人的交谈中，通常用"恁"而较少用"你"，用"你"则有不敬或冒犯之嫌。由此可见，中牟话中的"俺—恁"并不完全符合我们提出的两条标准,换言之,其并不像现代汉语敬称形式"您"一样,功能专门化。

但是,此外在第七章中我们强调:人称指示符号表复数与表敬称两种功能并不矛盾,合音形式表数概念发生在语法层面而非语用层面,而表敬称则恰恰相反在未固化之前则发生在语用层面而非语法层面。从上述"恁"的使用情况来看,我们可以明确判断"恁"并未专门化为敬称形式,但根据其使用语境,我们可以判断其具有表敬意的功能,人称指示符号的最为根本的属性是指示性,而表敬称则是基于根本功能的进一步延伸,或者说是其次级功能,传统语法对语言敬称形式的着眼点是静态描写及直接定性,未能看到语言状态的连续性及语言演化的动态性,传统研究方法明显具有局限性,不利于全面认识语言现象。总体而言,从竞争角度看,"恁"表敬称与否与其竞争对象"你"有着必然联系,我们可以确定的是第二人称指示单数形式"你"无论在现代汉语普通话还是在中原官话上述诸多方言中,都是一个不表敬称的符号。因而,在无"-们"缀方言人称指示系统中,表敬称的需要只能由"恁"承担。根据我们的观察,表敬称作为"恁"的语用功能之一,有一定的使用条件,换言之,我们可以进一步探究第二人称指示符号"恁"是否具表敬称意义的评判标准:①系统外部,即社会等级或地位,表单"恁"在言语交际过程中有用于社会地位较低者对较高者之指代,或者处于交际需要地位平等者之间,一方出于语用目的为自谦而有意自降地位以示尊敬时必须用"恁"而不能用"你";②系统内部,第二人称指示符号"恁"具有表单数的功能,"你—恁"在同表单数的情况中,有对立情况,即有些地方只能用"恁",不能被单数形式"你"替代。这里必须强调的一点是,敬称是社会等级或地位关系在语言系统中的体现,其属于语用层面,而非语法层面,但若语用功能固化且专门化在某一符号身上,则此项功能可以转变为该专门符号的语法功能,如若未能固化或出现专门化现象,则我们不能否认人称指示系统的某一符号具有表敬称功能,用以上两条标准来衡量中原官话诸方言中的兼表单复数的

"恁"，则我们可以断定："恁"具有表敬称的功能。

第七章中我们提出，在元代，"nin"（您/恁）在使用过程中可能已经产生敬称之意，不过仅停留于语用层面，尚未进入语法层。从上述无"-们"缀的中原官话次方言中兼表单复数的第二人称指示形式"恁"的情况反观现代汉语敬称形式"您"，"恁"如今所保持的正是宋元时期的合音形式"恁"（您）功能面貌，共时层面的方言现象为现代汉语敬称形式"您"来源于合音形式"恁"（您）的观点提供了有力佐证。

最后，我们要谈的是中原官话中牟话中的第一人称指示符号"俺"的问题，在功能方面，"俺"与"恁"一样皆可以兼表单数和复数，且在领属结构及"X（人称指示符号）+数量短语（数≥2）"等结构中必须用"俺"，而不能用与之相对应的第一人称指示单数形式"我"，基本上保持的是宋元时期的功能面貌。我们这里所要关注的是：中原官话诸次方言中的"俺"是否与"恁"一样，在语用层面发生一定的功能变异或功能扩展？吕叔湘先生（1985：86）曾经指出：

在同时容许"俺"跟借代"我"的方言里头，"俺"字多少有点谦卑的意味，"偺"字则恰恰相反，是得意甚至傲慢的口气。

谦称的情况和上述敬称一样，二者在中牟话中是一致的，从功能差异看是否含有谦称意义，主要看的是其与专表单数的第一人称指示符号"我"之间的共能差异，在中牟话中，"俺"表谦称的功能较为明显，例如：

{ 我不知道。（语气较为正式、强硬）
  俺不知道。（语气较为随和、平缓）

{ 我说过了，咱都得去。（有专横、独断的意味）
  俺说过了，咱都得去。（随和、谦诚）
  恁啥时候不忙啦，到俺家坐坐。（谦和）

{ 这件事，我就不会做，也想不通。（强调自我）
这件事，俺就不会做，也想不通。（语气随和）

由于中牟话中没有"-们"缀形式，第一人称指示表复数用"俺/俺都"，因而单说"我"表现或强调说话者自我的意味尤强。在"俺—恁"并用的结构中，前者表"谦称"后者表"敬称"的意味尤为明显。此外，中牟话中不存在"咱"用于指示说话人自己的现象，"咱"表示包括说话人和听话人在内的在场所有对象，其在语用层面表现出来的是功能扩展是表亲近（拉近关系），我们可以称之为"亲称"。

9.6 余论

综上可知，在中原官话的一些次方言中，并没有遵循北京话人称指示系统的演化路线，而时隔千年，这些方言中所保存的主要是合音形式占据绝对优势地位的宋元时期的结构及功能面貌。河南开封、中牟及获嘉、安阳等，山西平顺、长子及闻喜等，河北邯郸及魏县等诸多方言的人称指示系统呈现出一种与北京方言完全不同的结构面貌，所遵循的也是一条与北京方言完全不同的演化路径："-们"缀消失，合音形式之功能进一步扩展，一些方言产生了独特的复数标记"都"等，相比之下，上述诸方言的人称指示结构较之北京方言更为整齐。

就上述诸方言而言，在系统性极强的人称指示范畴内，以中牟方言为例，"俺—恁—咱"在语用层面分别表谦称、敬称、亲称的功能，并非孤立事件，是人称指示系统结构调整及内部成员分工调整的结果，诸多现象存在必然的相互联系，在语言系统中，各要素必须联系，彼此制约，唯有存在差异才能在系统中取得相应的价值，进而取得一席之地。因此，反观北京话中的敬称形式"您"，我们认为同样是系统调整的结果，其源于宋元时期的第二人称指示合音形式"恁/您"，起初表敬称在一定条件下仅仅出现在语用层面，可以说只是一种功能扩展，后来北京话中"-们"缀结构取得绝对优势地位，进而取代相应的合音形式，但"-们"形式自身的明确性及专一性没有也不太可能产生功能变异表敬称，在社会等级关系森严的封建社会，等级及尊卑关系必然反映在语言系统中，除复杂的社会称谓外，存在于人们日常口头语言中的人称指示系统也有所体现，原本便有的表敬称便延续了此功能，并一步步由语言语用层进入语法层，进而固化为专门表敬称的符号"您"。

此外，由此前我们对指示符号的意指特性分析可知，该类符号本身的核心功能是其指示性，通过为言语活动的参与者分配角色将言语各方纳入活动之中，其有着极强的语境依赖性，不管是合音形式还是"-们"缀形式，都是人们日常口语中最为常用的语言符号，而上述符号其他功能的产生和扩展皆是以直指性为基础，并受到指示在场性因素的严格制约，每一次交际都会形成一个指示场，也必然涉及诸多指示符号，尽管时空在变，但交际指示场的功能和结构却有着极强的稳定性和生命力。这也是上述诸方言人称指示系统时隔千年，依然保持着宋元时期人称指示系统之基本功能及结构面貌的根本原因所在。

第十章 结论及展望

指示现象及其相关符号在人类的认知体系、日常言语交际等诸多方面有着极为特殊的重要地位。指称和指示是人类符号意指功能实现的两种基本途径。相对于指称问题而言，当前对指示现象之探究与指示符号在人类符号世界，尤其是其在语言系统中的核心地位依旧极不相称，其最为突出的表现，即缺乏系统意识，层次关系含混不清，理论层次亟待提高。此外，现有指示相关理论之构建大多基于印欧语系语言，对孤立型语言兼顾不多，而基于汉语指示范畴及相关符号系统从理论高度对指示问题进行的系统反思和深入探讨则是凤毛麟角。

本书以指示现象及指示符号系统为研究对象，基于语言学本体视角及汉语具体实际，运用当代符号学相关理论及研究方法，兼顾哲学、心理学、类型学等相关学科视角，通过比较分析，试图整合及构建指示范畴及指示符号系统理论。具体而言，本书主要内容及结论如下。

10.1 符号模型与指示符号

皮尔斯、弗雷格及索绪尔因符号观不同，三者所构建的符号理论及相应符号模型不尽相同。皮尔斯与弗雷格符号理论皆将符号过程描述为，在思想和现实之间符号充当媒介作用的过程，关注之焦点皆非符号本身，因哲学问题之探讨从根本上无法绕开语言载体，因此两种理论之本质皆为借助语言符号阐述其哲学逻辑学思想。

以语言符号为原型的索氏符号理论则甚为关注符号自身结构及符号系统问题。索氏与弗氏所构建的符号模型在本质上皆为指称（概念）符号模型，所不同的是索氏将"所指对象"排除在符号模型之外。因对"概念"的认识及界定本身存在诸多含混因素，因此二者都难免陷入"概念"问题之沼泽。以指示符号审视上述诸家符号模型，皆存在诸多问题：皮氏理论非以语言符号为原型且其旨亦非该类符号及指示问题本身，故而仅作宽泛描写，未考虑此类符号之结构、系统性等问题。索氏理论虽在符号结构、系统性问题等诸方面有所擅长，但遗憾的是其并未考虑语言指示符号问题，因指示符号与所指对象之概念无关，索氏符号模型对于指示符号问题无能为力。弗雷格指称理论虽对指示符号问题有所提及，但对于具有多变性及不确定性的指示符号，其抱以排斥的态度，认为是此类符号不可交流，弗雷格指称符号模型更是兼有皮氏、索氏符号模型的缺点。

莫里斯在皮氏符号理论基础上进行改造，提出行为主义符号学，并将指示问题归入语用学核心范畴，开辟指示问题研究的语用学传统，但指示符号，尤其是语言指示符号无法纳入莫氏符号模型之中，且其同样未能避免皮氏符号学之非符号本体视角、缺乏系统性等缺陷；奥格登和理查兹则继承和发展了弗雷格指称理论，提出其意义理论，并构建三元符号模型，但弗氏指称理论存在的问题，奥格登和理查兹也同样未能解决，而奥格登和理查兹对意义之意义的探讨，亦未充分考虑指示符号的难题，故其语义三角模型对于指示问题同样难以应对；叶姆斯列夫对索氏符号学思想进行了大胆改创，建立起一个更为精密、可操作性更强的语符模型。从索氏到叶氏，符号模型精密化的同时，亦坚持了索氏符号学注重"系统、差异、价值、关系、层级"等核心问题的传统优势，且避免了棘手的"概念"问题，使指示符号问题亦可在语言学本体视角下得到合理解释。

概念化（指称）和功能化（指示）是符号内容形式将所指对象纳入其实质的两种基本途径及类型。由概念化所得的符号即为概念符号，其在语言系统中起指称作用；而在功能化过程中，内容实质是基于符号功能通过内容形式将混沌体关系化或秩序化的结果，由此产生的符号即功能符号。指示符号关注的是不同内容实质间的相互关系，而非内容实质或对象本身，故而并不亦无须反映客体对象之本质特征。

10.2　指示符号类型归属及指示范畴次级符号系统

　　从物理世界到语言世界均存在具有指示作用的符号类，其中尤以语言指示符号最为特殊，且使用频率极高。对于指示类符号的类型归属问题，无论是皮尔斯符号学还是索绪尔符号学皆未对语言指示符号给予足够重视。借助叶姆斯列夫双平面分节思想，语言指示符号得以明确区分。指示与指称是人类交际、认知及符号表意的两种基本途径，前者须依赖于现实双重关联性，而后者借助于社会规约性可在一定程度上摆脱对现实语境的依赖，但在具体言语活动中，其最终所起作用依旧以指示为主，换言之，指示较之指称更为基础。从指示到表征（指称）存在一个连续统，现实双重关联性逐渐减弱，抽象及规约程度愈加增强。指示符号之意指特性在于其现实双重关联性及功能化作用，其优势在于借助现实在场性，在场的所有事物皆可以被指示符号纳为其所指对象，具有超强囊括力，充分体现语言经济性原则。

　　对于指示范畴之核心成分，哲学及语言学界有着极高的共识，即包括人称、时间、空间三方面，而对指示符号之研究亦必然涉及人、空、时。本书重点对指示范畴上述三个次范畴及各自符号系统之层级、关系等问题进行探讨：指示符号最为根本的特性为直指性。因具体交际活动必然以人为中心，直指功能的实现、交际之构成成分的角色分配，都是由说话者主观意图来支配和安排的，此必然以之为中心，此即指示问题自我中心性及主观性根源所在,直指性、自我中心性又进一步导致指示问题其他诸多特性的产生。本书充分重视"人"这一要素的核心地位,运用索氏二分法,将根据指示符号系统分为人称指示与非人称指示、空—时指示和在场对象指示、中性指示—距离指示三级,并重新分析和论证上述次级系统之间及构成成员之间的相互关系。

10.3 汉语人称指示符号系统

基于普通语言学及类型学理论,本书兼顾共时和历时角度,重点考察分析了汉语人称指示系统的存在状态和演化问题。基于语料考察和统计,对汉语人称数问题、包括—排除式区分问题,尤其是汉语敬称形式问题,从指示符号系统性视角进行重新分析,力求全面、系统。本书支持关于汉语敬称形式来源的"ni-mən"合音说,敬称形式源于第二人称指示的情况在有敬称形式的语言中甚为普遍,汉语敬称形式亦同样遵从此演化路线,即汉语敬称形式由第二人称指示符号(复)演化而来,这是人称指示系统内部处在彼此关联中的各要素进一步分工细化的结果。在具有极强系统性的指示系统,尤其是人称指示系统中,系统要素相互关联,彼此制约,任何变化及新要素的产生皆受到语言系统性、经济性等原则的严格制约,人称指示系统乃至整个语言系统任何变化皆非孤立现象。表复数"-mən"缀的产生导致近代汉语指示系统结构的调整,为合音形式的产生提供了基础,合音形式"nin"从最初表复数到最终演化为敬称形式,导致了现代汉语人称指示结构的再度调整。第一、第二人称指示代词合音形式的演变及敬称形式的形成,汉语"排除—包括"式的产生等皆为汉语指示符号系统在语言经济性、系统性等原则及汉语复音化趋势等作用下,处在彼此关联中的内部各要素进一步调整的结果,体现出说"我"者之特权。

本书提出判断"您"是否含有敬称意的语言系统内外的二标准,

认为：满足二标准者可视为敬称形式，如若只满足标准二，则只可依据语境判断其是否含有敬称意义。表复数与表敬称并不矛盾，因为合音形式表数概念发生在语法层面，而表敬称则恰恰相反，在未固化之前则发生在语用层面。就人称指示系统存在状态及历时演化路径而言，中牟话与现汉普通话截然不同，中牟方言中的"俺（咱）—恁"在结构和功能上皆保持的是宋元时期合音形式占据主导地位的态势，不存在"-mən"（们）缀形式，其整个人称指示系统也与宋元时期的汉语指示系统面貌保持一致。与普通话复数标记"-mən"（们）不同，中牟话复数标记"tou^{42}"（都）的适用范围更为宽泛，其来源于范围副词"都"，与一般副词附着于动词不同，因表全称的范围副词在语义层面直接指向句子主语，与主语更为密切，中牟话第一、第二人称指示符号"俺—恁"为典型的指示符号，既可以表单数也可以表复数，对具体情况之判断具有极强语境依赖性。因在交际中，含"都"语句存在歧义，且给言语交际带来障碍，此为复数标记"tou"^{42}（都）的产生提供了可能性和必要性。

10.4 汉语非人称指示符号系统

指示行为及其相关问题产生的根基是在场性问题。指示系统的构建、指示符号类别的划分、指示符号系统内部关系的确定等诸多方面都必须基于指示在场性，但此点也恰为现有研究中的忽略之处。指示场是一个浑然一体的连续时空，在语言指示系统内部，"空—时"隐喻已被学界普遍认可，即便是人称指示与非人称指示之间存在连续统。汉语所谓的"第三人称"形式与真正人称形式有着本质区别，其在功能上与指示词更为接近，实为非人称形式。指示功能以现实在场性为前提，指代功能则是以先行词的出现为前提，对于指涉对象，"示之"则必然对象在场，而"代之"，则必然所代之物出现在先，故而，"示之"是

"代之"之前提条件，指示符号可以兼有"指示"和"指代"两种功能。"指示"与"指代"之间存在连续统，随着对"对象在场"条件的逐渐摆脱，指示符号之指示性亦在逐渐减弱。

指示词在整个非人称指示系统中占据核心地位。距离特征是二分指示词系统划分的主要依据，但并不完全适用于指示词语三分系统。从指示在场性、符号系统性、差异性及语言经济性角度看，学界所争议的"中指"符号，包含两种性质不同的情况，"中间"指示和"中性"指示，二者之根本区别是：诸要素是否皆具有距离特征，是否与近—远指指示词处于同层平等地位，各要素间是否可相互替代或补充。中间指示是一种具有空间距离特征的指示，其存在依赖于近指和远指，三者相互对立、相互依存；而中性指示则是一种不具有空间距离特征的指示，中性指示与近指或远指之间允许相互补充或替换，同样亦可以与中间指示相互补充或替换，因此从指示系统层级视角看，上述两种情况表面上皆为三分系统，但中性指示与空间指示根本不在同一层级之上［空间距离指示三分："近指—中指—远指"；中性指示与空间距离指示构成的三分系统："空间距离指示（近指—远指）—非空间距离指示（中性指示）"］。所谓"第三人称""TA"是一个不具有空间距离特征的中性指示词，其与指示代词"这—那"并非出于同一层级，且可相互补充甚至替代，中性指示词"TA"与指示词"这—那"一同构成汉语指示词三分系统。

10.5 本书之不足及未来展望

语言依赖于听觉，而指示依赖于视觉，且后者更为基础，指示符号，尤其是语言指示符号，则多是以视—听觉为基础，这使得语言指示符号意指问题变得更为复杂，并成为整个指示问题之核心。指示范畴及指示类符号问题研究具有挑战性，其突出特点表现为：地位极为重要且特殊，在人类语言中具有最大普遍性，成员数量有限但功能复杂，涉及学科广泛且问题多样，等等。对指示问题之研究，需要兼顾横向拓展与纵向延伸两个方面，尤其后者对揭示指示现象存在状态及为本质，尤为重要。本书一方面着力于从理论高度探讨指示范畴及指示符号系统之系统性、特殊性、内部层级划分、逻辑关系、指示符号模型及意指特性等问题，侧重于语言共性研究；另一方面，则是基于上述理论结合汉语指示系统之具体实际，主要探讨了汉语指示符号系统问题，涉及汉语指示系统结构演化、敬称形式、指示指代功能、指示词系统三分、中性指示等具体问题，侧重于类型比较及类型共性下的差异性及个性研究。

本书尝试立足于语言学本体，着眼于范畴及系统视角研究指示问题，试图整合及构建语言范畴、指示符号系统及符号模型，因目前学界鲜有着力于上述视角的系统研究，因而可资借鉴的成熟成果罕有，因此，本书中难免存在一些问题及薄弱之处，具体而言，主要有以下几个方面。

第一，未能充分兼顾指示符号与语言主体性及主观化问题。语言主体性与语言主观化现象，是当前话语研究的一个较为前沿的领域，语言中的主观化问题始于语言主体性的地位和体验，而语言主体性最基本、最重要的表达手段，便是使用指示符号，尤其是人称代词，且由此产生了相应的语法化现象及话语标记形式。因此，以指示类符号，尤其是人称代词的使用为线索，探究语言中的与指示类词语相关的主观化问题，亦有益于深入认识指示类符号。

第二，对指示符号在话语中特殊地位和功能（整体共性与内部差异）尚待深入。从指示符号的系统性及内部差异性角度入手，基于话题分析，从句法学及认知角度探讨由指示符号参与的命题语句中的焦点突出、人称代词与心理动词的特殊关系等问题极为必要。而通过与其他词类及成分的比较分析，能够有力解释指示类词语在话语中的特殊性问题，探究指示类词语在言语系统中的特殊地位及密切关系。

第三，基于类型学视角的汉语乃至汉藏语指示符号问题研究不够。虽典型指示类词语的内部成员并不复杂，但在汉语及其各方言中，却呈现出较为复杂的局面，国内虽已有相关著作对汉语及其方言中的代词进行描写分析，但一些具体问题、特殊现象，尚待深入探究，如第一人称和第二人称的转换问题（上海话"侬"）、指示词语与量词的关系问题，以及与人称代词的使用相关的话题化、语法化现象等。

第四，本书集中探讨的是指示符号系统中的核心成员，对次级指示符号（如社会指示符号、话语指示语）及非典型指示符号研究亟待深入。而基于指示范畴及指示系统视角，对次级及非典型指示符号进行类型、形式及功能差异等方面的研究，对认识整个指示系统极其必要，也是学界目前研究较为薄弱的地方。

指示现象研究是一项巨大而具有挑战性的工程，上述问题及欠妥、欠缺之处，也正是本书今后要努力完善的方向。指示现象及问题，普遍存在于人类符号世界中，甚至先于人类语言而存在，其涉及人类世界方方面面之广、层次之深，令人感为叹之，也正因其在诸多领域独具挑战性而魅力倍增，并引至诸多学者为之着迷且争相探究。本书就指示范畴及其符号系统等相关问题所做的探讨，虽力求客观、系统、全面，但亦难免有错误、疏漏及欠妥之处，故此，敬请学界贤达、师长批评指正！

参考文献

一 外文文献

Alston, William P., "Sign and Symbol", In Edwards, Paul (Ed.), *Encyclopedia of Philosophy*, Vols. 7-8, New York: Macmillan, 1967: 437-41.

Alverson Hoyt, *Semantics and Experience: Universal Metaphors of Time in English, Mandarin, Hindi, and Sesotho*, Baltimore, MD: Johns Hopkins University Press, 1994.

American Academy of Arts and Sciences, *Proceedings of the American Academy of Arts and Sciences*, Vol. 7, Metcalf and Company, 1868: 287-298.

Anderson, Stephen R. & Edward Keenan L., Deixis, In T. Shopen (Ed.), *Language Typology and Syntactic Description*, Vol. 3, Cambridge: Cambridge University Press, 1985: 259-308.

Augustine, Aurelius, trans. J. F. Shaw, "On Christian Doctrine", In St, *Augustine, Confessions*, Chicago: Encyclopedia Britannica, (397/1952): 619-98.

Арутюнова, Н. Д., Кибрик, А. А., Человеческий фактор в языке: Коммуникация, модальность, дейксис, Наука, 1992.

Апресян Ю Д., Дейксис в лексике и грамматике и наивная модель мира, Семиотика и информатика, 1986, 28 (5): 5-33.

Bach, Kent, "Intentions and Demonstrations", *Analysis*, 1992, (52): 140 – 146.

Bacon, Francis, *The Advancement of Learning*, Ed. Kitchin, G. W., London: Dent, 1605/1973.

Bammesberger, Alfred, *Essentials of Modern Irish*, Heidelberg: Winter, 1983.

Baneld, A., *Unspeakable Sentences: Narration and Representation in the Language of fiction*, London and New York: Routledge & Kegan Paul Ltd., 1982.

Bar-Hillel, Y., "Indexical Expressions", *Mind*, 1954, (63): 359 – 379.

Bar-Hillel, Y., *Aspects of Language*, Amsterdam: North-Holland, 1970.

Benveniste, E., *Problems in General Linguistics* (Vol. 3, No. 0), Coral Gables, University of Miami Press, 1971.

Bezuidenhout, Anne, "Indexicals and Perspectivals", *Facta Philosophica*, 2005, 7 (1): 3 – 18.

Bhat, D. N. S., *Pronouns*, London: Oxford University Press, 2004.

Boroditsky, Lera, "Metaphorical Structuring: Understanding Time Through Spatial Metaphors", *Cognition*, 75, 2002: 1 – 28.

Brad Inwood, *The Stoics*, Cambridge: Cambridge University Press, 2003.

Brugmann, K., *Die Syntax des einfachen Satzes im Indogermanischen*, Berlin, Leipzig, 1925.

Brugmann, K., Die Demostrativpronomina der indogermanischen Sprachen: eine bedeutungsgeschichtliche Untersuchung, *BG Teubner*, 1904.

Bruner, Jerome, *Child's Talk: Learning to Use Language*, New York: W. W. Norton, 1983.

Burks, Arthur W., "Icon, Index, and Symbol", *Philosophy and Phenomenological Research*, 1949, 9 (4): 673 – 689.

Carpenter, Malinda, Katherine Nagell & Michael Tomasello, *Social Cogni-*

tion, Joint Attention, and Communicative Competence from 9 to 15 Months of Age, Chicago: The University of Chicago Press, 1998.

Cassirer, Ernst, *An Essay on Man*, New Haven: Yale Univ, Press, 1944/1948.

Clarke, D. S., *Principles of Semiotic*, London: Routledge & Kegan Paul, 1987.

Clark, Eve V., "From Gesture to Word: On the Natural History of Deixis in Language Acquisition", In J. S. Bruner & A. Garton (Eds.), *Human Growth and Development*, Oxford: Oxford University Press, 1978: 85 – 120.

Clark, H., *Using Language*, Cambridge: Cambridge University Press, 1996.

Collinson, W. E., Morris, A. V., *Indication: A Study of Demonstratives, Articles, and Other "indicaters"*, Language, 1937: 5 – 128.

Cooke, J. R., *Pronominal Reference in Thai, Burmese, and Vietnamese* (University of California Publications in Linguistics, Volume 52), Berkeley: University of California Press, 1968.

Cysouw, Michael, *The Paradigmatic Structure of Person Marking*, Oxford: Oxford University Press, 2003.

David Braun, "Complex Demonstratives and Their Singular Contents", *Linguistics and Philosophy*, 2008c, 31 (1): 57 – 99.

David Braun, *Demonstratives and Their Linguistic Meanings*, Noûs, 1996, 30 (2): 145 – 173.

David Braun, *Indexicals*, In Stanford Encyclopedia of Philosophy, Edward N. Zalta (Ed.), 2001. URL = http://plato.stanford.edu/entries/indexicals/. Substantial revision for Fall 2007.

David Braun, "Persisting Problems for a Quantificational Theory of Complex Demonstratives", *Philosophical Studies*, 2008a, 141 (2): 243 – 262.

David Braun, "Problems for a Quantificational Theory of Complex Demonstratives", *Philosophical Studies*, 2008b, 140 (3): 335 – 358.

David Braun, "Structured Characters and Complex Demonstratives", *Philosophical Studies*, 1994, 74 (2): 193 – 219.

David Lidov, "Sign", In Paul Bouissac (Ed.), *Encyclopedia of Semiotics*, Oxford: Oxford University Press, 1998.

Diessel, Holger, "Deixis and Demonstratives", In Claudia Maienborn, Klaus von Heusinger, Paul Portner (Eds.), *Semantics: An International Handbook of Natural Language Meaning Vol. 3*, Berlin: Mouton de Gruyter, 2012: 2407 – 2432.

Diessel, Holger, *Demonstratives: Form, Function, and Grammaticalization* (Vol. 42), John Benjamins Publishing Company, 1999.

Diessel, Holger, "Demonstratives", In K. Brown (ed.), *Encyclopedia of Language and Linguistics*, 2nd, Amsterdam: Elsevier Ltd., 2006b: 430 – 435.

Diessel, Holger, "Demonstratives, Joint Attention, and the Emergence of Grammar", *Cognitive Linguistics*, 2006a, (17): 463 – 489.

Diessel, Holger, "Distance Contrasts in Demonstratives", In M. Haspelmath et al., *World Atlas of Linguistic Structures*, Oxford: Oxford University Press, 2005: 170 – 173.

Diessel, Holger, "The Relationship between Demonstratives and Interrogatives", *Studies in Language*, 2003, (27): 581 – 602.

Dixon, Robert M. W., "Demonstratives, A cross-linguistic Typology", *Studies in Language*, 27, 2003: 61 – 122.

Dunham, Philip J. & Chris Moore, Current Themes in Research on Joint Attention, In C. Moore & P. J. Dunham (Eds.), *Joint Attention, its Origin and Role in Development*, Hillsdale, N. J.: Lawrence Erlbaum Associates, 1995: 15 – 28.

Dunn, Michael, Plurality in Independent Personal Pronouns, In M. Haspelmath et al., *World Atlas of Language Structures*, Oxford: Oxford University Press, 2005: 146 – 149.

Eilan, Naomi, Joint Attention, Communication, and Mind, In N. Eilan et al., *Joint Attention: Communication and other Minds*, Oxford: Oxford University Press, 2005: 1 – 33.

Enfield, Nick, Demonstratives in Space and Interaction: Data from Lao Speakers and Implications for Semantic Analysis, *Language*, 79, 2003: 82 – 117.

Enfield, Nick, "Lip-pointing": A Discussion of Form and Function and Reference to Data from Laos, *Gesture* 2, 2002: 185 – 211.

Erich Herrmann Rast, *Reference and Indexicality*, Denmark: Roskilde University, 2006.

Evans, Vyvyan, The Structure of Time, Language, Meaning, and Temporal Cognition, Amstedam: Benjamins, 2004.

Fernando Zúñiga, *Deixis and Alignment*, John Benjamins Publishing Company, 2006.

Fillmore, C. J., Lectures on Deixis, *CSLI Publications*, *Center for the study of language and information*, Stanford, Clifornia, 1997.

Fillmore, C. J., Toward a Theory of Deixis, *The PCCLLU Papers* (*Department of Linguistics, University of Hawaii*), 1971, 3 (4): 219 – 41.

Fillmore, C. J., Towards a Descriptive Framework for Spatial Deixis, In R. J. Jarvella & W. Klein (Eds.), *Speech, Place and Action: Studies in Deixis and Related Topics*, New York: Wiley, 1982: 31 – 59.

Fludernik, Monika, Encyclopedia of the Novel (Vol. 2), Ed. Paul Schellinger, *Christopher Hudson & Marijke Rijsberman*, Chicago/London: Fitzroy Dearbon Publishers, 1998: 784 – 801.

Fludernik, Monika, Jespersen's Shifters: Reflections on Deixis and Subjectivity in Language, *Klagenfurter Beiträge zur Sprachwissenschaft*, *Vorträge* der 16, osterreichische Linguistentagung (Salzburg, 8 – 11. 12. 1988), 1989: 97 – 116.

Fludernik, Monika, "Shifters and Deixis: Some Reflections on Jakobson, Jespersen, and reference", *Semiótica*, 1991, 86 (3 – 4): 193 – 230.

Frei Henri, "Systèmes de déictiques", *Acta Linguistica*, 1944, (4): 111 – 129.

Gerhard Helbig, *Geschichte der neueren Sprachwissenschaft*, Reinbek: Rowohlt, 1974.

Gumbrecht, Hans Ulrich, *Production of Presence: What Meaning Cannot Convey*, Stanford: Stanford University Press, 2004: XIII – XIV, XV.

Habermas, Jürgen, Theorie des kommunikativen Handelns, Vol. 1: Handlungsrationalität und gesellschaftliche Rationalisierung, Vol. 2: Zur Kritik der funktionalistischen Vernunft, Frankfurt am Main: Suhrkamp, 1981. [English, the Theory of Communicative Action, Vol. I: Reason and the Rationalization of Society, T. McCarthy (Trans.), Boston: Beacon, 1984; The Theory of Communicative Action, Vol. II: Lifeworld and System, T. McCarthy (Trans.), Boston: Beacon, 1987.]

Hanks, William, *Referential Practice: Language and Lived Space in a Maya Community*, Chicago, IL: The University of Chicago Press, 1990.

Heine, Bernd, *Ulrike Claudi & Frederike Hünnemeyer*, Grammaticalization: A Conceptual Framework, Chicago, IL: The University of Chicago Press, 1993.

Herman Parret, "Deixis and Shifters after Jakobson", In L. R. Waugh and S. Rudy (Eds.), *New Vistas in Grammar, Invariance and Variation*, Amsterdam/Philadelphia, J. Benjamins (Coll. Current Issues in Linguistic Theory, 49), 1991: 321 – 340.

Herman Parret, "Demonstratives and the I-sayer", In Johan van der Auwera (Ed.), *The Semantics of Determiners*, London: Croom Helm/Baltimore:

University Park Press, 1980: 96-111.

Herman Parret, "Time, Space and Actors: the Pragmatics of Development", In Ch. -J. Bailey and R. Harris (Eds.), *Developmental Mechanisms of Language*, Oxford, Pergamon Press, 1985: 131-148.

Hervey, Sándor G. J., *Semiotic Perspectives*, London: Allen & Unwin, 1982.

Himmelmann, Nikolaus, Deiktikon, Artikel, Nominalphrase, *Zur Emergenz syntaktischer Struktur*, Tübingen: Narr, 1997.

Himmelmann, Nikolaus, "Demonstratives in Narrative Discourse: A Taxonomy of Universal Uses", In B. Fox (Ed.), *Studies in Anaphora*, Amsterdam: Benjamins, 1996: 205-254.

Horst J. Simon, Heike Wiese, *Pronouns Grammar and Representation*, John Benjamins Publishing Company, 2002.

Husserl, Edmund, *Logical Investigations*, London: Routledge & Kegan, 1900-01/1970.

Husserl, Edmund, *Zur Logik der Zeichen*, In Husserl, Edmund, Gesammelte Werke, Vol. 12, The Hague: Nijhoff, 1890/1970: 340-73.

James Mark Baldwin (Ed.), *Dictionary of Philosophy and Psychology*, Vol 3. Part Two: Bibliography of Philosophy, Psychology and Cognate Subjects, New York: Macmillan, 1905.

Jarvella, Robert J. & Klein, Wolfgang (Ed.), *Speech, Place, and Action: Studies of Deixis and Related Topics*, Chichester & New York: John Wiley & Sons LTD., 1982.

Jarvella, Robert J. & Klein, Wolfgang, *Speech, Place, and Action: Studies of deixis and related topics*, John Wiley & Sons, 1982.

Jay Zeman, *Peirce's Theory of Signs*, A Perfusion of Signs, Ed. T. Sebeok, Bloomington: Indiana, 1977: 22-39.

Jespersen, O., *Language, its Nature, Development, and Origin*, London:

George Allen & Unwin LTD. , 1922.

Kamp, Hans, Formal Properties of "Now", *Theoria*, 1971, (37): 227 – 273.

Kaplan, David, Demonstratives, In Joseph Almog, John Perry & Howard Wettstein (eds.), *Themes From Kaplan*, Oxford University Press, 1977/1989: 481 – 563.

Kaplan, David, Demonstratives & Quot, In Joseph Almog, John Perry & Howard K. Wettstein (eds.), *Themes from Kaplan*, New York: Oxford University Press, 1989.

Kaplan, David, "On the Logic of Demonstratives", *Journal of Philosophical Logic*, 1979, 8 (1): 81 – 98.

Karl Bühler, Trans, *by Donald Fraser Goodwin, Theory of Language: the Representational Function of Language*, Amsterdam: J. Benjamins Pub. Co., 1934/1990.

Keith Green, *New Essays in Deixis: Discourse, Narrative, Literature*, Amsterdam-Atlanta, GA., 1995.

Kita, Sotaro, *Pointing, A Foundational Building Block of Human Communication*, In S. Kita (Ed.), Pointing, Where Language, Culture, and Cognition Meet, Hillsdale, NJ: Lawrence Erlbaum Associates, 2003: 1 – 8.

Krause, Mark A., "Comparative Perspectives on Pointing and Joint Attention in Children and Apes", *International Journal of Comparative Psychology 10*, 1997: 137 – 157.

Lakoff, George & Mark Johnson, *Metaphors We Live by*, Chicago, IL: The University of Chicago Press, 1980.

Lakoff, George, *The Contemporary Theory of Metaphor*, In A. Ortony (Ed.), Metaphor and Thought, 2nd edn, Cambridge: Cambridge University Press, 1993: 202 – 251.

Langacker, R. W., *Deixis and Subjectivity*, In F. Brisard (Ed.), Grounding: The Epistemic Footing of Deixis and Reference, Berlin, New York: Mouton de Gruyter, 2002: 1 – 28.

Langacker, R. W., *Observations and Speculations on Subjectivity*, In J. Haiman (Ed.), Iconicity in Syntax, Amsterdam/Philadelphia, J. Benjamins, 1985: 109 – 150.

Langer, Susanne K., *Philosophy in a New Key*, New York: Mentor, 1942/1951.

Levinson, S. C., *Deixis and Pragmatic*, In L. Horn & G. Ward (Eds.), The Handbook of Pragmatics, Oxford: Blackwell, 2004: 97 – 121.

Levinson, S. C., *Pragmatics*, Cambridge: Cambridge university press, 1983.

Levinson, S. C., *Space in Language and Cognition*, Cambridge: Cambridge University Press, 2003.

Louis Hjelmslev, *On the Principles of Phonematics*, In Hjelmslev, L., Essais linguistiques Ⅱ, Copenhagen: Nordisk Sprog-og Kulturforlag, 1973.

Louis Hjelmslev, *Pourune sémantique structural*, In Hjelmslev, L., Essais linguistiques, Copenhagen: Nordisk Sprog-og Kulturforlag, 1957/1959: 96 – 112.

Louis Hjelmslev, *Principios degramática general*, Madrid: Editorial Gredos, 1976.

Louis Hjelmslev, *Structural Analysis of Language*, In Hjelmslev, L., Essais linguistiques, Copenhagen: Nordisk Sprogog Kulturforlag, 1948/1959: 27 – 35.

Louis Hjelmslev, translated by F. A. Whitefield, *Language: An Introduction*, Madison: University of Wisconsin Press, 1970.

Louis Hjelmslev, translated by Francis J. Whitfield, *Prolegomena to a theory of language*, Baltimore: Waverly Press, 1953.

Louis Hjelmslev, translated by Francis J. Whitfield, *Prolegomena to a theory of language*, Baltimore: Waverly Press, 1961.

Lyons, J. , *Deixis and Subjectivity: Loquor, ergo sum?*, In Jarvella, Robert J. & Klein, Wolfgang (Eds.), Speech, Place, and Action: Studies of Deixis and Related Topics, Chichester & New York: John Wiley & Sons LTD. , 1982: 101 - 124.

Lyons, J. , *Language, Meaning, and Context*, Fontana, 1981.

Lyons, J. , *Semantics*, Vol. 2, Cambridge: Cambridge university Press, 1977.

Margolis, E, *A Reassessment of the Shift from the Classical Theory of Concepts to Prototype Theory*, Cognition, 1994, 51 (1): 73 - 89.

Margolis, E. , *How to Acquire a Concept*, Mind & Language, 1998, 13 (3): 347 - 369.

Martinet André, Trans, *by Elisabeth Palmer. Elements of General Linguistics*, with a foreword by L. R. Palmer, Chicago: University of Chicago Press, 1982.

Mertz, Elizabeth, and Parmentier, Richard J. (Eds.), *Semiotic Mediation*, Orlando, Fla. : Academic Press, 1985.

Montague, R. , *Formal Philosophy: Selected Paper*, Ed. by R. H. Thomason, New Haven: Yale University press, 1974.

Morris Charles W. , *Signs, Language, and Behavior*, In Morris, C. W. , Writings on the General Theory of Signs, The Hague: Mouton, 1946/1971: 154, 362.

Morris Charles W. , *Signs, Language and Behavior*, New York: Prentice-Hall, 1946.

Mulder, Jan W. F. , and Hervey, Sándor G. J. , *The Strategy of Linguistics*, Edinburgh: Scottish Academy Press, 1980.

Nattiez, Jean-Jacques, *Zum Problem der Zeichenklassifikation*, Zeitschrift für

Semiotik 1, 1979: 389 – 99.

Neale, Stephen, "Descriptive Pronouns and Donkey Anaphora", *Journal of Philosophy*, 1990, 87 (3): 113 – 150.

Neale, Stephen, *On Location*, In Situating Semantics: Essays in Honour of John Perry, MIT Press, 2007: 251 – 393.

Neale, Stephen, *Pragmatics and Binding*, In Zoltan Gendler Szabo (Ed.), Semantics and Pragmatics, Oxford: Oxford University Press, 2005: 165 – 285.

Neale, Stephen, This, That, and the Other, In Marga Reimer and Anne Bezuidenhout (Eds.), *Descriptions and Beyond*, New York: Oxford University Press, 2004: 68 – 182.

Noreen, A., Einführung in die wissenschaftliche Betrachtung der Sprache, *Georg Olms Verlag*, 1923.

Nunberg, Geoffrey, "Indexicality and Deixis", *Linguistics and Philosophy*, 1993, (16): 1 – 43.

Oakes, L. M. & Rakison, D. H., Issues in the Early Development of Concepts and Categories: An Introduction, In D. H. Rakison & L. M. Oakes (Eds.), *Early Category and Concept Development: Making Sense of the Blooming, Buzzing, Confusion*, New York: Oxford University Press, 2003: 3 – 23.

Ogden, C. K. & Richards, I. A., *The Meaning of Meaning*, New York: Harvest, 1989.

Peirce, C. S., Division of Signs, *In Hartshorne & Weiss (Eds.)*, Collected Papers of Charles Sanders Peirce Vol. II, Cambridge, Mass.: Harvard University Press, 1932.

Peirce, C. S. ed., by Justus Buchler, *Philosophical Writings of Pierce*, New York: Dover Publication, 1955.

Peirce, C. S., *Selected Writings*, Ed. Philip P. Wiener, New York: Dover Publication, 1958.

Perry, John, "Frege on Demonstratives", *The Philosophical Review*, 1977, (4): 474 – 497.

Perry, John, "Indexicals and Demonstratives", In Bob Hale and Crispin Wright (Eds.), *A Companion to Philosophy of Language*, Oxford: Blackwell, 1997: 586 – 612.

Perry, John, *Indexicals, Contexts and Unarticulated Constituents*, In Sliseda, Atocha, Robvan Glabbeek and Dag Weslerstahl (Eds.), Natural Language, Stanford University, 1998: 1 – 16.

Perry, John, *Reference and Reflexivity*, Stanford, CA: CSLI Publications, 2001.

Perry, John, "The Problem of the Essential Indexical and Other Essays (Expanded edition)", *Stanford*, CSLI Publications, 2000.

Perry, John, *The Problem of the Essential Indexical*, Noûs 13, 1979, (1): 3 – 21.

Perry, John, *The Problem of the Essential Indexical*, Oxford: Oxford University Press, 1993.

Perry, John, "Using Indexicals", In Michael Devitt and Richard Hanley (Eds.), *The Blackwell Guide to the Philosophy of Language*, Oxford: Blackwell Publishing, 2006: 314 – 334.

Peter Geach & Max Black, *Translations from the Philosophical Writings of Gottlob Frege*, Basil Blackwell: Oxford, 1960.

Popper, Karl, *Three worlds: the Tanner Lecture on Human Values*, University of Michigan, 1978: 143 – 167.

Predelli, Stefano, "I Am Not Here Now", *Analysis*, 1998a, (58): 107 – 112.

Predelli, Stefano, "Utterance, Interpretation, and the Logic of Indexicals", *Mind and Language*, 1998b, (13): 400 – 414.

Predelli, S., "Complex Demonstratives and Anaphora", *Analysis*, 2001, 61 (1): 53 – 59.

Predelli, S., "Intentions, Indexicals and Communication", *Analysis*, 2002, 62 (4): 310 – 316.

Predelli, S., "The Impersonal 'you' and Other Indexicals", *Disputatio*, 2004 (16): 1 – 23.

Predelli, S., "The Problem with Token-reflexivity", *Synthese*, 2006, 148 (1): 5 – 29.

Predelli, S., " 'I Exist': The Meaning of 'I' and the Logic of Indexicals", *American Philosophical Quarterly*, 2008, 45 (1): 57 – 65.

Predelli, S., "I am still not here now", *Erkenntnis*, 2011, 74 (3): 289 – 303.

Predelli, S., "Indexicality, Intensionality, and Relativist Post-semantics", *Synthese*, 2012, 184 (2): 121 – 136.

Prieto, Luis J., *Messages et signaux*, Paris: Presses Universitaires, 1966.

Prieto, Luis J., *Pertinence et pratique*, Paris: Minuit, 1975.

Radden, Günter, *The Metaphor Time as Space across Languages*, In N. Baumgarten et al., Übersetzen, interkulturelle Kommunikation, Spracherwerb und Sprachvermittlung—das Leben mit mehreren Sprachen, Bochum: AKS-Verlag, 2004: 225 – 238.

Rauh, Gisa, *Aspects of Deixis*, In G. Rauh (Ed.), Essays on Deixis, Tübingen: Narr, 1983: 9 – 60.

Recanati, F., *Open Quotation*, Mind, 2001, 110 (439): 637 – 687.

Recanati, F., "Unarticulated Constituents", *Linguistics and Philosophy*, 2002, 25 (3): 299 – 345.

Reichenbach, Hans, *Elements of Symbolic Logic*, New York: The MacMillan

Co. , 1947.

Reimer, Marga, "Demonstratives, Demonstrations, and Demonstrata", *Philosophical Studies*, 1991a, (63): 187-202.

Reimer, Marga, "Do Demonstrations Have Semantic Significance?", *Analysis*, 1991b, (51): 177-183.

Resnikow, Lasar Ossipowitsch, *Erkenntnistheoretische Fragen der Semiotik*, Berlin: Deutscher Verlag der Wissenschaften, 1964/1969.

Richards, I. A. , *Preface to a Dictionary*, In C. K. Ogden (Eds.), Psyche Vol. 18, London/New York: Routledge, 1995.

Roman Jakobson, "Selected Writings", Vol. ii, *The Hague*: Mouton, Paris, 1971.

Russell, Bertrand, *An Inquiry into Meaning and Truth*, London: George Allen and Unwin, LTD. , 1940.

Savigny, Eike von, "Zeichen", In Baumgartner, Hans Michael, and Krings, Hermann, *Handbuch philosophischer Grundbegriffe*, München: Kösel, 1974: 1787-98.

Schaff, Adam, *Einführung in die Semantik*, Reinbek: Rowohlt, 1960/1973.

Siewierska, Anna, *Person*, Cambridge: Cambridge University Press, 2004.

Simone, Raffaele, "Sémiologie augustienne", *Semiotica*, 1972, (6): 1-31.

Smith, E. E. , "Concepts and induction", In M. I. Posner (Ed.), *Foundations of Cognitive Science*, Cambridge, MA: MIT Press, 1989: 501-526.

Stefano Predelli, "Complex Demonstratives and Anaphora", *Analysis*, 2001, 61 (1): 53-59.

Stefano Predelli, "Contexts: Meaning, Truth, and the Use of Language", *Clarendon Press*, 2005.

Stefano Predelli, "Indexicality, Intensionality, and Relativist Post-Semantics", *Synthese*, 2012, 184 (2): 121-136.

Stefano Predelli, "Intentions, Indexicals and Communication", *Analysis*, 2002, 62 (4): 310 – 316.

Stefano Predelli, "The Demonstrative Theory of Quotation", *Linguistics and Philosophy*, 2008, 31 (5): 555 – 572.

Stefano Predelli, "The Problem with Token-Reflexivity", *Synthese*, 2006, 148 (1): 5 – 29.

Susan A. Gelman and Charles W. Kalish, *Conceptual Development*, In William Damon & Richard M. Lerner (Eds.), Handbook of Child Psychology, Vol. 2 Cognition, Perception, and Language, 6th Edition, John Wiley & Sons, Inc., Hoboken, New Jersey, 2006.

Talmy, Leonard, "Towards a Cognitive Semantics" Vol. 2, Cambridge, *MA*: The MIT Press, 2000.

Taverniers, Miriam, "Hjelmslev's Semiotic Model of Language: An Exegesis", *Semiotica*, 2008, (171): 367 – 394.

Tomasello, Michael, *The Cultural Origins of Human Cognition*, Cambridge, MA: Harvard University Press, 1999.

Vision, Gerald, "I Am Here Now", *Analysis*, 1985, (45): 198 – 199.

Walther, Elisabeth, *Allgemeine Zeichenlehre, Einführung in die Grundlagen der Semiotik*, Deutsche Verlagsanstalt, Stuttgart, 1974.

Weinreich, U., "Explorations in Semantic Theory", In Sebeok, T. A. (ed.), *Current Trends in Linguistics*, Vol. 3, The Hague: Mouton, 1966: 395 – 477.

Winfried Nöth, *Handbook of Semiotics Advances in Semiotics*, Bloomington and Indianapolis: Indiana University Press, 1990.

YU Ning, The Contemporary Theory of Metaphor: A Perspective from Chinese, *John Benjamins Publishing*, 1998.

二 中文文献

[美] A. P. 马蒂尼奇编:《语言哲学》,牟博等译,商务印书馆 2004 年版。

[瑞典] Jens Allwood:《语用学概观》,沈家煊译,《国外语言学》1985 年第 1 期。

[德] 埃德蒙德·胡塞尔 (E. Edmund Husserl)、[德] 乌尔苏拉·潘策尔编:《逻辑研究 (第 2 卷 第 1 部分)》(修订本),倪梁康译,上海译文出版社 2006 年版。

[法] 埃米尔·本维尼斯特 (E. Benveniste):《普通语言学问题》,王东亮等译,生活·读书·新知三联书店 2008 年版。

[法] 安娜·埃诺:《符号学简史》,怀宇译,百花文艺出版社 2005 年版。

[英] 安娜·谢维尔斯卡:《人称范畴》,北京大学出版社 2008 年版。

[丹麦] 奥托·叶斯柏森 (Otto Jespersen):《语法哲学》,何勇等译,语文出版社 1988 年版。

[英] 伯纳德·科姆里:《语言共性和语言类型》(第二版),沈家煊等译,北京大学出版社 2010 年版。

[美] C. W. 莫里斯:《莫里斯文选》,涂纪亮等译,社会科学文献出版社 2009 年版。

[美] C. W. 莫里斯:《指号、语言和行为》,罗兰、周易译,上海人民出版社 2011 年版。

陈宝勤:《副词"都"的产生与发展》,《辽宁大学学报》(哲学社会科学版) 1998 年第 2 期。

陈敏燕、孙宜志、陈昌仪:《江西境内赣方言指示代词的近指和远指》,《中国语文》2003 年第 6 期。

陈玉洁:《汉语指示词的类型学研究》,中国社会科学出版社 2010 年版。

储泽祥、邓云华:《指示代词的类型和共性》,《当代语言学》2003 年第

4 期。

崔立斌:《〈孟子〉词类研究》,河南大学出版社 2004 年版。

戴耀晶:《现代汉语时体系统研究》,浙江教育出版社 1997 年版。

邓晓华:《客家方言的词汇特点》,《语言研究》1996 年第 2 期。

邓晓华:《客家话与赣语及闽语的比较》,《语文研究》1998 年第 3 期。

邓晓华:《人类文化语言学》,厦门大学出版社 1993 年版。

丁尔苏:《语言的符号性》,外语教学与研究出版社 2000 年版。

丁声树:《现代汉语语法讲话》,商务印书馆 1961 年版。

丁信善:《关于语符学及其研究》,《外语学刊》2006 年第 4 期。

[瑞士] 费尔迪南·德·索绪尔:《普通语言学教程》,高名凯译,商务印书馆 1980 年版。

费小平:《"衍指符号":"语际书写"/"跨语际实践"的继续与推进》,《外语与外语教学》2011 年第 2 期。

[德] 弗雷格:《弗雷格哲学论著选辑》,王路译,商务印书馆 2006 年版。

高名凯:《汉语语法论》,商务印书馆 1986 年版。

高育花、祖生利:《中古汉语副词"都"的用法及语义指向初探》,《西北师大学报》(社会科学版) 1999 年第 6 期。

郭鸿编著:《现代西方符号学纲要》,复旦大学出版社 2008 年版。

郭锡良:《汉语第三人称代词的起源和发展》,《语言学论丛》(第六辑),商务印书馆 1980 年版。

郭聿楷:《指示语:研究历史、属性、分类及其他》,《外语教学》1995 年第 4 期。

何英玉、孙蕾:《代词的指称特性》,《解放军外国语学院学报》2000 年第 6 期。

何兆熊编著:《语用学概要》,上海外语教育出版社 1989 年版。

何自然:《语用学概论》,湖南教育出版社 1988 年版。

贺巍：《中原官话分区（稿）》，《方言》2005年第2期。

贺巍：《获嘉方言研究》，商务印书馆1989年版。

贺巍编著：《洛阳方言研究》，社会科学文献出版社1993年版。

洪波：《不同系统结构的指示代词在功能上没有可比性》，《中国语文》1991年第3期。

洪波：《兼指代词的原始句法功能研究》，《古汉语研究》1991年第1期。

胡裕树：《从"们"字谈到汉语语法的特点》，《语文园地》1985年第12期。

胡裕树主编：《现代汉语》，上海教育出版社1979年版。

胡壮麟：《计算符号学》，《外语与外语教学》2002年第9期。

胡壮麟：《语用学》，《国外语言学》1980年第3期。

黄伯荣、廖序东主编：《现代汉语》（上、下），高等教育出版社2002年版。

黄伯荣主编：《汉语方言语法类编》，青岛出版社1996年版。

黄东晶：《俄汉代词指示语对比研究》，黑龙江人民出版社2011年版。

黄盛璋：《古汉语的人身代词研究》，《中国语文》1963年第6期。

黄盛璋：《先秦古汉语指示词研究》，《语言研究》1983年第2期。

李洁红：《Toward a Cognitive Model of Deixis 指示语的认知模型解析》，科学出版社2008年版。

李蓝：《汉语的人称代词复数表示法》，《方言》2008年第3期。

李如龙：《闽南方言的代词》，李如龙、张双庆主编：《中国东南部方言比较研究丛书（第四辑）·代词》，暨南大学出版社1999年版。

李如龙、张双庆主编：《客赣方言调查报告》，厦门大学出版社1992年版。

李如龙、张双庆主编：《中国东南部方言比较研究丛书（第四辑）·代词》，暨南大学出版社1999年版。

李炜：《北京话、兰州话、西安话中第三人称代词的尊称形式》，《外国语学研究》（日本）2006年第6期。

李炜、和丹丹：《北京话"您"的历时考察及相关问题》，《方言》2011年第2期。

李小凡：《苏州话的指示代词》，《语言学论丛》（第十三辑），商务印书馆1984年版。

李艳惠、石毓智：《汉语量词系统的建立与复数标记"们"的发展》，《当代语言学》2000年第1期。

李幼蒸：《理论符号学导论》（第三版），中国人民大学出版社2007年版。

李子荣：《作为方法论原则的元语言理论》，黑龙江大学出版社2006年版。

李宗江：《汉语常用词演变研究》，汉语大词典出版社1999年版。

李佐丰：《古代汉语语法学》，商务印书馆2004年版。

林浩庄、易洪、廖东平：《叶姆斯列夫及其理论观点简介》，《语言学资料》1965年第6期。

刘丹青：《吴江方言的代词系统及内部差异》，李如龙、张双庆主编：《中国东南部方言比较研究丛书（第四辑）·代词》，暨南大学出版社1999年版。

刘丹青、刘海燕：《崇明方言的指示词——繁复的系统及其背后的语言共性》，《方言》2005年第2期。

刘冬冰：《开封方言记略》，《方言》1997年第4期。

刘宇红：《索绪尔符号学二元结构的合理性研究——兼谈索绪尔符号学与皮尔斯符号学的比较》，《俄罗斯文艺》2012年第1期。

刘云：《北京话敬称代词"您"考源》，《北京社会科学》2009年第3期。

卢德平：《皮尔士符号学说再评价》，《北方论丛》2002年第4期。

卢甲文编著：《郑州方言志》，语文出版社1992年版。

卢小群：《湘南土话代词研究》，中国社会科学出版社2004年版。

［丹麦］路易斯·叶姆斯列夫：《叶姆斯列夫语符学文集》，程琪龙译，湖南教育出版社2006年版。

吕军伟：《汉语名量结构状况的历时考察》，《长春师范学院学报》（人文社会科学版）2010b 年第 3 期。

吕军伟：《基于皮尔斯符号学视角的指示符号意指特性研究》，《名作欣赏》2012b 年第 12 期。

吕军伟：《名量式合成词的来源问题探析》，《江汉大学学报》（人文科学版）2010a 年第 2 期。

吕军伟：《语言符号模型的发展与语言指示符号问题研究》，《北方论丛》2012a 年第 4 期。

吕叔湘、江蓝生补：《近代汉语指代词》，学林出版社 1985 年版。

吕叔湘：《汉语语法分析问题》，商务印书馆 1979 年版。

吕叔湘：《汉语语法论文集》，商务印书馆 1984 年版。

吕叔湘：《释您，俺，咱、喒，附论们字（1940）》，《汉语语法论文集》（增订本），商务印书馆 1984 年版。

吕叔湘：《指示代词的二分法和三分法》，《中国语文》1990 年第 6 期。

吕叔湘：《指示代词二分法和三分法能不能比较?》，《未晚斋语文漫谈》，语文出版社 1992 年版。

吕叔湘：《中国文法要略》，商务印书馆 1982 年版。

吕叔湘主编：《现代汉语八百词》（增订本），商务印书馆 1999 年版。

［法］罗兰·巴尔特：《符号学原理》，李幼蒸译，中国人民大学出版社 2008 年版。

［美］罗曼·雅柯布森：《雅柯布森文集》，钱军等译，湖南教育出版社 2001 年版。

［英］罗素：《人类的知识——其范围与限度》，张金言译，商务印书馆 1983 年版。

洛阳市地方史志办公室编：《洛阳方言志》，河南人民出版社 1987 年版。

［德］马克斯·本泽、［德］伊丽莎白·瓦尔特：《广义符号学及其在设计中的应用》，徐恒醇编译，中国社会科学出版社 1992 年版。

马建忠：《马氏文通》，商务印书馆 1983 年版。

裴文：《语言时空论》，商务印书馆 2012 年版。

［美］皮尔斯：《皮尔斯文选》，涂纪亮、周兆平译，社会科学文献出版社 2006 年版。

戚雨村、龚放：《Hjelmslev 和语符学理论》，《外国语》2004 年第 4 期。

［英］R. H. 罗宾斯（R. H. Robins）：《简明语言学史》，许德宝、冯建明、胡明亮译，中国社会科学出版社 1997 年版。

任学良：《汉语造词法》，中国社会科学出版社 1981 年版。

［英］S. C. Levinson：《语用学论题之五：指示现象（上）》，沈家煊译，《国外语言学》1987 年第 2 期。

［英］S. C. Levinson：《语用学论题之五：指示现象（下）》，沈家煊译，《国外语言学》1987 年第 3 期。

邵文杰总纂，河南省地方史志办公室编纂：《河南省志（第十一卷）》，河南人民出版社 1995 年版。

沈家煊：《三个世界》，《外语教学与研究》2008 年第 6 期。

石汝杰：《苏州方言的代词系统》，李如龙、张双庆主编：《中国东南部方言比较研究丛书（第四辑）·代词》，暨南大学出版社 1999 年版。

宋玉柱：《关于语素"们"和助词"们"》，《汉语学习》2005 年第 4 期。

孙蕾：《方位词语义辨析》，《外语学刊》2005 年第 4 期。

孙蕾：《关系词与语言的自我中心性》，《外语学刊》2001 年第 2 期。

孙蕾：《西方指示语研究的历史及现状》，《四川大学学报》（哲学社会科学版）2002 年第 6 期。

孙蕾：《移动动词的指示性——俄、英、汉移动动词对比分析》，《外语学刊》2003 年第 2 期。

孙蕾：《指示性代词的语义特性》，《外语学刊》2002 年第 3 期。

孙蕾：《指示语的级》，《中国俄语教学》2001 年第 4 期。

孙蕾：《指示语的意义及指称特点》，《中国俄语教学》1998 年第 4 期。

孙蕾：《指示语语义特性研究》，四川人民出版社 2002 年版。

孙蕾：《专名与指示语对比说略》，《外语学刊》2000 年第 1 期。

孙蕾、何英玉：《语言哲学的难题——指示语》，《社会科学研究》2000 年第 2 期。

［日］太田辰夫：《中国语历史文法》，蒋绍愚、徐昌华译，北京大学出版社 2003 年版。

陶振民：《"们"的语法归类说略》，《河南师范大学学报》（哲学社会科学版）1990 年第 4 期。

［德］图根德哈特：《自我中心性与神秘主义——一项人类学研究》，郑辟瑞译，上海译文出版社 2007 年版。

涂纪亮：《现代西方语言哲学比较研究》，中国社会科学出版社 1996 年版。

汪化云：《汉语方言代词论略》，巴蜀书社 2008 年版。

汪化云：《汉语方言指示代词三分现象初探》，《语言研究》2002 年第 2 期。

汪化云：《黄冈方言的指示代词》，《语言研究》2000 年第 4 期。

王道英：《"这"、"那"的指示功能研究》，学林出版社 2005 年版。

王德福：《语符学语言模型研究》，中国社会科学出版社 2009 年版。

王力：《汉语史稿》，中华书局 1980 年版。

王力：《汉语语法史》，商务印书馆 1989 年版。

王力：《中国现代语法》，商务印书馆 1985 年版。

王力：《中国语法理论（下）》，中华书局 1954 年版。

王铭玉：《语言符号学》，高等教育出版社 2004 年版。

王任华、周昌乐：《皮尔斯符号学视角下的隐喻及其意义》，《北京林业大学学报》（社会科学版）2011 年第 4 期。

王希杰：《四个世界和语境类型》，《宁夏师范学院学报》2007 年第 1 期。

王希杰：《修辞学通论》，南京大学出版社 1996 年版。

［意］乌蒙勃托·艾柯：《符号学理论》，卢德平译，中国人民大学出版社 1990 年版。

吴安其：《关于语言描写的方法》，《民族语文》2009 年第 1 期。

伍云姬主编：《湖南方言的代词》，湖南师范大学出版社 2009 年版。

武振玉：《副词"都"的产生和发展》，《社会科学战线》2001 年第 5 期。

项梦冰：《清流方言的代词系统》，李如龙、张双庆主编：《中国东南
　　部方言比较研究丛书（第四辑）·代词》，暨南大学出版社 1999
　　年版。

［日］小川环树：《苏州方言的指示代词》，《方言》1981 年第 4 期。

谢俊英：《汉语人称代词"您"的变异研究》，《语文研究》1993 年
　　第 4 期。

辛永芬：《浚县方言语法研究》，中华书局 2006 年版。

邢福义：《汉语语法学》，东北师范大学出版社 1996 年版。

邢公畹：《邢公畹语言学论文集》，商务印书馆 2000 年版。

徐慈华、黄华新：《符号学视域中的隐喻研究》，《浙江社会科学》2012
　　年第 9 期。

徐丹：《第三人称代词的特点》，《中国语文》1989 年第 4 期。

徐连祥：《谈谈"们"的语法单位归属问题》，《汉语学习》2011 年
　　第 6 期。

徐烈炯：《语义学》，语文出版社 1990 年版。

杨伯峻、何乐士：《古汉语语法及其发展》（修订本），语文出版社 2001
　　年版。

杨忠、张绍杰：《语言理论与应用研究》，东北师范大学出版社 1995
　　年版。

姚振武：《上古汉语第三身范畴的表达及相关问题》，《古汉语研究》2001
　　年第 4 期。

俞敏：《古汉语的人称代词》，《俞敏语言学论文集》，黑龙江人民出版
　　社 1989 年版。

张斌、胡裕树：《中国大百科全书·语言文字卷·汉语语法》，中国大

百科全书出版社 1988 年版。

张惠英：《复数人称代词词尾"家"、"们"、"俚"》，见《中国语言学报》编委会编《中国语言学报》（第 5 期），商务印书馆 1995 年版。

张惠英：《汉语方言代词研究》，《方言》1997 年第 2 期。

张惠英：《汉语方言代词研究》，语文出版社 2001 年版。

张启焕、陈天福、程仪：《河南方言研究》，河南大学出版社 1993 年版。

张权：《常规语境中的指示现象》，《外语研究》1990 年第 2 期。

张权：《论指示词语的影射现象》，《四川外语学院学报》1993 年第 3 期。

张权：《试论指示词语的先用现象》，《现代外语》1994 年第 2 期。

张权：《指示词语的归并尝试》，《外语研究》1994 年第 4 期。

张维佳：《山西晋语指示代词三分系统的来源》，《中国语文》2005 年第 5 期。

张谊生：《现代汉语副词研究》，学林出版社 2000 年版。

张玉金：《甲骨文语法学》，学林出版社 2001 年版。

张玉金：《论西周汉语中有无真正的第三人称代词》，《古汉语研究》2006 年第 1 期。

张玉金：《西周汉语第三人称代词及所指与称数考察》，《语言科学》2007 年第 3 期。

张志公主编：《现代汉语》（上、中），人民教育出版社 1984 年版。

赵毅衡：《在场与不在场：符号表意过程的基本动力》，《黑龙江社会科学》2012 年第 3 期。

赵毅衡：《符号学原理与推演》，南京大学出版社 2011 年版。

赵元任：《汉语口语语法》，吕叔湘译，商务印书馆 1979 年版。

赵元任：《现代吴语的研究》，清华学校研究院 1928 年版。

赵元任：《钟祥方言记》，商务印书馆 1939 年版。

中牟县地方志编纂委员会编：《中牟县志》，中州古籍出版社 2006 年版。

周法高:《中国古代语法·称代篇》,台湾"中央研究院"历史语言研究所 1959 年版。

朱德熙:《语法讲义》,商务印书馆 1982 年版。

祖生利:《近代汉语"们"缀研究综述》,《古汉语研究》2005 年第 4 期。

后　记

　　本书在我的博士学位论文基础之上修订而成，行之后记，难免追忆，再度回眸时，数年已去，然而，博士生活依旧历历在目。

　　大洋西滨，有岛厦门；岛有仙山，山之高峰谓曰五老；五老峰下，普陀寺旁，凌云有八，面山，背海，可赏俊木，沐山风；朝暮伴鸟语，四季沁花香。闻晨钟，看海上日出，旭光冉然；听暮铃，观山中日落，晚霞含羞。冬落叶而青山依旧，夏狂风却雅韵犹存；图书有馆，馆有玉堂，举目见大家，低首酝所想；非桃花之源，却胜似之，此厦大也，问学于斯，此生无憾。

　　于我而言，癸巳年博士毕业之时，亦是人生而立年。自有记之时，所做之事唯一——求学，一路寻找，一路奔跑，时有二十余载，途有雨雪冰霜、阴晴圆缺，因得苦辣酸甜、喜怒哀乐，泪水与欢笑相伴，坚定与彷徨相随。此刻，将以博士学位论文为上学生涯画上休止符，心中之语，言不足表。亦许言之蹩脚，亦许言出之时已索然无味，但不言不快，因为今日我之所得，须谢之人，太多太多……

　　能问学于厦门大学，首先最要感谢的是导师邓晓华教授。我本愚钝，当初恩师不弃，收于门下，始有读博机会，亦才有如今之文字。恩师胸怀宽博仁厚，治学严谨，为人坦诚、直爽，跟随恩师的三年博士生活，无论为人还是为学，都使我受益良多，能拜学于恩师门下，实为荣幸。攻博期间,恩师于学业于生活处处为学生着想,竭尽己之所能为学生提供良好的研究环境及深造机会,我由衷感激。自入学到选题再到论文写作,当面抑或邮件短信几番打扰,几度恩师家中聆听教诲,已难以计数,论文之中倾注着恩师诸多心血,恩师耳提面命之情境,尚历历在目。在治学路上,恩师教导须尽可能做到"三性三新",且以之严格要求学生,而我之愚钝,恩师之意非能次次达之,每遇此况,恩师总会耐心教诲、不断匡误,直至满意,仁爱之心,为我钦佩,亦受益终身。恩师知遇及培育之恩难忘,已铭记于心。

攻读博士学位期间,有幸赴香港访学,衷心感谢香港城市大学潘海华教授。在港期间,潘教授热心盛情,提供多方帮助以解决生活和研究之忧,深感荣幸,亦倍加感激。此外,访问期间有幸与潘海华、陶红印及李宝伦等诸位教授及同道学友共聚一堂,请教及探讨问题,耳提面命,受益匪浅,可谓人生幸事。其间还有幸与潘教授、陶教授共餐,二师之温雅、谦和,为人钦佩。

此外,能有攻博之日,还要感谢我硕士恩师李心释教授。导师心释博学多才、思维敏捷,见解洞彻,胸怀宽博,治学严谨,令我由衷钦佩,而在我读博期间,从选题到定稿,从研究到生活,李老师都给予极大关注,并提出诸多宝贵建议,此早已非一谢便能了之。读博期间遇到难题曾多次发信请教,即便再忙李老师亦定会及时回复,恩师之心血栽培,才有我之今日,此情永记。

博士求学于厦大,要感谢厦大中文系李如龙教授、苏新春教授、李无未教授、曾良教授、郑通涛教授、林寒生教授、方环海教授、钱奠香老师、李焱老师及人类学系董建辉教授等,读博期间曾聆听诸位老师授业,或蒙诸位老师指教,使我因之解惑,受益良多。此外,还要诚挚感谢华中科技大学程邦雄教授及中山大学张振江教授,二位先生为人谦和,为论文答辩不辞辛苦,并在答辩过程中就论文中存在的问题提出诸多宝贵建议,甚为感激。另外,还需特别感谢的是周宁院长,因香港访学程序出错，曾多番打扰，周院长研究及行政等事务繁忙，但其总是虚心聆听学生困苦，每有去信必回之、虚心解答、设法尽可能为学生解决具体问题，胸怀仁厚、平易近人，为我所铭记，并甚为感激。此外，还要感谢中文系研究生教学秘书林惠玲老师，林老师工作极为认真负责，能遇之亦是荣幸。求学问道途中，有同道、朋友相伴，共担愁苦，互助互励，亦是人生一大幸事。感谢读博期间陪我走过千余日日夜夜的我的同门及中文系博士同窗、历史系博友以及香港访学期间给予我帮助的诸位同人、朋友，在学习和生活上给我以诸多帮助、亦师亦友的大学班主任张言军博士，以及结识于国学数典等论坛素未谋面却给予我无私帮助的诸位网友，诸多名字，难以尽列，就此一并致谢，想说的是，岁月易逝，情谊永恒！

时光荏苒，岁月蹉跎。扛着重重行囊，走进厦大，从两眼生疏，到博士毕业时"致谢"言毕，又扛起行囊，走出厦大，再度启程，回到广西，在昔日母校工作六年，而今又来到山水桂林，一路走来，诸多坎坷与艰辛，奔不惑时，再回首往昔来往之路，记忆里的小草、凤凰木、桉树、炮仗花、木棉、玉兰、爬墙虎、三角梅、迎春花、白城沙滩……叶落叶生，花谢花开，潮起潮落，我来我去，是结束亦是新的开始。

能走至今日，最要感谢的是在家苦心操劳、宁愿砸锅卖铁也要供我到底的我的家人，感谢大学期间给予我莫大启迪和鼓励的老师尚钊先生，感谢与我相识、相知、相恋、相爱、相伴，给予我无限宽慰和信心的我的爱人张凤娟博士，以及让我有幸再度成长的我的女儿，你们的支持、付出和鼓励，给予我无限的希望及力量！

本书得以出版还须感谢广西一流建设学科"中国语言文学"及"广西高等学校千名中青年骨干教师培育计划"的大力支持和经费资助。同时，亦诚挚感谢中国社会科学出版社郭晓鸿女士为本书审校、出版付出的大量心血，纸版校对稿条条批注背后是专业、认真、负责的态度，受教之处，已铭记于心。诚然，纵有千虑，难免有失，书中不足、欠妥处，敬请前辈、同人批评指正、不吝赐教。

吕军伟

2021 年 1 月 21 日，于桂林